［監修］
農学博士
元東京農業大学教授
内田 均

園芸研究家
確実園園芸場オーナー
川原田 邦彦

イラスト もう迷わない 庭木の剪定 基本とコツ

家の光協会

はじめに

いきなりですが、あなたの庭で育つ樹木たちを思い浮かべてみてください。葉の色や張りはよいですか？　いきいきとしていますか？　花や実はちゃんとつけていますか？　庭の広さに合った大きさに保たれていますか？

枝や葉、花、実などを間引いていく「剪定」は、そうした樹木の生育を維持・管理するために欠かせない作業です。生垣や玉散らしなど人工の造形をつくるための「刈り込み」、花つきや実つきをよくしたり、果実の品質をよくしたりするための「摘花」や「摘果」、樹木全体を若返らせる目的で古い株を株元から切り取る「更新」、樹勢を保護したり、風通しや日当たりをよくして病害虫を防除する「枝の間引き（枝透かし）」、危険な枝の除去や樹木の倒伏を防止するための枯れ枝や腐朽した枝の切除など、目的ごとにさまざまな剪定があります。

でも、ちょっと待ってください。樹木は葉に日光を浴び、地中から吸った水と、大気中にある二酸化炭素で光合成をして栄養を取り入れ、枝・幹・根などへ送って生長しています。つまり、樹木自身は生長するために必要があって枝葉を伸ばしているのであって、彼らにとっては「むだな枝葉」というものはないのです。

そもそも、剪定を行うのは、「この場所に植えたい」「こんな形や風合いに仕立てたい」「きれいな花を見たい」「おいしい果実をならせたい」など、樹木を人の都合に合わせるためです。樹木からすれば、剪定は枝や幹などを傷つけられる行為であり、大きなストレスになります。そのうえ、間違った剪定をしてしまえば、なんだか元気がなくなったり、切り口から病原菌が入ったりして、枯れる可能性もあります。

剪定を「難しそう」と感じている人は多いと思います。でも、樹木の性質を理解して、何のために剪定するのか押さえておけば大丈夫！　それぞれの樹木の特性に応じた剪定をすれば、樹木にかかるストレスはぐっと小さくなって元気に育ちますし、剪定するあなたも効率的な作業ができます。

本書は、樹種ごとの剪定のコツをイラストでわかりやすく紹介しています。本書を手に、樹木の声に耳を傾け、一枝一葉を尊重しながらハサミを入れてみてください。あなたの気持ちが伝わり、樹木はきっと、きれいな花や葉をつけて応えてくれるでしょう。

なお、旧版の発刊から10年、流行の移り変わりと温暖化による気候の変化から、庭木の世界には過去にはなかった樹種がたくさん登場しました。そこで、今回の新版作成に当たっては、園芸家の川原田邦彦さんのお力も借りて、新たに16樹種を加えました。伝統的な樹木から、今後人気になっていくであろう樹木まで、これ一冊でほぼ押さえているかと思います。ぜひ、本書を参考に樹木たちとの暮らしを楽しんでください。

2024年 3月

内田 均

Contents

Contents

第3章
花を楽しむ樹種の剪定のコツ　81

STAFF
〈編集協力〉
堀内正樹
村田義宏
〈カバーデザイン〉
見木朋花（ハッピージャパン）
〈本文イラスト〉
ハッピージャパン
〈デザイン・DTP 制作〉
ハッピージャパン
天龍社
〈校正〉
ケイズオフィス

本書の使い方

本書は、これから庭木の剪定にチャレンジしてみようという人のために、樹木の基礎知識、剪定のための必須事項、樹種別の剪定法、日常的な手入れなどを、できるだけやさしく図解した入門書です。

第2章から第4章の樹種別の剪定法では、マツやカエデ、ウメ、サクラ、バラといった主要な庭木に加えて、シマトネリコやアオダモ、ナツツバキ、ジューンベリーなど、近年、特に人気のある樹種や、マホニア・コンフューサやグレビレア、メラレウカ、ロドレイアなどの最近流通するようになった新しい樹種を選んでいます。

●漢字表記

●剪定カレンダー　花芽分化期、開花期、結実期、剪定適期の目安。なお、花や実が観賞要素ではない樹種は花芽分化、開花期、結実期を省略、実を収穫しない樹種に関しては結実期を省略。時期は関東地方の平地を基準にしている。

●科名・属名(※)

●花芽タイプ
第3章の花木と第4章の果樹は、82～83ページの分類に基づいて花芽分化のタイプを1～6で表記。

●樹木名

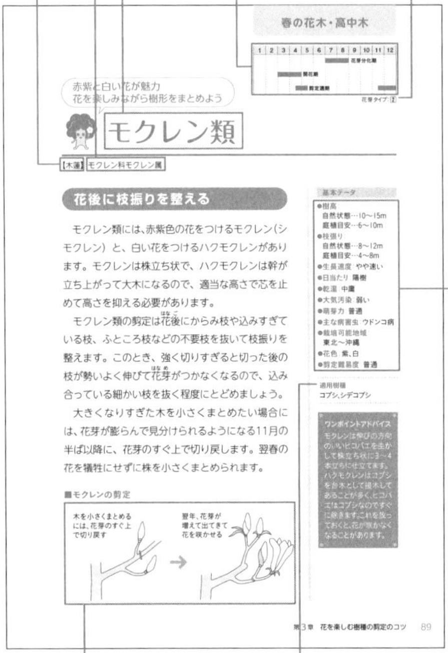

春の花木・高中木

1	2	3	4	5	6	7	8	9	10	11	12

花芽分化期
開花期
剪定適期

花芽タイプ：2

赤紫と白い花が魅力
花を楽しみながら樹形をまとめよう

モクレン類

【木蓮】　モクレン科モクレン属

花後に枝振りを整える

モクレン類には、赤紫色の花をつけるモクレン(シモクレン)と、白い花をつけるハクモクレンがあります。モクレンは株立ち状で、ハクモクレンは幹が立ち上がって大木になるので、適当な高さで芯を止めて高さを抑える必要があります。

モクレン類の剪定は花後《はなご》にからみ枝や込みすぎている枝、ふところ枝などの不要枝を抜いて枝振りを整えます。このとき、強く切りすぎると切った後の枝が勢いよく伸びて花芽《はなめ》がつかなくなるので、込み合っている細かい枝を抜く程度にとどめましょう。

大きくなりすぎた木を小さくまとめたい場合には、花芽が膨らんで見分けられるようになる11月の半ば以降に、花芽のすぐ上で切り戻します。翌春の花を犠牲にせずに株を小さくまとめられます。

■モクレンの剪定

木を小さくまとめるには、花芽のすぐ上で切り戻す

翌年、花芽が増えて出てきて花を咲かせる

基本データ
●樹高
自然状態…10～15m
庭植目安…6～10m
●枝張り
自然状態…8～12m
庭植目安…4～8m
●生長速度　やや速い
●日当たり　陽樹
●乾湿　中庸
●大気汚染　弱い
●萌芽力　普通
●主な病害虫　ウドンコ病
●栽培可能地域
東北～沖縄
●花色　紫、白
●剪定難易度　普通

適用樹種
コブシ、シデコブシ

ワンポイントアドバイス
モクレンは伸びの方向のいいヒコバエを生かして株立ち状に3～4本立ちに仕立てます。ハクモクレンはコブシを台木として接木してあることが多く、ヒコバエはコブシなのですぐに除きます。これを放っておくと、花が咲かなくなることがあります。

第3章　花を楽しむ樹種の剪定のコツ　89

●樹高
自然状態での標準的な樹高と、庭に植えるにあたって目安になる樹高を表記。

●枝張り
枝の左右前後に張っている幅の長さで、自然状態での標準的な枝張りと、庭に植えてあるときの目安になる枝張りを表記。

●生長速度
早い／やや早い／普通／やや遅い／遅いの5段階で表記。

●日当たり
極陽樹／陽樹／中庸／陰樹／極陰樹の5段階で表記。

●乾湿
乾燥を好む／乾燥に強い／乾燥を嫌う／乾燥に弱い／中庸／湿気を好む／湿気に強い／湿気を嫌う／湿気に弱い、などで表記。

●大気汚染
強い／やや強い／普通／やや弱い／弱いの5段階で表記。

●萌芽力
剪定後に芽が出て伸長する力のことで、強い／やや強い／普通／やや弱い／弱いの5段階で表記。

●主な病害虫
その樹種が侵されやすい、主な病気と害虫の名を表記。

●栽培可能地域
その樹種を庭植えした場合、無理なく生育できる地域を表記。

●花色／実色
花や実が観賞要素になる場合、その基本種の花色、実色を表記。

●剪定難易度
難しい／やや難しい／普通／やや易しい／易しいの5段階で表記。この難易度は樹形づくりの難易や、開花・結実させる難易、また剪定の必要頻度、剪定に対する耐性などを総合的に判断したもの。

●イラスト
その樹種の最もポイントとなる剪定法をわかりやすく図示。━は枝を切る位置を示している。

●適用樹種
その樹種とほぼ同様の方法で剪定できる樹種を列記。

※科名・属名の表記は最新の「APG植物分類体系」に基づく(針葉樹は除く)。これは、1998年に登場した被子植物の新しい分類体系で、DNA解析に基づいて構築された。

第1章

樹木と剪定の基礎知識

剪定を理解するには、まず樹木の特性を知ることです。
そうしないと、「なぜ、この時期にこの枝を剪定するのか」ということがわからないからです。本章では、「樹木とは何か?」という話をふまえ、剪定に関して知っておきたい基本を解説します。

樹木とその生育環境

現代人と樹木のかかわり

近年、地球温暖化や都市のヒートアイランド現象などが大きな問題となっています。ここ数年の全国的な夏の猛暑は異常なものがあり、その緩和措置として都市緑化ということが声高に叫ばれています。

緑は強烈な日射しを和らげ、葉の蒸散作用で心地よい涼風を運び、気温の上昇を抑えてくれます。同時に、現代のストレス社会のなかで、疲れた心を癒してくれる効果もあります。そのため近年では、本来、樹木を植えるのに適さないビルの屋上や、建物の壁面への緑化が推進されています。

古くから各家々では、自分の庭に木を植えて、庭木を身近な観賞植物として利用してきました。木を植えて庭に風情を与えたり、美しい花やおいしい果実を楽しんだり、あるいは母屋《おもや》を風雪から守る屋敷林として利用してきた地域もあります。

こうした利用に加えて、庭に木を植え管理していくことは、近年では、個人レベルの緑化としても大いに意義のあることだとも考えられます。

植物による
太陽エネルギーの循環

植物は、太陽光を利用して水と二酸化炭素を原料に光合成を行い、炭水化物（糖）を生成し、その過程で酸素を排出します。いくら科学技術が発達しても、このシステムを人工的につくることは、いまだできません。植物は光合成によって自らを育て、動物たちの栄養となってエネルギーを循環させています。植物は、多くの生物の命を支える存在なのです。

庭木は人の手入れが必要

しかし、同じ木でも、自然のなかで育っている木と庭木とでは、その生育環境は大きく異なります。

庭木とは、文字どおり庭に植えてある木のこと。庭に植える目的で枝葉を仕立てたり、すぐに根づくように根を整えたり保護したりしてある、人工的に栽培、管理されている樹木です。

対して自然の樹木は、森林などにみるように、その土地の日照条件や気候、土壌といった環境に適応して生育しています。自然界の木々は、過酷な生存競争のなかを生き抜いて、かつ、さまざまな生き物との拮抗関係のなかで自然淘汰され、木々はその姿形を変えながら生存し、それらが集合して一つの森を形成しています。ですので、剪定という作業がなくても、自然界ではその環境に応じた樹形になっていくのです。

一方、庭という小さな世界は、その環境がオーナー（持ち主）に委ねられています。そこには、人によって選ばれた、限定された植物しか存在しません。そのため、人の手で樹木を育ちやすい場所に植え、定期的に適切な手入れをして、自然淘汰を起こすことなく、樹木がその環境に合うように管理しなくてはならないのです。

■自然界で育つ木々

いろいろな生物がいる森では生物同士がけん制し合い、自然淘汰によって各個体の姿形や個体数が安定する

樹木の定義を考える

生物学上の分類と、木と草の違い

　私たちが普段目にする樹木とは、そもそもどんな植物なのでしょうか？　まず、生物学的に植物の分類をみてみましょう。

種子植物と胞子植物

　植物は花を咲かせて種子で増える「種子植物」と、花を咲かせずに胞子で増える「胞子植物」の二つに大きく分かれます。胞子植物にはコケ類、ワカメやコンブなどの藻類、ワラビやゼンマイなどのシダ植物があります。

裸子植物と被子植物

　種子植物は、種子の元になる胚珠《はいしゅ》がむき出しの「裸子植物」と、胚珠が子房に包まれた「被子植物」に分かれます。裸子植物には針葉樹があります。針葉樹は一般に、葉がマツなどのように針状や、ヒノキのように鱗片状の木のことですが、植物学上は裸子植物の一種ということが第一の条件で、必ずしも葉の形のみの分類ではありません。例えば、イチョウも針葉樹に分類されています。

単子葉類と双子葉類

　被子植物は子葉（発芽して最初に開く葉）の枚数が１枚の「単子葉類」と、２枚（いわゆる双葉）の「双子葉類」に分かれます。単子葉類にはタケ類やヤシ類、双子葉類には一般的な「草本類《そうほんるい》（草）」と広葉樹が属します。

木本類と草本類の違い

植物分類で、針葉樹と広葉樹が「木本類《もくほんるい》」、すなわち樹木に該当します。それでは、木本類と草本類の違いはどこにあるのでしょうか？

「個体が大きく生長するのが木、小さいままなのが草」とも考えられますが、サツキなどは丈が高くならなくても木本類、ヒマワリなどは大きく生長しても草本類に分類されます。

このように、木と草の違いを明確に定義しようとするとかなり難しく、かえって理解しづらくなりますので、ここでは簡単に以下のように定義します。

①地上部が幹なのが木、茎なのが草。

②幹が長い年月をかけて肥大生長するのが木、
地上部の茎が年ごとに枯れるのが草。

多少の例外はあるかも知れませんが、以上のように考えれば理解しやすいでしょう。

■植物の分類

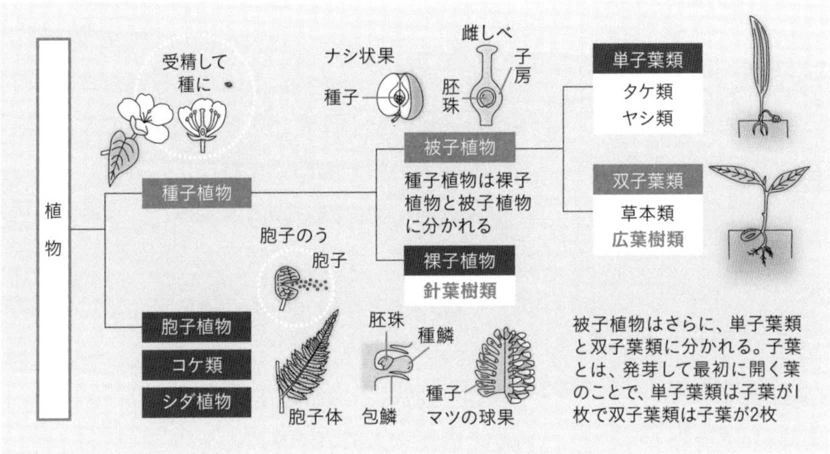

庭で樹木の剪定が必要なわけ

剪定の目的

「木は自然の状態で育てるのが一番」という人がいます。しかし、庭という人工的な環境では、木を自然のままに放任したら、適応力のある樹種は大きくなりすぎ、枝が隣家や道路にはみ出して近所に迷惑をかけることにもなります。また、１本の木が大きく枝葉を広げ、根を地中いっぱいに張ったのでは、他の木が育たなくなってしまいます。

枝葉が茂りすぎると樹形が乱れて美観を損なうだけでなく、日照や通風が悪くなり、樹冠《じゅかん》内部の枝が枯れたり、病害虫に侵されやすくなったりします。

また冒頭でも説明したように、自然界では淘汰されてしまうような樹種も、庭ではしっかりと育ててやらなくてはなりません。

生長を妨げる余分な枝や見栄えの悪い不要な枝を取り除き、健やかに育つようにすることが、庭木には大切であり、その作業こそが剪定なのです。

ここで庭木の剪定の目的を整理してみましょう。

○枝葉を透かして日照と通風を確保し、病害虫に侵されないようにする。

○大きくなりすぎないように、樹芯《じゅしん》を止めて生長を抑制する。

○不要な枝を抜いて樹形を整える。

○庭に合った好みの樹形をつくる。

○古い枝を新しい枝に更新して木を若返らせる。または株全体を更新する（23、128ページ）。
○花木は花つき、果樹は実つきをよくする（82、140ページ）。

樹木を大きくしたくない

樹芯を止めて、生長を抑制する

日照や通風を確保する

枝を適度に抜くことで病害虫を防ぎ、健康な木になる

木姿を整える

不要な枝を抜いたり、伸びすぎた枝や飛び出した枝を切ったり刈ったりして、樹形を整える

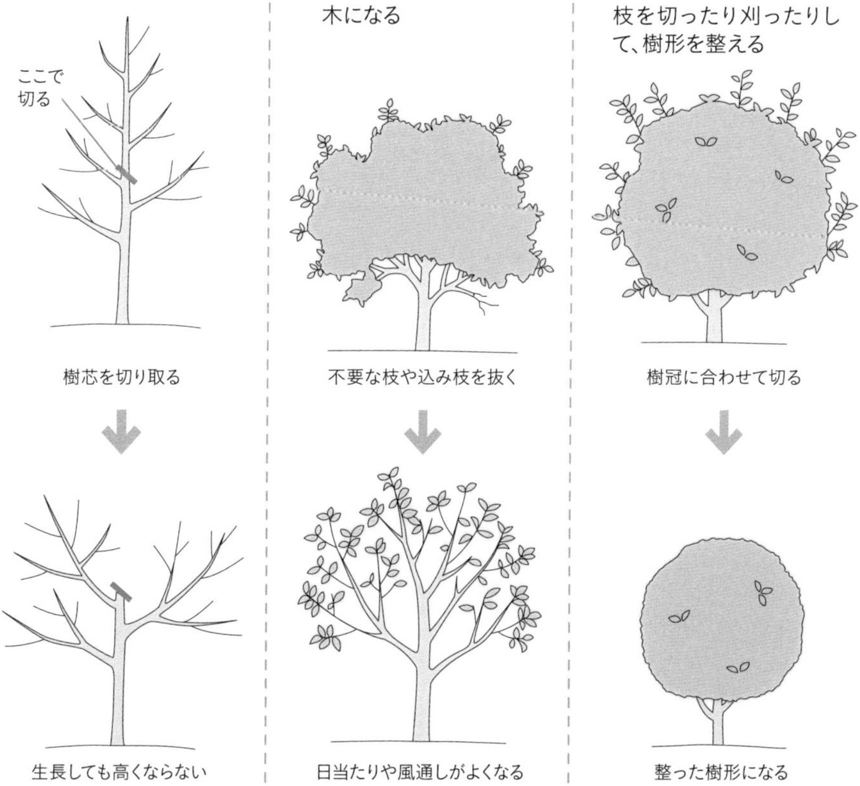

樹木の芽の種類と枝の出方

芽の種類

実際に剪定を行う前に、将来枝になる芽の特徴を把握しておきましょう。芽はつく位置によって名称があり、伸びる方向や勢いがそれぞれに異なります。

頂《ちょう》芽《が》：枝の先端につく芽。発芽力、伸長力ともに最も強いのが特徴です。

腋《えき》芽《が》（わき芽）：枝の側面についている芽。枝先に近い位置にあるほど、発芽率が高くなります。幹からみて外側につく芽を「外《そと》芽《め》」、内側につく芽を「内《うち》芽《め》」と呼んで区別しています。内芽は枝が立ち気味になり、外芽は横方向へ伸びます。剪定するときは外芽の先で切るのが基本です。

定《てい》芽《が》と不定《ふてい》芽《が》：頂芽や腋芽のように、生じる位置が決まっている芽を「定芽」といいます。一方、強い剪定をしたり、定芽の生長に障害があったときなど、本来、芽の出ない枝から芽が生じることがあります。この芽を「不定芽」と呼んでいます。

なお、これら新芽がついている枝は、前の年に伸びた枝なので「前年生枝《ぜんねんせいし》」と呼び、新芽がその年の春から伸びた枝を「本年生枝《ほんねんせいし》（一年生枝・新梢《しんしょう》）」と呼んでいます。本年生枝には、新しく花芽《はなめ》や葉芽《はめ》が形成されることが多いです。

また、前々年から伸びた枝を「前々年生枝」、3年以上経った枝を「古枝《ふるえだ》」と呼んでいます。

■芽の種類

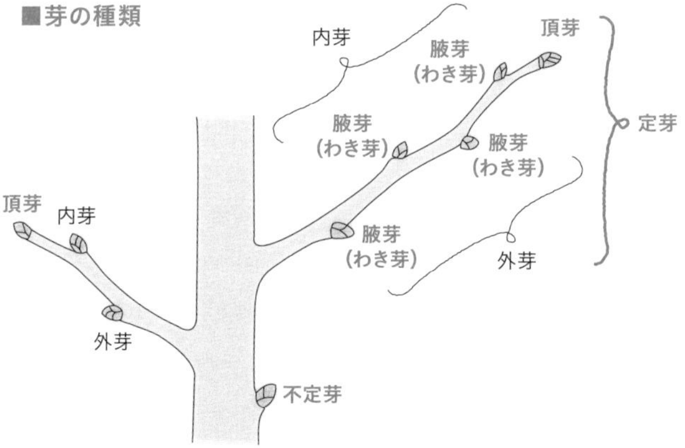

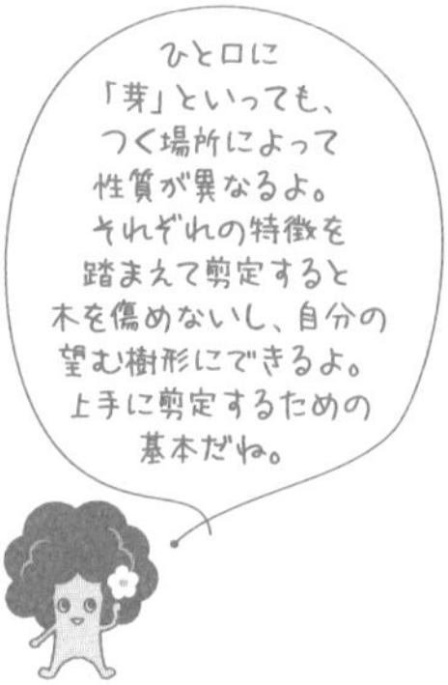

定芽のつき方と枝の出方

定芽のつき方は樹種により「互生《ごせい》」、「対生《たいせい》」、「輪《りん》生《せい》」に大別されます。これによって枝の伸び方が異なり、樹形などにも深く関係してきます。

互生：1か所から1本、交互に芽がつき、枝が伸びるもので、一般的な樹木は互生です。

対生：同じ位置から対になって芽がつき、枝が伸びる樹木で、カエデ類やハナミズキなどがあります。

輪生：枝の1か所にいくつかの芽が集まった形で、キョウチクトウなどです。枝は四方に伸びます。

■定芽のつき方

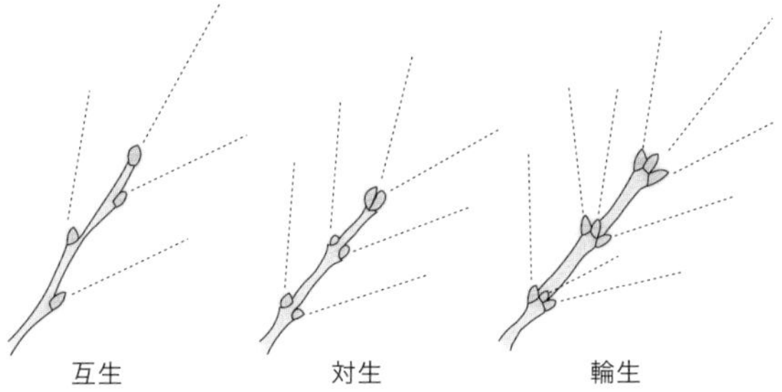

樹木の特性を知る

樹木に共通する6つの特性

樹木はどのように育って、どのように枝を伸ばしていくのか。剪定に当たっては、まず樹木の特性を理解しておくことが重要です。樹木には、ほぼ共通した特性があります。

① 太陽に向かって枝葉を茂らせる

①太陽に向かって枝葉を茂らせる

樹木は植物ホルモンの影響で、太陽に向かって枝が伸びていきます。ですから、北側より南側が早く生長し、樹形がいびつになってしまうのです。また、うっそうと茂りすぎると、樹冠内部に日光が届かずに、内側（ふところ）の枝が枯れ込んでしまう場合もあります。剪定によって樹形のバランスを保つと同時に、枝葉へ均等に日光が届くようにする必要があります。

② 頂芽を取り除くと腋芽が生長し、枝数が増える

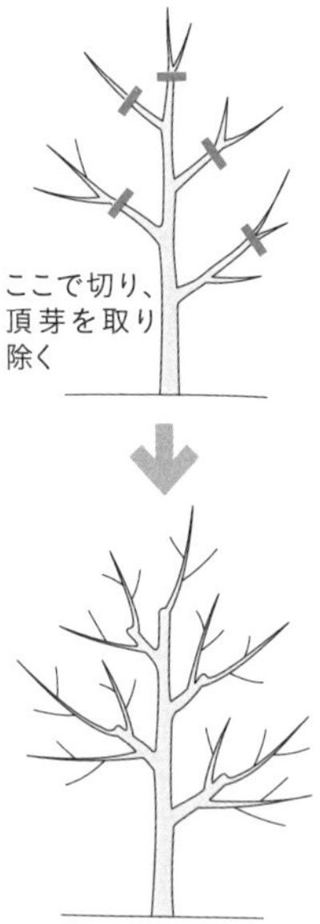

切ったところから腋芽ができ、枝がたくさん出る

②頂芽を取り除くと腋芽が生長する

同じく、植物ホルモンの作用で、樹木には「頂芽《ちょうが》優勢《ゆうせい》」という性質があります。つまり枝の先端につく頂芽の生長が、枝の途中につく腋芽《えきが》（わき芽）の生長より優先されるという現象です。頂芽がある状態では、腋芽は伸びませんが、頂芽を切り取るとすぐ下の腋芽が新しい頂芽となって伸び始めます。これを利用して主幹や主枝を切り替えたりする剪定が行われます。

③上向きの枝は旺盛に伸びる

樹木には主枝につく芽によって、上方向に伸びる枝と横方向に伸びる枝があり、このなかで上向きの枝が旺盛に伸びる傾向があります。放っておくと丈が高くなりすぎたり、不格好になったりします。

また、果樹などは横に伸びる枝に実をよくつけます。上向きの枝を切り戻して、なるべく横方向に枝を伸ばすことが適切です。

③ 上向きの枝は
旺盛に伸びる

④枝の数が多いほど生長が早い

枝数が多いと当然、葉も多くつき、光合成によって豊富な養分がつくられます。樹木は旺盛に生長し、樹高も高くなります。早すぎる生長を抑えるためには、枝葉を間引く必要があります。

④ 枝数が多いほど
生長が早い

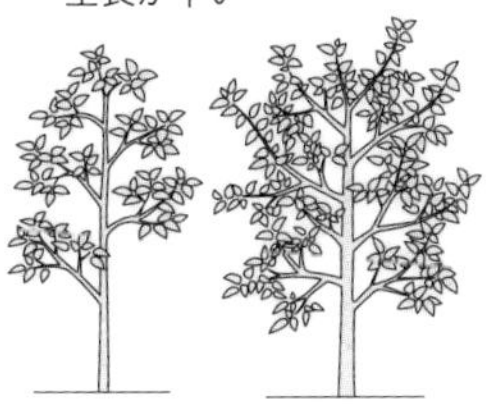

⑤枝分かれが少ない枝ほど伸びがいい

枝の太さが同じくらいの場合、枝分かれの少ない枝ほど長く伸びます。枝分かれが多い枝は養分が分散され、それほど長く伸びません。樹木を小さくまとめる剪定では、枝分かれの少ない枝を間引いて、枝分かれの多い枝を残すとよいでしょう。

⑤ 枝分かれが少ない
枝ほど伸びがいい

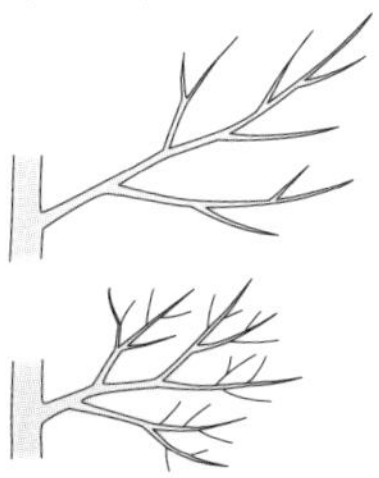

⑥枝分かれした枝は真ん中が長く伸びる

枝分かれした枝の場合、真ん中の枝が最も勢いよく伸びます。真ん中の枝を切り戻す（※）ことで、生長を抑えて樹形をコンパクトにすることができます。

⑥ 真ん中の枝が
よく伸びる

樹木には以上のような特性があり、その特性に合わせて適切な剪定を行います。庭木、公園木や街路樹をじっくりと観察してみるのもよいでしょう。まず木を知ることが、上手に剪定できるようになるための第一歩です。

※「切り戻し」：伸びすぎた枝を枝分かれした部分で切り、樹形を整えること

剪定の種類① ～強剪定と弱剪定

枝を深く切るか、浅く切るか

その木をどのような樹形に仕立てるのか、生長を促進させるのか、抑制させるのかなど、剪定の目的によって枝の切り方が異なってきます。

一般に剪定は、「強剪定（強い剪定）」と「弱剪定(弱い剪定)」に大きく分けられます。

樹木は一般に深く切り込むと、植物ホルモンが刺激され、切り込む前の葉の量と同等の光合成をしようとして元に戻ろうとし、切った部分から勢いのある枝を多く発生させます。

この性質を利用して樹形を仕立て直すのが、冬場に行われる強剪定です。「骨格剪定」ともいい、木を小さくコンパクトにまとめるときなどに用います。太い主枝を元から切るような「大透かし(荒透かし)」、また大透かしの一種である「枝おろし」など、主にノコギリを使って行う剪定です。

それに対して、枝先を浅く切るのが弱剪定です。切った部分から出る枝はそれほど勢いがありません。樹形を美しく整えるのが目的で、「小透かし」や「切り戻し剪定」など、主に木バサミで行う剪定です。

例を挙げると、「軽い刈り込み」や、指先で摘み取る「芽かき」、「摘花《てきか》」、「摘蕾《てきらい》」、マツの「みどり摘み」や「もみあげ」、マキの「古《ふる》っ葉《ぱ》引き」なども弱剪定といえましょう。

強剪定は木にダメージを与える

強剪定は、樹木に大きなダメージを与える作業です。切り口から勢いのよい枝が伸びるため、木は切れば切るほど樹勢が強くなると思われるかもしれません。しかし、それはとんでもない間違いです。多くの枝葉を取られた樹木は、危機感を察知して、切られた部分から新しい枝を必死に絞り出そうとします。要するに、新しい枝の発生に大量のエネルギーを注ぐので、枝に勢いが出るのです。

ですから、強剪定を何度も行うと、樹木は確実に弱り、病害虫に対する抵抗力もなくなってしまいます。

強剪定は、切ったあとに枝がどのように伸びて、どのような樹形ができるかをイメージして行うことが大切です。そのようなビジョンがないままに行うと必ず失敗します。自信がない場合は、専門家に任せたほうが無難でしょう。

■強剪定

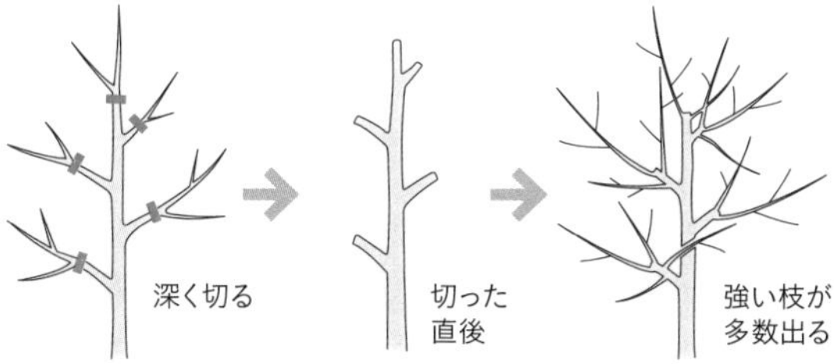

■弱剪定

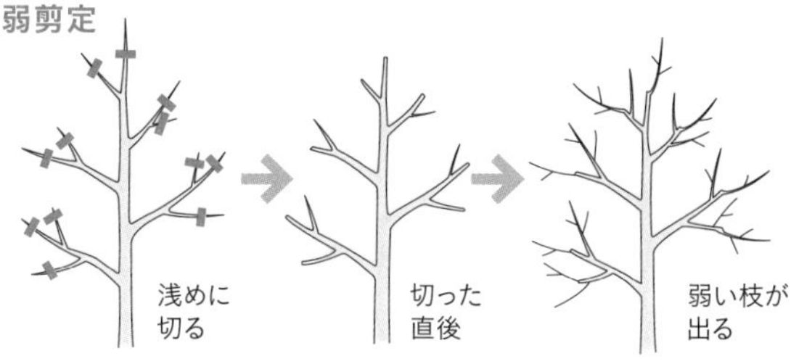

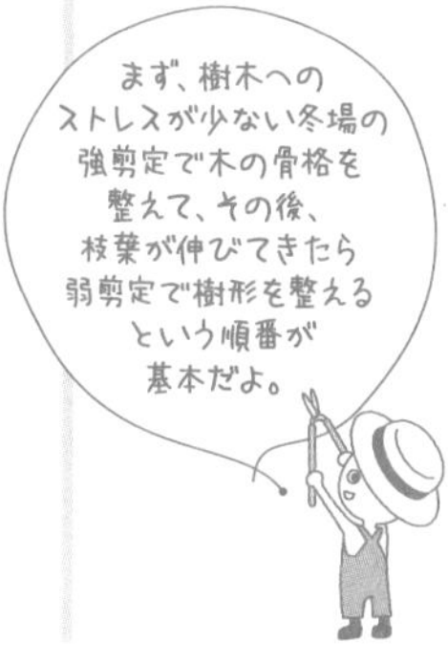

剪定の種類② 〜目的に合わせた枝透かし

■枝透かしの程度

剪定前

小透かし

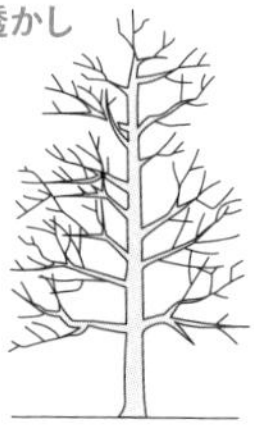

中透かし

大透かし（荒透かし）

それでは、もう少し詳しく目的に合った剪定の方法についてみていきましょう。

日照と通風を確保する枝透かし

伸びすぎたり、込みすぎている枝を切り除き、樹形を整えるとともに、樹冠を適度に透かし、通風や日照をよくして、衰弱や枯れ、病害虫を防ぐことを目的とする剪定が「枝透かし」です。

切る枝が多いか少ないか、太いか細いか、また枝を深く切るか浅くとどめるかによって、大透かし（荒透かし）、中透かし、小透かしがあります。ノコギリを使わなくてはできない枝透かしが大透かし、剪定バサミを使うのが中透かし、木バサミでも行えるのが小透かしと理解してもよいでしょう。

樹木は上の方の枝ほど伸びる勢いが強い性質があるので、枝透かしは上の方の枝ほど強剪定を行うようにします。また、同じ理由で、樹冠の外側と内部では、外側にある枝ほど強剪定を行い、内部の枝は弱剪定にとどめるのが基本です。

枝透かしは、目的や樹木の状態によって、以下のような剪定方法を使い分けて行います。

①枝抜き剪定

同じような状態で、1か所からたくさんの枝葉が発生して込み合っているときに、何本かを枝元、あるいは枝分かれの部分から切り取って本数を少なくする剪定方法です。切り口から枝が発生しないように、芽を残さずに枝元から取り除くのが基本で、「間引き」ともいいます。

枝数を減らし、樹木の内部をすっきりとさせることで、養分の分散を抑え、残した枝に勢いを与えます。それにより花つきや実つきがよくなります。

②切り戻し剪定

伸びすぎた枝を途中の枝分かれした部分で切り戻して樹形を整える剪定方法で、「切り返し」ともいわれます。樹形の縮小と同時に枝を若返らせて樹勢を回復させたり、花芽《はなめ》をつけるのにも効果的です。

③切り詰め剪定

樹冠より伸びすぎた本年生枝を、芽の位置を気にしないで目的の大きさに切り詰める剪定方法です。樹形の維持や、枝数を増やして枝葉の量を密にしたい場合に効果的です。

人工樹形を仕立てる刈り込み

「刈り込み」とは、生垣や玉仕立て、円錐形、円筒形などの人工樹形（39ページ）を仕立てるときに行う剪定方法で、刈り込みバサミを使って行います。

刈り込みは、枝分かれや芽の位置に関係なく、一律に枝葉を刈って樹形をつくっていくので、萌芽力のある樹種でなくては耐えられません。

また、刈り込んだ後の切り口が目立たず、細かい枝葉が密生する樹種に行います。

■目的別の剪定方法

①枝抜き（間引き）剪定

同じような枝が何本かあるとき、枝元から切って本数を減らす。すると、残した枝の勢いがよくなり、枝葉が充実する

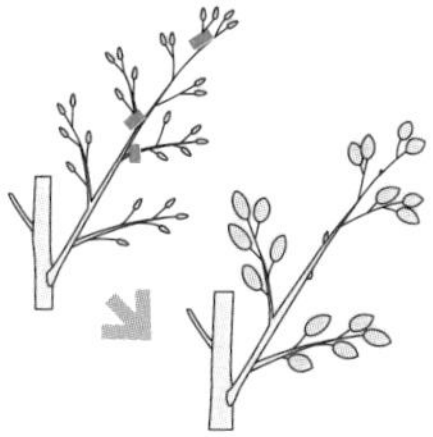

②切り戻し（切り返し）剪定

枝分かれしている部分で長い枝を切り、伸びる方向を変える。残した枝の頂芽の勢いが増し、枝がぐんと伸びる

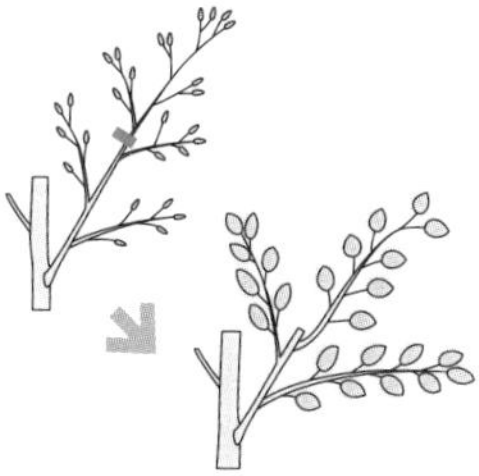

③切り詰め剪定

枝先を落とし、枝を短くする。切り口から数本の枝が伸びて枝数が増える

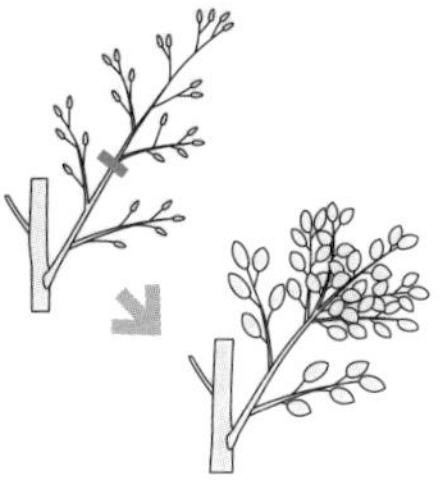

剪定の適期を知る

■年間剪定暦

※目的や樹種によっては、例外的に上記の時期に当てはまらない場合があります

ワンポイントアドバイス

ツツジ類やツバキなど春に開花する多くの花木は、花が終わった直後の剪定が必須。夏には花芽をつけるので、夏以降に剪定すると翌年の花は期待できません。

樹木の性質と剪定適期

真夏の剪定はご法度

真夏に樹木が枝葉を茂らせて、うっそうとなったからといって、剪定をしてさっぱりとさせようとする人が多いようです。しかし、ほとんどの木は、真夏は勢いが非常に強いので、剪定してもすぐに再び芽を出して枝が伸び、元の状態に戻ってしまいます。元の状態に戻るだけならよいのですが、剪定を行う前よりも、樹形が乱れてしまうのが普通です。

さらに、樹木は光合成による葉からの蒸散活動で樹体内の温度を下げて暑さに対処しているので、その時期に枝葉を多く落とすと、枯れてしまうこともあります。

冬は落葉樹の強剪定に好都合

冬は樹木の休眠期で、春に備えてたくさんのエネルギーを蓄積し、樹液の流動もほとんどありません。また、病害虫の被害も少ないので、太い枝を落としてもダメージが少なく、その後の生育にも支障がありません。

特に、落葉樹の多くは葉を落として全体の枝振りがよくわかるので、枝おろしや大透かしといった強剪定で樹形の骨格を整えるのに好都合です。

ただし、休眠期間が短く、根の活動の始まりが早いカエデや、早春に開花するウメなどは、なるべく12月中に剪定を終わらせるようにします。

常緑樹の冬期剪定は避ける

マキ類やカシ類、モクセイなど、常緑樹の多くは暖地性で寒さに弱い傾向があり、冬でも葉をつけて冷たく乾いた北風から身を守っています。ですから、冬期に剪定して枝葉を落とすと衰弱してしまいます。

常緑樹は一般に、春の芽出し前、あるいは生育が旺盛な初夏から梅雨時が最も剪定が必要な時期です。

特に、梅雨時に枝を透かして日照と通風を確保することは、病害虫の発生を抑える目的でも重要です。

適期以外で剪定をする場合

「お盆や正月をきれいな姿で迎えたい」「台風対策に枝葉を透かして倒伏を避けたい」「長い枝が隣地にはみだしている」などの理由で、適期以外の剪定が必要なときがあります。ごく弱い剪定であれば大きな問題はありませんが、強剪定をするときは、ブランチカラーを傷つけずに、腐朽菌が入らない正しい位置での剪定を心がけること（30ページ）。また、切り口に殺菌剤を塗ったり、強い日射しや寒風から守るために幹巻きをしたりと、剪定後の木をしっかりと養生させる必要があります。

■木の年間の生長サイクル

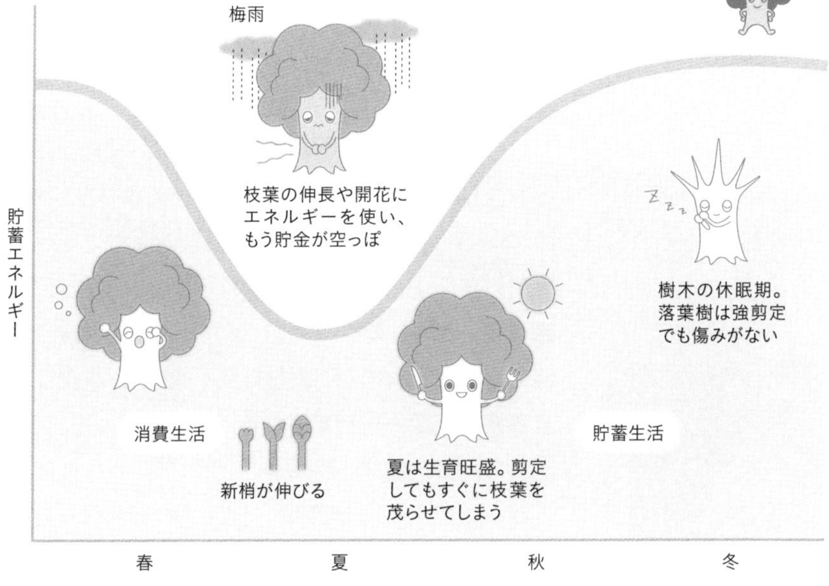

切ってよい枝を知る

忌み枝の種類

剪定では、枯れ枝や病害虫に侵された枝を切るのは当然ですが、見苦しい枝、樹木の生長を妨げる枝、あるいは不要な枝なども枝元から切ります。そのような枝を「忌《い》み枝《えだ》」と呼び、次の種類があります。

徒長枝《とちょうし》（とび枝）：勢いよく長く伸びた枝で、放置すると樹形が乱れ、また、勢いがありすぎるために他の枝に養分が行きわたらなくなるので切り除きます。周囲の枝とのバランスで、元から切らずに途中で切り詰める場合もあります。

ヒコバエ（ヤゴ）：根元から発生する小枝で、放置すると樹勢の衰弱を招きます。ただし、ヒコバエを育てて株立ちに仕立てることがあります。

からみ枝（交差枝）：枝と枝がからみ合ったり、交差したりした枝。一方の枝を除いて樹形を整えます。

幹吹き（胴吹き）：幹から直接発生する小枝で、樹木の衰弱の兆候となるもの。ただし、樹形をつくるうえで必要なら、主枝として育てる場合があります。

逆さ枝：本来、幹から外側へ向かって伸びる枝が、逆に幹のほうへ伸び、樹形を乱す原因となります。

立ち枝：枝から直立するように上へ伸びる枝。勢いがあり、他の枝の養分を吸収し樹木を衰弱させます。

ふところ枝：樹冠の内部にある小枝で、ほとんど樹勢が弱く、生長する見込みがないので切り除きます。

ワンポイントアドバイス

ふところ枝は、萌芽力の弱い樹種や、将来、樹形を縮小したい場合に備えて、大切に残しておくこともあります。

ただし、萌芽力の弱い樹種や将来の樹形を変えるために、あえて残して育てていくこともあります。

平行枝：長さと太さが同じくらいの２本の枝が上下、または左右に平行して伸びているものです。全体の樹形を見て一方を元から切り取るようにします。

かんぬき枝：幹の同じ位置に左右（前後）に対称に伸びる枝。マツ類、カエデ類、ハナミズキなど、枝が対生の樹種に生じやすく、通常、一方の枝を落として、幹から枝が交互に出るようにして整えます。

車枝《くるまえだ》：幹の１か所から数本の枝が放射状に伸びるもので、主に針葉樹に多い枝の出方です。普通は１〜2本だけ残して他を切除します。

■忌み枝の種類

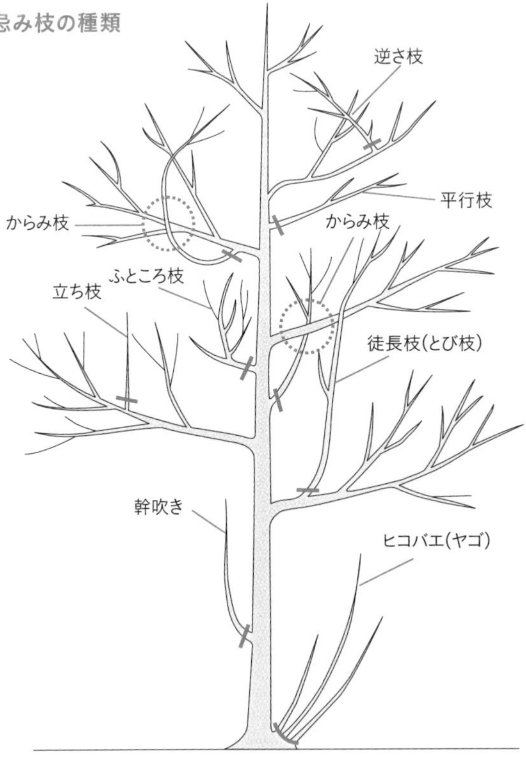

■平行枝・かんぬき枝・車枝の切り方

平行枝

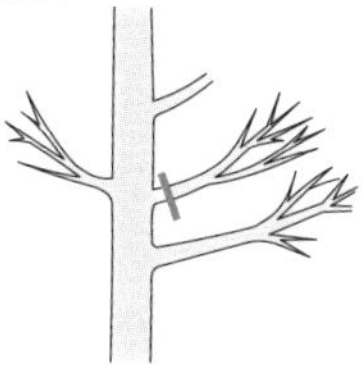

かんぬき枝

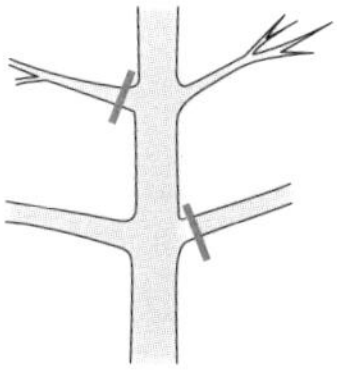

車 枝

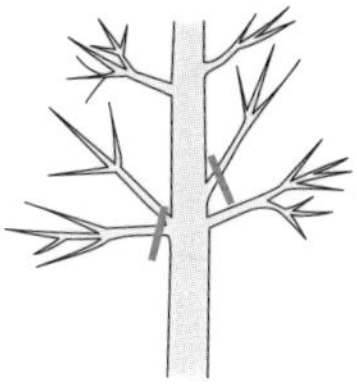

樹齢に合わせた剪定の基本

①単幹に仕立てる

②株立ちに仕立てる

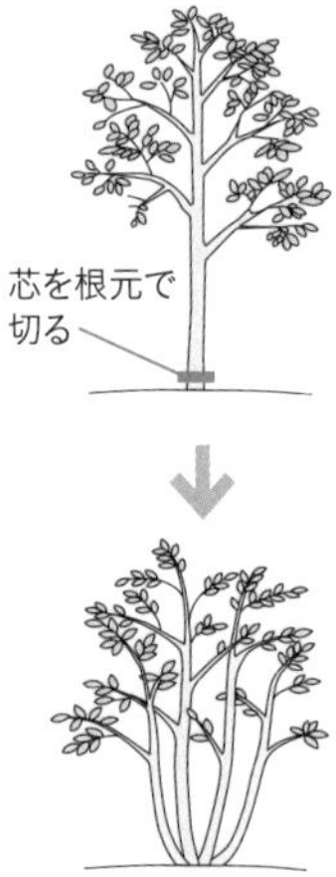

育てる数本の幹を決め、それ以外にヒコバエが出たら早めに切り取る

同じ樹種でも、若木、成木、老木では生育の仕方が異なり、剪定もその状況に合わせて行わなくてはなりません。成木は通常の剪定を行いますので、ここでは若木と老木の剪定のポイントを紹介します。

若木の剪定

若木とは、まだ開花・結実の年齢に達していない木のことをいいます。若木は、将来どのような樹形にするかを決め、それに基づいた剪定を行います。

①単幹（1本立ち）に仕立てる

最もオーソドックスな単幹（1本立ち）に仕立てる場合は、芯となる主幹を決めて、そこから枝分かれして長く伸びる枝や、横に長く伸びた枝、ヒコバエなどを切り除き、幹を1本にします。

②株立ちに仕立てる

株立ちにしたい場合は、まず思い切って芯を根元で切ってしまいます。すると、若木は萌芽力があるのでヒコバエを何本か発生させます。その後、株立ちの本数を決めて、不要なヒコバエを切ります。

③樹形を横に広げる

果樹は枝を横に広げると実つきがよくなりますので、樹高の半分くらいの高さで樹芯を止めて（切って）、充実した横枝を伸ばします。

④若木の樹形を整える

若木は勢いがよいので、徒長枝《とちょうし》が何本も伸びやすく、不格好に間のびした樹形になりやすい傾向があります。そのようなときは、枝を思い切って強く切り詰め、切った部分から何本もの新しい枝を出させます。それらの新しい枝を育てつつ、切るべき枝は切って、少しずつ思い描く樹形に仕立てます。

③樹形を横に広げる

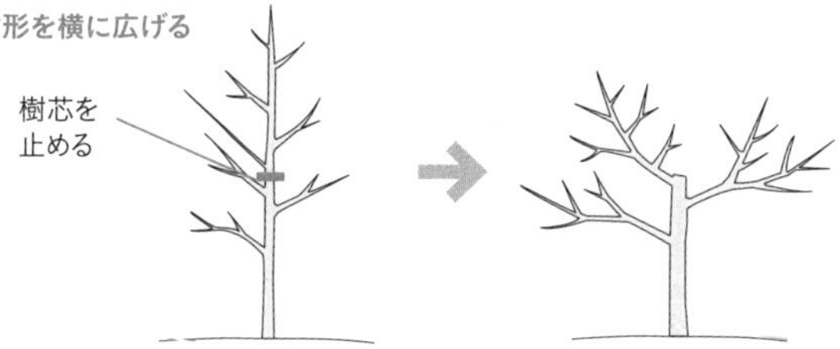

④若木の樹形を整える

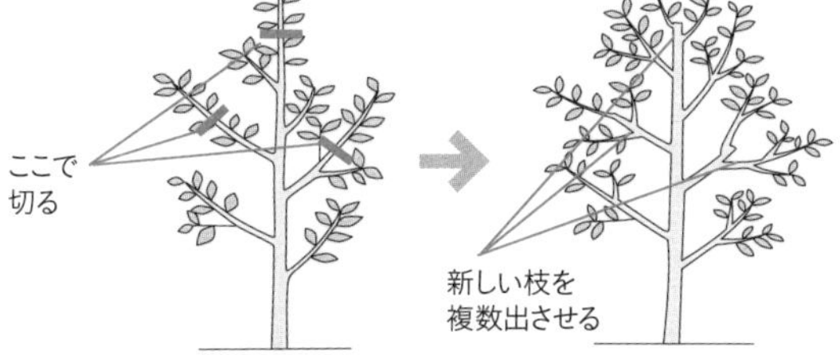

老木の剪定

樹齢を重ねた老木は、枝振りや幹肌に独特の趣が出て、むやみに剪定するのがもったいないような風格を備えています。

幹は老いていますが、枝先からはまだまだ新しい若い枝が芽吹きます。ですから、毎年、切り戻しや切り詰めを繰り返して行い、常に新しい枝に更新していくことが必要です。そのようにして活性化させることにより、さらなる老化を防ぐのです。

MEMO 老木のヒイラギの葉は鋸歯《きょし》がなくなります。ヒイラギらしい鋭い鋸葉を出させるために、新しい枝に切り戻すことが必要です。カクレミノも老木になると独特の嚢形の葉の切れ込みがなくなり葉が丸くなりますので、若い枝に切り替えます。

正しい剪定位置を知る

■枝おろしは
2度切りで

太い枝を幹のつけ根からノコギリで切り落とす方法を「枝おろし」といいます。やり方は、まず下から、次に上から切り落とし、最後にブランチバークリッジとブランチカラーを結ぶ線で切って、2度切りします。一気に切ろうとすると、切り離される寸前に枝の重みで、幹の樹皮がはがれてしまう危険があるからです。

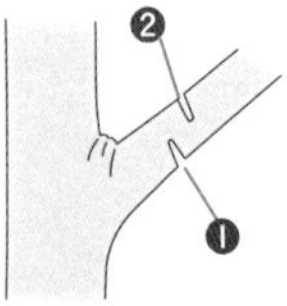

①最初に下を切る
②次に上を切る

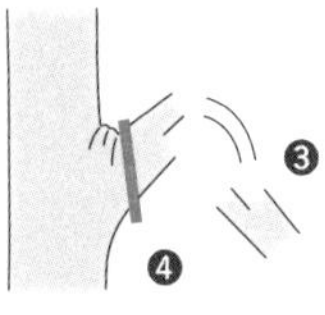

③落とす
④最後に切る

剪定は樹木に強いストレスを与え、場合によっては切り口から病原菌が入り、枯れることもありますので、正しい剪定方法を知っておきましょう。

太い枝の正しい剪定位置

樹木は、病原菌の侵入を幹と太枝、太枝と中枝、中枝と小枝の境で防御しています。特に太い枝の切り残し（スタブカット）は防御層の形成を妨げ、フラッシュカット（枝とつながった主幹部分を平滑に切断する）は防御層を傷つけ、枯れ込む原因となります。正しい剪定位置は、ブランチバークリッジ（枝と幹のコルク形成層の継ぎ目の、枝元につくられる樹皮が隆起した部分）とブランチカラー（幹から太い枝が出ている部分で、枝の側面と下部が幹の組織で膨らんだ部分。内部には、枝が切られた後の傷口をふさぐ保護帯と養分がある）のくびれている位置を結ぶ線です。

■太い枝の正しい剪定位置

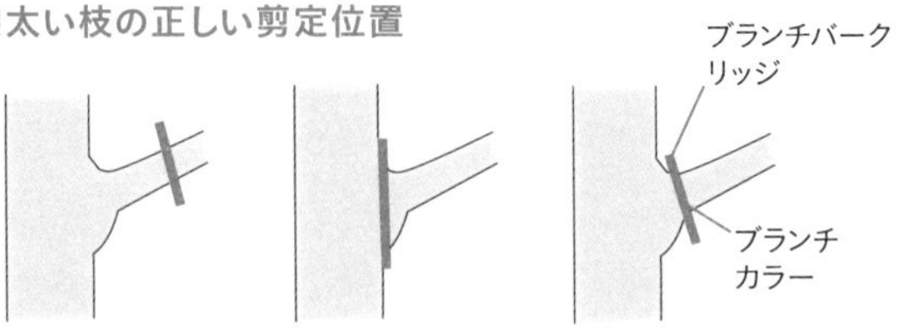

× 切り残し（スタブカット）　× フラッシュカット　○ ブランチバークリッジとブランチカラーを結ぶ線

樹木の節と剪定位置の関係

樹木には、髄《ずい》（幹や枝の中心部を通る組織）が節《ふし》ごとに仕切られているもの、枝が発達した部分で仕切られているもの、仕切られていないものがあり、髄が仕切られていると、病原菌や害虫が枝の切り口から侵入しても、その仕切りで阻止することができます。また、仕切られていない樹木も、多くは節の芽に活力があれば、節の防御層で枯れ止まります。

すべての樹種は、枝の髄と幹の髄は仕切られているので、樹勢が健全であれば、枝枯れから幹の髄に病原菌が侵入することはありません。特に、低木類の本年生枝の剪定は、切り口に割れをつくらないように、節の防御層の上で、ハサミを使ってきれいに切るようにします。

樹種や生育状況により例外はありますが、込み合った枝葉を切り落とすときは、必ず枝元（枝のつけ根）、あるいは、枝分かれの部分で切るのが基本です。

■枝内部の髄の状況

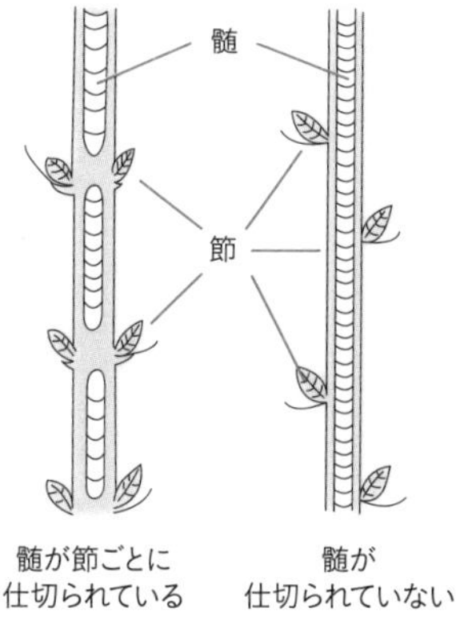

■枝を切る位置

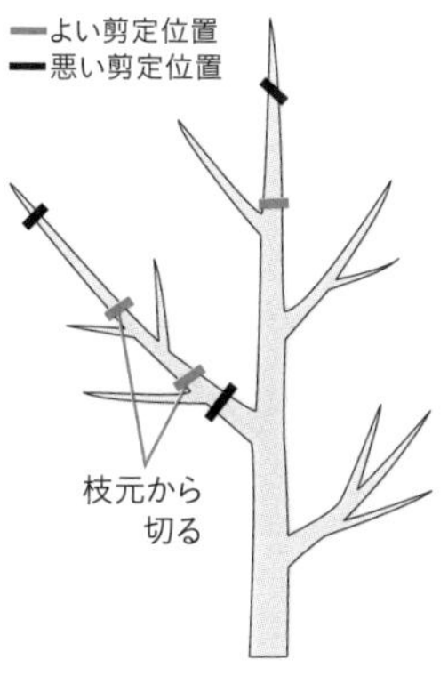

そろえておきたい剪定道具

道具の種類とその特徴

庭木の剪定に欠かせない道具を紹介します。

木バサミ：植木バサミとも呼ばれている最も一般的なハサミです。刃が細く双方の刃が切り刃になっていて、小透かしなど枝先の細かい剪定を行うときに使います。

わらび手という指を入れる柄の部分が大きく、枝を切るとき、他の枝をはさみ込んで傷めないように工夫されています。木バサミは剪定バサミのようにバネがなく、長時間使用しても手が疲れません。大きさ、形ともにいろいろなものが市販されているので、手にとってみて、よくなじむものを選ぶとよいでしょう。

剪定バサミ：最初、果樹の剪定用のハサミとしてヨーロッパから紹介されたものです。切れ味がよいうえに太めの枝も切れることから、庭木や盆栽などの剪定に広く用いられるようになりました。

木バサミとは刃の形が異なり、「切り刃」と「受け刃」が半円の弧状となっています。「にぎり」と呼ばれる柄の内側にバネが仕込まれていて、ギュッと握り込むようにして枝を切る仕組みになっています。あまりバネの強すぎるものは、長時間作業すると手が疲れてしまいます。購入の際には、

木バサミ

刃が細く、左右同じ刃が切り刃になっている。小透かしなどで細い枝を切るときに使う。形や材質に種類があるので、可能なら実際に手に持って、重さや大きさなど、感触が自分に合うものを選びたい

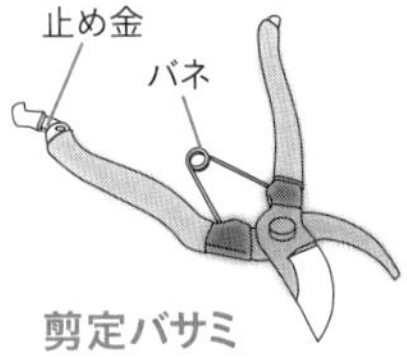

剪定バサミ

受け刃と切り刃があり、木バサミで切断できない枝を切るのに使う。自分の手にあった大きさを選ぶのが基本。手の小さい人は小さめのものを選ぶが、手が大きい人も小さいほうが疲れない

実際に握ってみて自分の手に合ったものを選ぶとよいでしょう。

刈り込みバサミ：両手で扱う大型のハサミで、生垣および玉ものなど、人工的な形に刈り込むためのものです。木バサミ、剪定バサミと異なり、枝を一本一本切るのではなく、多数の枝葉をまとめて切ることにより、全体的な樹形を整えることを目的とします。

　刈り込みバサミも自分に合ったものを選ぶようにします。刈り込んでいるときに、両手がぶつからないように、刃元にストッパーがあるものが使いやすいでしょう。

剪定ノコギリ(剪定ノコ)：剪定ノコギリは、剪定バサミでは切れないような幹や太い枝などを落とすときに使用します。両刃だと他の枝を傷つけてしまうので、片刃となっています。

　幹や太い枝を切るには目が粗く刃の長さが45㎝くらいのものが適し、細い枝を切るには目が細かく刃の長さ25㎝ほどの、片手で持って楽に作業ができるような小形のものが適しています。また、刃の先端の部分が細く丸くなっていて、枝と枝の間に無理なく差し入れられるものが使いやすいでしょう。

脚立：高木の剪定や背の高い生垣の刈り込みなどに必要です。三脚のものが使い勝手がよく、狭い場所でも立てやすく、木に近いところまで寄せられ、また地面がでこぼこしたところや、斜面になっているところでも安定します。軽量で持ち運びが楽なアルミ製のものが主流です。

刈り込みバサミ

細い枝先を均一に刈り込んで、形を整えるときに使う。少し軽めに感じるくらいが使いやすい。柄の材質が木やアルミ、ジュラルミンなどの種類がある。最近は柄がアルミ製の軽量タイプに人気がある

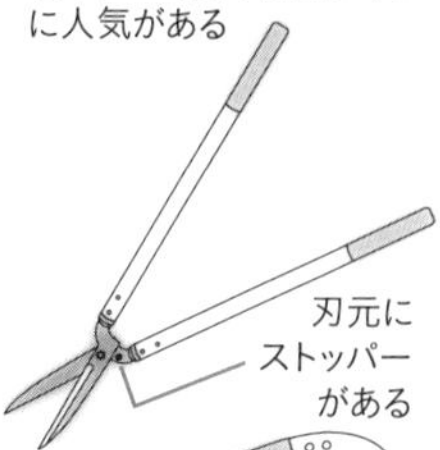

剪定ノコギリ

太枝を切るための刃の目が粗いタイプと、細枝や竹を切るための刃の目が細かいタイプがある。折りたたみ式はコンパクトで、枝に引っかかりにくいメリットがある

ワンポイントアドバイス

脚立やハシゴを用いずに、手の届かない高いところの枝を落としたいときに使う「高枝剪定バサミ」も便利です。伸び縮みする長いパイプの先にハサミを取りつけ、引き金式のグリップを握って切るものが一般的。
直径1.5～2㎝くらいまでの枝を落とすのに使いますが、それ以上の太い枝をはさむことはできません。また、正確に切る枝の位置をとらえるのも難しいので、細かい手入れには向かないということを理解したうえで、購入するようにしましょう。

剪定道具の正しい使い方

特徴を生かした道具使いのコツ

木バサミは細かい枝を切るときに

木バサミでは直径1㎝くらいまでの枝を切り、それ以上の太い枝を切るには剪定バサミかノコギリを用います。細い枝が込み合っている場合には、木バサミを使うと剪定作業がスムーズに行えます。

枝分かれの部分や芽の位置で切る場合など、剪定バサミを使うと、枝の切り残しが突起状になってしまいますが、木バサミを使うと、枝を残さずにきれいに切ることができます。木バサミは、直径5㎜以下の細い枝は刃の先のほうではさんで切り、直径5㎜以上の枝は刃の元のほうで深くはさんで、手前に回すようにして切るようにします。

剪定バサミはやや太めの枝を切る

剪定バサミは、直径2㎝くらいまでの枝を切ることができ、使い方によってはそれ以上の太い枝を切ることも可能です。

枝を切るときは受け刃を向こう側に、切り刃を手前にして枝をはさんで、向こう側へ押し込むように回して切ります。こうすると、それほど強い力を入れなくても、太い枝を無理なく切ることができます。

刈り込みバサミで全体の樹形をつくる

刈り込みバサミを使うときは、両手を同時に動かすのではなく、利き手でないほうの手で柄の中ほど

■木バサミの持ち方

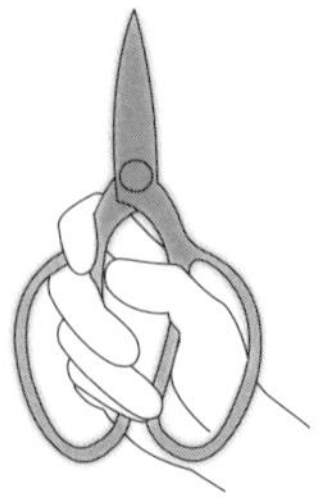

人差し指を握り手の上に出して使う。すると、刃と刃の食い合わせがよくなると同時に開きやすくなる

剪定道具の手入れ

ハサミ類やノコギリの使用後は、刃に葉液や樹液、葉くずや木くずがついたままにしておくと、錆びたり切れ味が悪くなったりするので、砥石で研いでおきましょう。研ぎ終えたら錆び止めに潤滑油などを塗布して保管します。

また、ハサミ類は使用しているうちに、噛み合わせがゆるくなっていき、枝葉を食ってしまい、思うように切れなくなります。少しでもゆるくなったと感じたら、噛み合わせを調整する必要があります。

を握って固定し、利き手を動かして使用します。そうすると、刃先がブレずにきれいに刈ることができます。柄は短めに持つと作業しやすいでしょう。

なお、刈り込みバサミには、表と裏があり、刃先が反っているほうが表で、この刃の反りが手前側に向くようにするのが正常な持ち方です。玉ものの上面の曲面部を刈り込むときには、ハサミを裏返しに使うと美しい丸みがつけられます。また、生垣の天端《てんば》（上面）など胸より高い所を刈り込むときにも、ハサミを裏返したほうが作業がスムーズに行えます。

太い枝は剪定ノコギリで落とす

ノコギリで太い枝を落とす際には、切り枝の先のほうを一方の手でしっかりと支えて、枝が動かないようにしてから、ノコギリで引きます。ノコギリは手前に引くことによって切れるので、引くときは力を入れ、押すときは軽く戻すようにします。

ワンポイントアドバイス
木バサミや剪定バサミ、剪定ノコギリは利き手で握り、もう一方の手で切り落とす枝を弓なりに曲げて、切る部分を伸ばすようにすると切りやすくなります。

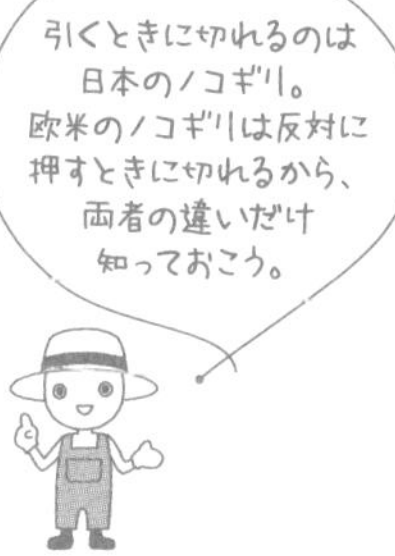

■剪定道具の使い分け

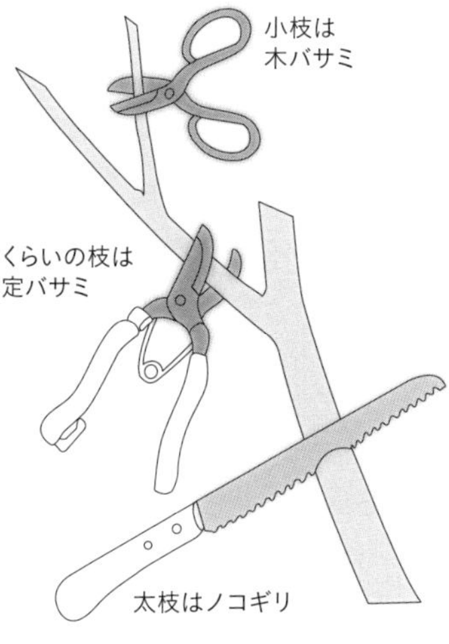

■刈り込みバサミの使い方

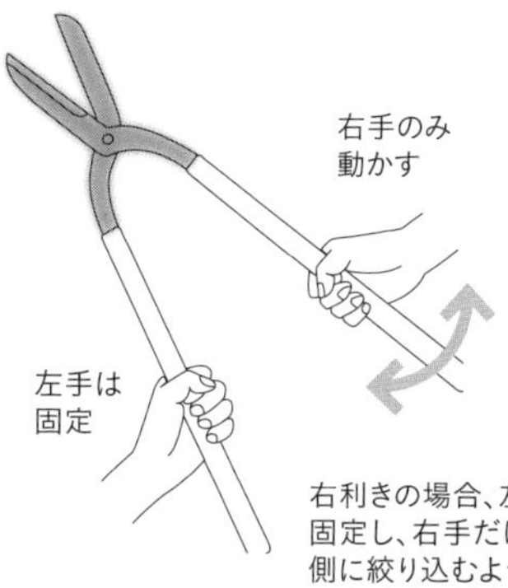

右利きの場合、左手は固定し、右手だけを内側に絞り込むように動かす。また、近くを刈り込むときは柄を短めに、遠くを刈り込むときは柄を長めに持つ

作業前の服装・身支度の基本

■剪定作業時の
基本的な服装

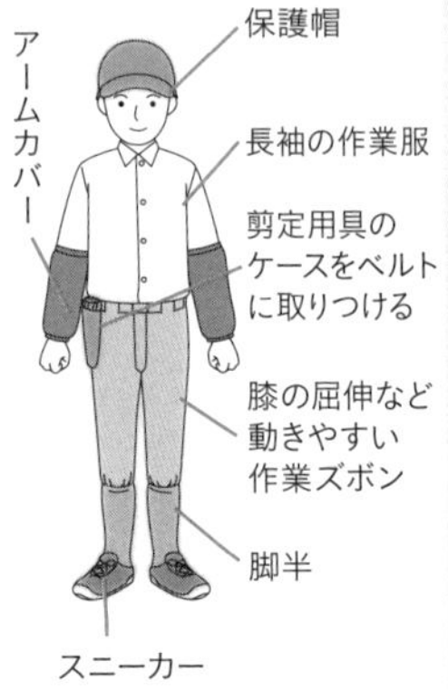

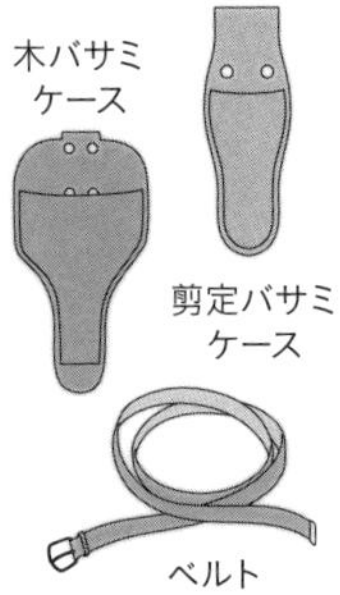

安全性を考え、準備は万全に

剪定作業を行うときの服装は、安全かつ動きやすいものでなければなりません。尖った木の枝でケガをしたり、虫に刺されたりしないように、夏でも長袖、長ズボンが基本で、肌の露出は最小限にしてください。袖口はしっかりと留め、ズボンの裾はベルトで留めるか長めの靴下の中にたくし込むようにします。アームカバーを使うと作業しやすいです。

頭を保護するための帽子も欠かせません。夏場は熱中症の予防にもなります。また、枝から目を守るためにゴーグルなどをかけたほうがよいでしょう。バラなど、トゲのある木を剪定する場合は革手袋も必須です。

ズボンは膝の屈伸がしやすく、無理なく動けるもの。靴はスニーカーなど、底がゴム製で柔らかく動きやすいものを着用、間違ってもサンダル履きは厳禁です。手袋は軍手でもよいのですが、皮製か布製の薄手のものが作業しやすく、通気性にもすぐれています。

第2章

緑や樹形を楽しむ樹種の剪定のコツ

草本類にはない樹木の魅力は、
なんといってもその枝振りや葉のつき方、
そして、樹種それぞれに特徴のある樹形です。
本章では、針葉樹、常緑広葉樹、落葉樹の順に、
庭木の樹形づくりの基本を紹介します。

庭木の樹形に関する基礎知識

自然樹形と人工樹形

剪定の重要な目的の一つは樹形を整えることです。樹冠のラインに合わせて飛び出した枝を切るなどして、その木らしいシルエットをつくるのです。

樹形は主に幹と樹冠で決定され、樹種によって、それぞれ独特の形をしており、剪定で樹形をつくるに当たって重要なポイントとなります。

自然樹形に整えるのが剪定の基本

樹木に人の手を加えず、自然の状態で生育させたときに現れる樹形を「自然樹形」といい、多くの樹種は自然樹形に準じて形を整えます。

①幹の本数による分類

単幹：幹が１本のもの。

双幹（相生）：幹が根元から分かれて２本になっているもの。

株立ち：地際から幹が数本生じているもの。２本以上の苗木の根元を寄せて植えることで、双幹風や株立ち風に仕立てることもあります。

②幹や枝の形状による分類

直幹《ちょくかん》：幹が根元から樹芯までまっすぐに伸びた樹形。スギ、ヒノキ、サワラ、ヒマラヤスギなどが自然樹形で直幹となります。

曲幹《きょくかん》：幹が左右に屈曲する樹形。マツ類やマキ

■自然樹形

①幹の本数による分類

単幹

双幹（相生）

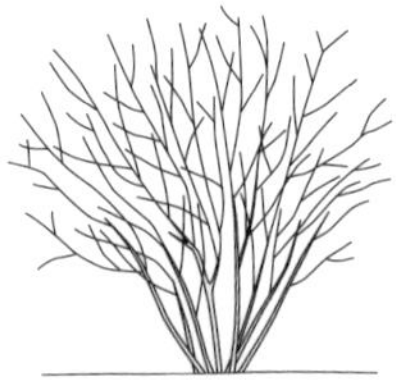

株立ち

類、ウメ、カエデ類などは自然樹形で曲幹となりますが、竹や丸太を使って誘引して人工的に曲幹に仕立てる場合も多くあります。

斜幹《しゃかん》：幹が根元から傾いて、斜め上に伸びるもの。

枝垂《しだれ》形：シダレヤナギ、シダレザクラ、シダレウメなどのように、枝が下垂する独特の自然樹形。

人工樹形は刈り込みで仕立てる

自然樹形に対して、人為的に仕立てられた樹形を「人工樹形」といいます。人工樹形は、主に刈り込みバサミを用いて仕立てられたもので、自然界にはほとんど存在しません。

人工樹形の代表的なものとして、円錐形、円筒形、スタンダード仕立て、玉仕立て、玉散らし、寸《ずん》胴《どう》切り、および樹木を刈り込んで鳥や動物、その他の形に仕立てるトピアリーなどがあります。

■人工樹形

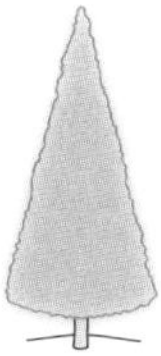
円錐形

円筒形

スタンダード
仕立て

玉仕立て

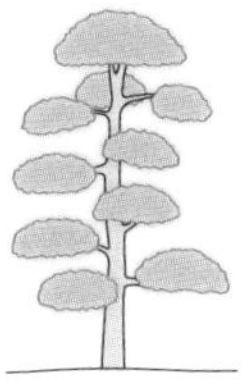
玉散らし

寸胴切り

トピアリー

■自然樹形

②幹や枝の形状による分類

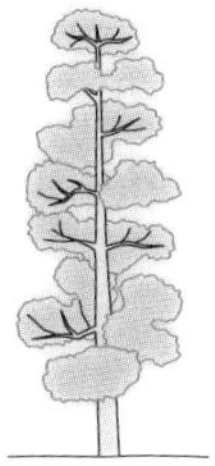
直 幹

曲 幹

斜 幹

枝垂形

※最低年2回、6～7月と10～11月に1回ずつ行う。
あとは新芽が伸びてきたらその都度

こまめな剪定で
美しい樹形を維持しよう

ヒバ類（アスナロ、チャボヒバ、イトヒバ）

【翌檜・矮鶏檜葉・糸檜葉】アスナロ：ヒノキ科アスナロ属／チャボヒバ：ヒノキ科ヒノキ属／イトヒバ：別名ヒヨクヒバ：ヒノキ科ヒノキ属

基本データ

- **樹高**：
  自然状態…5～25m
  庭植目安…1.5～8m
- **枝張り**：
  自然状態…3～15m
  庭植目安…1～5m
- **生長速度**：早い
  アスナロは遅い
- **日当たり**：陽樹
  アスナロの成木は陰樹
- **乾湿**：中庸
- **大気汚染**：強い
- **萌芽力**：強い
- **主な病害虫**：
  赤星病、ハダニ
- **栽培可能地域**：
  ほぼ全国
- **剪定難易度**：難しい

適用樹種 ヒノキ、サワラ、ニオイヒバ、オウゴンクジャクヒバなど

MEMO アスナロの成木は陰樹のため日陰地の植栽に適し、かつ大気汚染にも強いので、ビルに囲まれた日当たりの悪い敷地にも用いられます。木姿はスギやヒノキに似ていますが、花粉症とは無縁のため安心して植えられます。

金属を嫌うので指先で剪定を

ヒバとは「檜葉」と書き、ヒノキ、サワラをはじめとした鱗片状の葉をもったヒノキの仲間の総称です。

アスナロの剪定

アスナロはヒノキよりも葉が大きめで光沢があり、生長が遅く樹形も乱れにくいのが特徴です。

アスナロをはじめとしたヒバ類はおおむね金属を嫌い、ハサミを使って剪定すると切った部分の葉が赤茶色になってしまう傾向があります。

ですから、少々手間はかかりますが、「爪引《つまび》き」といって葉先を指先でつまんで樹形を整えるのが無難です。ことアスナロは、毎年、新芽の爪引きさえ丹念に行っていれば、極端に樹形が乱れることはありません。

爪引きは、春に新芽が出そろったら、芽がかたくなる前に行います。中心にある最も強い芽を指先でつまんで引き抜くように摘み取ります。そうすると、わき芽に勢いが分散され、一定の大きさを維持できます。翌春にはその先端から新芽が吹くので、同様に中心の芽を摘み取るといったように、毎年爪引きを繰り返して樹形を維持します。

チャボヒバ、イトヒバの剪定

針葉樹は一般に、葉のないところで枝を切ると新芽が出にくく、特にチャボヒバ、イトヒバはその傾向が強い樹種です。

2年以上経った古枝からは萌芽しないため、古枝のところまで深く切り込んでしまうと新芽の発芽が望めなくなり、その枝は元まで枯れてしまいます。ですから、剪定するときは葉のついている枝先だけを整えます。木が大きくなりすぎたからといって、枝の途中で切り詰めると発芽しなくなってしまいます。樹形を維持するためには、毎年のこまめな剪定が必要です。

剪定は新芽の固まった６月頃と枝の伸び切った秋、最低年２回は必要ですが、新芽が伸びてきたら、そのつど整えるのが理想です。チャボヒバ、イトヒバも金属を嫌う傾向があり、ハサミで葉を切ると、一時的に葉が赤茶色に変色します。このため、飛び出した枝を指先で摘み取るか、葉を切らないように先の細い裁縫用の糸切りバサミなどで、枝だけを切って整えるとよいでしょう。

ワンポイントアドバイス

ヒノキとサワラは非常によく似ていて、なかなか見分けがつきません。
ヒノキの葉は先がやや丸みを帯びているのに対して、サワラの葉はヒノキよりやや小さく先が尖りぎみです。また、葉の裏を見るとそれぞれに白い気孔線がありますが、この気孔線がヒノキはY字形、サワラはX字形となっているのが大きな違いです。

■ヒノキとサワラの葉の違い

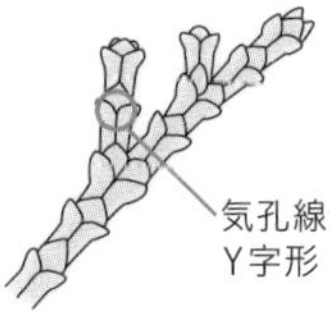

ヒノキの葉（裏側）

サワラの葉（裏側）

■ヒバ類の剪定

アスナロの爪引き

中心にある最も強い芽を、指先でつまんで引き抜くように摘み取る

チャボヒバ

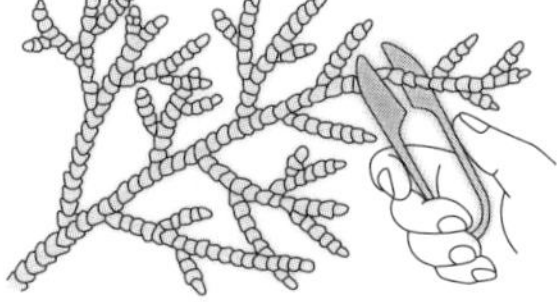

伸びすぎたり込みすぎた枝を、枝元で裁縫用の糸切りバサミで切る

イトヒバ

枝先をそろえるときはハサミを使わずに、できるだけ手で摘む

日本の庭の定番樹種
風格ある樹形に仕立てよう

アカマツ・クロマツ

【赤松・黒松】マツ科マツ属

基本データ

- **樹高**：
  自然状態…20～30m
  庭植目安…3～8m
- **枝張り**：
  自然状態…5～20m
  庭植目安…2～5m
- **生長速度**：やや早い
- **日当たり**：極陽樹
- **乾湿**：乾燥に耐える
- **大気汚染**：
  アカマツは弱い
  クロマツは強い
- **萌芽力**：弱い
- **主な病害虫**：
  サビ病、スス病、コブ病、マツクイムシ（マツノザイセンチュウ）、アブラムシ、カイガラムシ、ハダニ、マツケムシ
- **栽培可能地域**：
  北海道南部～沖縄
- **剪定難易度**：難しい

適用樹種 ゴヨウマツ、タギョウショウなど

ワンポイントアドバイス
みどり摘みを、効率を求めてハサミを使って行うと、葉を一緒に切ってしまい、切れた葉先が赤くなり見苦しくなってしまいます。

マツ類特有の2つの手入れ方法

　マツの風格ある木姿を常に維持していくために他の庭木にはないマツ類特有の手入れ方法があります。その方法が、春から初夏に行う「みどり摘み」と晩秋に行う「もみあげ」です。

みどり摘み

　マツは春に枝先に数本の新芽が発生します。この新芽のことを「みどり」といい、この芽が枝になる

■マツのみどり摘み

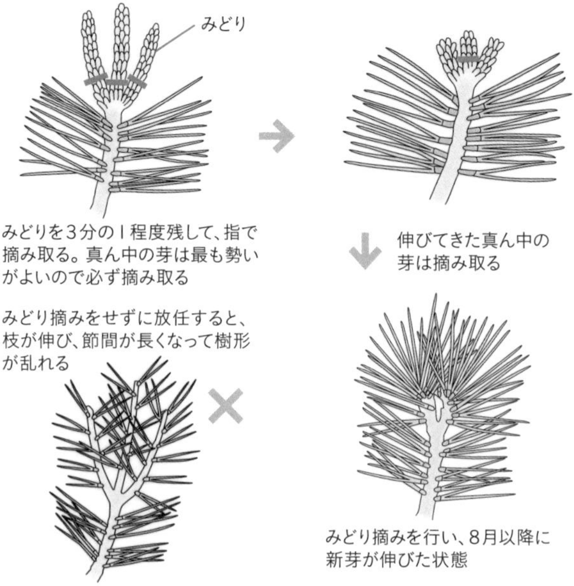

前に、元から摘み取って枝数を少なくしたり、途中から折り取って伸びを調整しなくてはなりません。この作業を「みどり摘み」と呼びます。

基本的には、芽先の半分から３分の２くらいを摘み取るのですが、マツの種類や木の状態によって調節します。例えば、クロマツは樹勢が強いので強めに、アカマツは樹勢が弱いので控えめに摘みます。

もみあげの方法

もみあげは、「葉むしり」、「古《ふる》っ葉《ぱ》引き」などとも呼ばれ、みどり摘みの後、夏の間に伸びた今年の葉を枝先に残して、古い葉を手でもむようにしてしごき落とす作業です。

本来、マツの葉は古くなると茶色くなって枯れて自然に落ちるのですが、勢いがよかったり、春にみどり摘みを行わなかったマツの場合はなかなか落葉しません。特にクロマツはアカマツに比べて、なかなか古葉を落としません。古葉が残り鬱蒼《うっそう》とすると見栄えが悪いばかりでなく、下枝に日が射し込まなくなり、また風通しも悪くなって枯れが出てきます。

そのため、もみあげを行いマツをさっぱりとした姿に仕上げるとともに、日照や通風を確保して病害虫に侵されない、健全な生育を促します。

ワンポイントアドバイス

マツの樹勢回復にセンキュウ(川芎)という生薬が非常に有効です。センキュウを煮出した液を薄めて、弱っているマツの根元に与えると元気を回復します。

■マツのもみあげ

ていねいな「古っ葉引き」で
美しい樹形をめざそう

イヌマキ・コウヤマキ

【犬槙・高野槙】イヌマキ：マキ科マキ属／コウヤマキ：コウヤマキ科コウヤマキ属

基本データ

- **樹高**：
  自然状態…5～30m
  庭植目安…3～8m
- **枝張り**：
  自然状態…3～15m
  庭植目安…1.5～5m
- **生長速度**：やや遅い
- **日当たり**：
  イヌマキは陰樹
  コウヤマキは陽樹
- **乾湿**：
  イヌマキは耐湿
  コウヤマキは中庸
- **大気汚染**：
  イヌマキはやや強い
  コウヤマキはやや弱い
- **萌芽力**：
  イヌマキは強い
  コウヤマキは弱い
- **主な病害虫**：
  アブラムシ、カイガラムシ、ハマキムシ
- **栽培可能地域**：
  関東～沖縄
- **剪定難易度**：難しい

適用樹種　ラカンマキ

■イヌマキの玉散らし

寒さに弱く、冬場の剪定は控える

イヌマキの剪定

「玉散らし」に仕立てられることが多く、庭に風格をもたらせます。イヌマキは萌芽力が強いので、各枝についた玉は刈り込みによって整えることができます。また、切り詰めや枝透かしをするとやわらかい木姿になります。

ただし、マキ類は寒さを嫌うので、冬場の刈り込みは避けます。刈り込みは年２回、６月頃と土用芽《どようめ》の伸び切ったころに行うとよいでしょう。作業の要領は上から下へと、刈り取った葉を払いながら刈り込むようにします。下から始めると刈り取った葉が仕上げた玉にたまって、払いのけるのに手間がかかります。徒長枝《とちょうし》は枝元から切り取りましょう。

コウヤマキの剪定

コウヤマキはイヌマキと異なり、円錐形の自然樹形で楽しむことをお勧めします。放任しても樹形がそれほど乱れないので、剪定は一定の大きさにまとめる程度でよいでしょう。全体のバランスをみながら、輪郭線から飛び出している枝などを、枝分かれしている元から切り落として樹形を整えます。

古っ葉引き

イヌマキやコウヤマキなどのマキ類をより美しく仕上げるための「古《ふる》っ葉《ぱ》引き」という手入れの仕方があります。マツでいうところの「もみあげ」ですが、マツ以上に手間がかかります。マキの場合は軸が細く、乱暴に行うと皮がむけて枯れるおそれがあるため、葉を一つ一つ指で取らなくてはならないのです。

イヌマキは下方にこき下ろすように葉を取ればいいのですが、コウヤマキの場合は、逆に上の方に引き抜くように取らないと皮がはがれてしまうので注意が必要です。

なお、マツのもみあげは秋に行いますが、マキ類は前述のように非常に寒がりなので６～７月には古っ葉引きを行うようにしましょう。涼しくなってから衣をはがされると風邪をひいて残った葉が白くなってしまいます。

MEMO コウヤマキは真言密教の聖地・高野山に多く自生することが名の由来となっており、高野山では霊木とされています。また、ヒマラヤスギ、アロウカリア（ナンヨウスギ）と並んで世界三大庭園樹の一つとされていて、円錐形の美しい自然樹形はそれだけの価値があります。

■マキ類の古っ葉引き

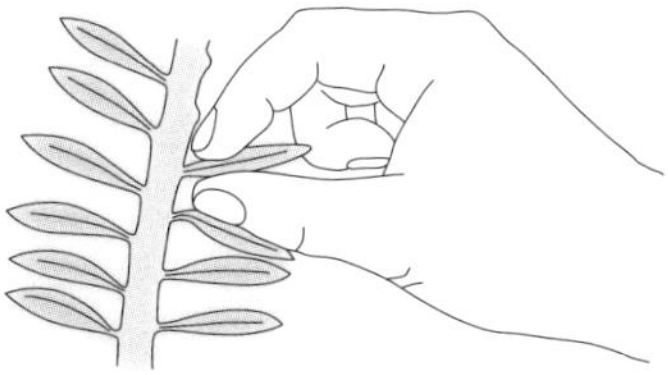

コウヤマキ

コウヤマキは１枚ずつ古っ葉を上に引き抜いて取る。こき下ろすと、皮がむけて枯れるおそれがある

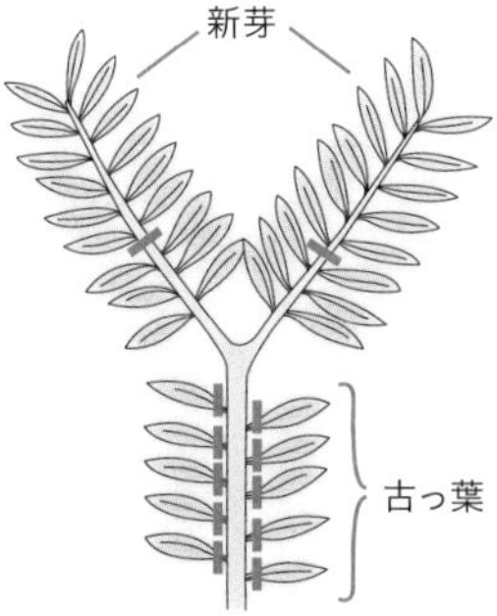

イヌマキ

伸びすぎた新しい枝は切り詰める。古っ葉は下方にこき下ろすように取ればよい

こまめな「芽摘み」が
やわらかな樹形を維持するコツ

カイヅカイブキ

【貝塚伊吹】ヒノキ科イブキ属

基本データ

- **樹高**:
  自然状態…5〜8m
  庭植目安…1.5〜4m
- **枝張り**:
  自然状態…3〜7m
  庭植目安…1〜2m
- **生長速度**:早い
- **日当たり**:陽樹
- **乾湿**:湿気を好む
- **大気汚染**:強い
- **萌芽力**:強い
- **主な病害虫**:
  赤星病、ハダニ
- **栽培可能地域**:
  北海道南部〜沖縄
- **剪定難易度**:易しい

適用樹種 ミヤマビャクシン、ハイビャクシンなど

ワンポイントアドバイス

こまめな手入れができない場合は、刈り込みバサミで自分のイメージする輪郭に刈り込んでもかまいません。刈り込むと一時的に葉先が茶色くなりますが、数週間で新芽が伸びて目立たなくなります。

適度に枝を間引いて風通しをよく

枝が巻き上がるように生育し、ロウソクの炎のような円錐形になるのが特徴です。

手入れは樹冠の輪郭線から飛び出している徒長枝《とちょうし》や、樹冠内でからみ合っている枝を根元から間引いて、日当たりをよくしたり、風通しをよくすることが大切です。

新梢は、なるべくハサミを使わずに、指先で芽先を摘み取るようにすると、やわらかくきれいに仕上がります（芽摘み）。樹冠内部の枝は木バサミを斜めに入れて、上向きや内側に伸びている枝を、つけ根の部分で切ります（小透かし）。ハサミで昨年の枝を途中から切ると、スギ状の尖った葉が出て見苦しくなることがあります。

■カイヅカイブキの剪定法

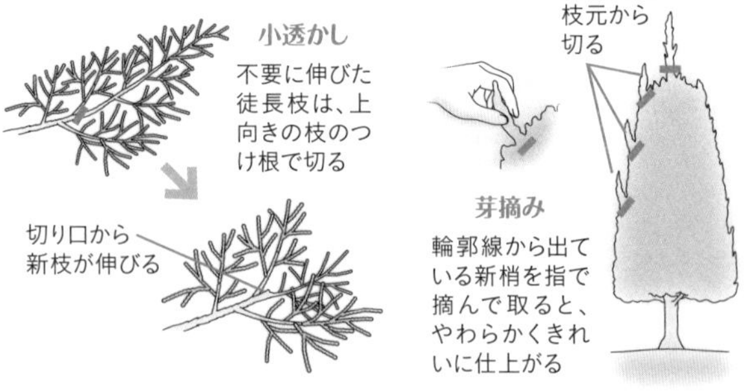

	1	2	3	4	5	6	7	8	9	10	11	12
結実期									■	■		
剪定適期			■			■				■	■	

「爪引き」と刈り込みで
優雅な玉仕立てに

キャラボク

【伽羅木】イチイ科イチイ属

異なる方法で年3回の剪定を

キャラボクは背が低めで地際から枝分かれするので、丸く刈り込んで「玉仕立て」にすることが一般的です。「玉散らし」に仕立てても風格が出ます。

手入れは通常、年３回行います。春、出そろった新芽が固くなる前に「爪《つま》引《び》き」(40ページ)を行い、新芽が固まった梅雨頃に弱く、土《ど》用《よう》芽《め》が伸び切った秋に強めに剪定します。

春に伸びた１番芽を摘むことによって、次の芽をそろって出させて伸びを均等にし樹形を整えます。土用芽を摘む場合、量が多ければ木バサミを使ってかまいません。以降、秋までに徒長した枝は随時、輪郭線の中の枝元で切ります。

■キャラボクの爪引きと剪定

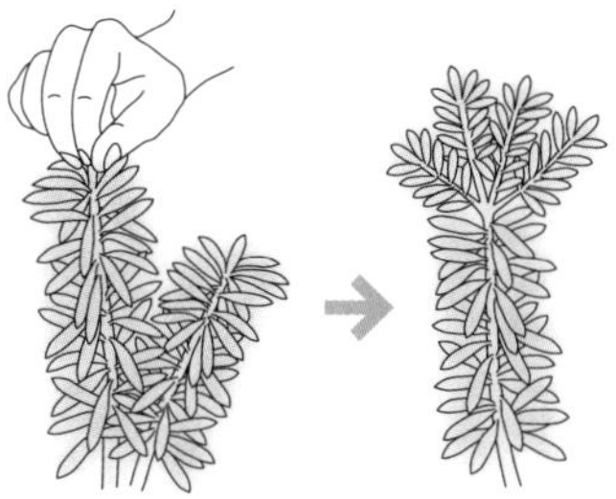

春に伸びた1番芽を摘むと、
次の芽がそろって出てくる

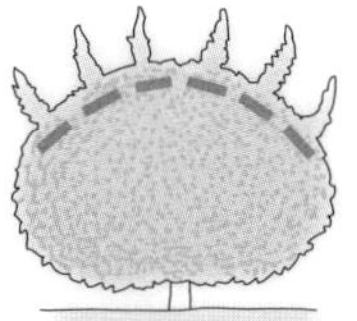

秋までに徒長した枝は他の
枝の生長を上回って太いので、
輪郭線の中の枝元から切る

基本データ

- **樹高**：
  自然状態…2～5m
  庭植目安…1～3m
- **枝張り**：
  自然状態…3～6m
  庭植目安…1～3m
- **生長速度**：遅い
- **日当たり**：陰樹
- **乾湿**：湿気を好む
- **大気汚染**：強い
- **萌芽力**：強い
- **主な病害虫**：
  カイガラムシ、ハダニ
- **栽培可能地域**：
  ほぼ全国
- **実色**：赤
- **剪定難易度**：普通

適用樹種　キンメキャラボク、イチイなど

ワンポイントアドバイス
秋、10～11月に本格的な刈り込みをします。このとき、古枝は芽吹きが悪いので強く刈り込みすぎると、芽が出ずに枯れてしまいます。新芽の出る若い枝のあたりで刈り込むのがポイントです。

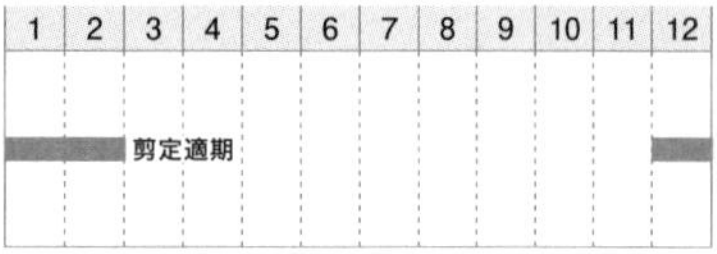

毎年のこまめな
手入れで美しく

ビャクシン

【柏槙】ヒノキ科ネズミサシ属

基本データ

- **樹高**：
  自然状態…0.5〜1m
  庭植目安…0.3〜0.6m
- **枝張**：
  自然状態…1〜2m
  庭植目安…0.5〜1m
- **生長速度**：早い
- **日当たり**：陽樹
- **乾湿**：乾燥に耐える
- **大気汚染**：強い
- **萌芽力**：強い
- **主な病害虫**：特になし
- **栽培可能地域**：品種によるが日本全国、または北海道南部以南
- **剪定難易度**：易しい

ワンポイントアドバイス
地面を這うように育つ種類は枝張りの幅だけの切り戻し剪定でよいのですが、大きくなるとこんもりと盛り上がる感じに伸びる種類は、下枝に光が当たらないと枯れ込みますので剪定は欠かせません。

切り口は新芽が隠してくれる

ビャクシン類には立性《たちしょう》と這性《はいしょう》があります。ここでは這性のビャクシンを解説します。それほど大きくならないイメージですが、這性でも伸びると先端が立ち上がり、ボリュームがでて樹種によっては1m を超えることも。針葉樹は「金物を嫌う」と言われます。これは葉をむやみに切ると先端が枯れ、そこが目立つから。剪定の基本は今年伸びた枝のつけ根や幹と枝の分かれ目を切り戻すことです。枝葉が沢山ある場合や、大きな株となってしまった場合は、今年伸びた枝葉まで刈り込みます。新芽の発生とともに切り口が隠れます。古い枝からの萌芽力は弱いので、毎年こまめに手を入れてください。枝抜き、切り戻し、切り詰めを上手に使い分けましょう。(23、50 ～ 51 ページ参照)

■ビャクシンの正しい剪定

■ビャクシンの誤った剪定

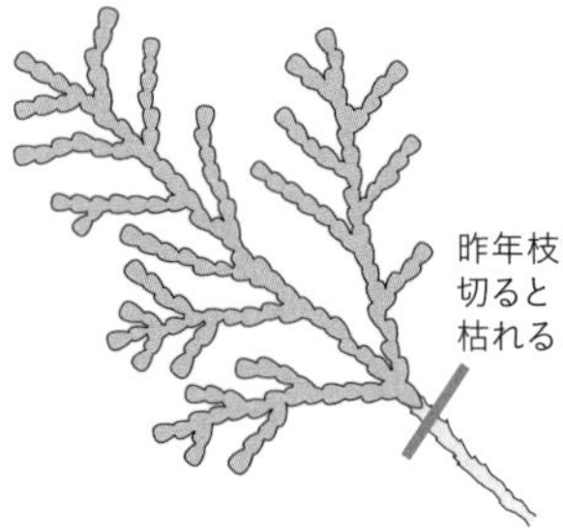

生長の遅い品種なら
手間いらず

コロラドトウヒ

別名：ブンゲンストウヒ、アメリカハリモミ／マツ科トウヒ属

刈り込む場所に要注意

アメリカのコロラド州原産で、この名前よりもプンゲンストウヒのほうが、聞きおぼえがあると思います。プンゲンスとは「鋭くとがった」という意味です。暑さには弱いイメージですが、都内でもよく育っています。特に銀青色系の葉はコニファーのなかでも美しく人気がありますし、生長の遅い品種を選ぶとあまり手間がかかりません。大切なことは、萌芽力が弱い針葉樹なので新梢の途中で切らないこと、必ず枝のつけ根で切り戻すことです。樹高が高くなるので、芯を切ることも可能ですが、必ず枝葉のある所で、幹と枝の分かれ目のすぐ上で切ります。すぐ上でないと、そのあとに出る新しい枝が立ち上がりにくいので、美しい樹形にはなりません。(23、50～51ページ参照)

基本データ

- **樹高**：
  自然状態…8～10m
  庭植目安…4～5m
- **枝張**：
  自然状態…4～5m
  庭植目安…2～3m
- **生長速度**：普通
- **日当たり**：陽樹
- **乾湿**：中庸
- **大気汚染**：弱い
- **萌芽力**：弱い
- **主な病害虫**：ハマキガ、マツカレハ
- **栽培可能地域**：北海道から日本中部
- **剪定難易度**：普通

MEMO コロラドトウヒの園芸品種で最も葉の色が美しいとされる代表品種はホプシーです。生長の早い品種にホプシー、遅い品種にコスターなどがあります。

■コロラドトウヒの剪定

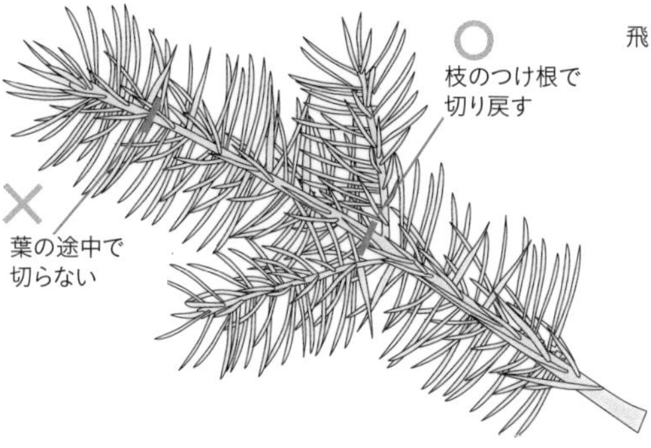

飛び出した枝や込んだ枝は切り除く
つけ根から間引いて樹形を整える

コラム・1

コニファーの楽しみ方と管理方法

多様な樹形と色彩をもつコニファー

コニファー（conifer）は、もともとは針葉樹を意味する言葉で、マツもスギも本来はコニファーの仲間です。ただし、針葉樹のなかでも、主に外来種で観賞用に品種改良されたものをコニファーと呼ぶことが一般的になっています。

コニファーは種類によって、円錐形やファスティギアタ形（直立形）、ボール形、枝垂《しだれ》形などの上に伸びる立性、地面を這う這性《はいしょう》（匍匐《ほふく》形）、とさまざまな樹形をもちます。葉の色も濃緑、青緑、鮮緑、黄緑、黄金、銀青と非常に多様です。コンテナなどでも栽培できる手軽さもあり、その需要はますます高まりつつあります。

主なコニファーの種類

代表的な種類は、葉が黄金色のゴールドクレストやヨーロッパゴールド、鮮緑色のグリーンコーンやイタリアンサイプレス、青緑色のブルーヘブンやスカイロケット、銀青色のホプシー（コロラドトウヒの園芸品種）など。また、生長が遅くきれいな円錐形に整うコニカや枝垂形の品種も人気があります。

■基本的な刈り込み方

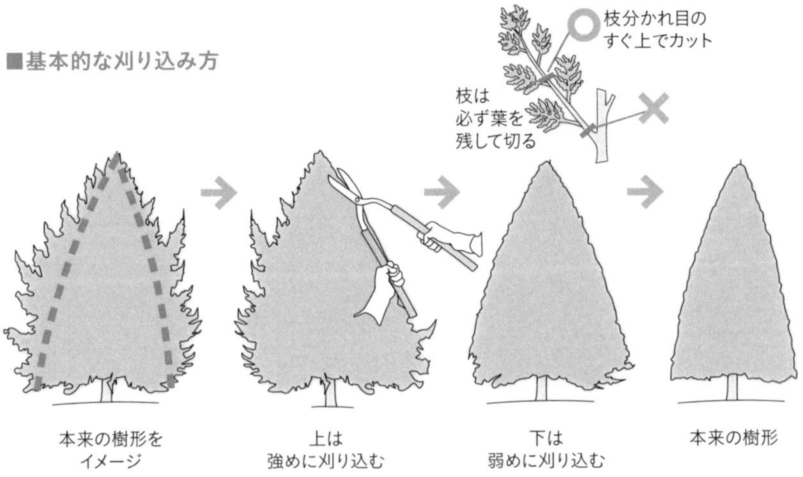

木の内部を中心に整理する

　コニファーの手入れ法は種類によって異なりますが、おおむね自然と樹形が整います。一定の大きさを保つために定期的に刈り込んだり、飛び出した枝を切り戻したりする程度でよいでしょう。ただし、どの種類も数年でかなり密に枝葉が茂り、そのまま放置するとふところの部分、すなわち木の内部が蒸れて病害虫に侵されやすくなったり、茶色く枯れてきたりします。枯れ枝などは元からはずし、内部をすっきりとさせて風通しをよくする必要があります。

　なお、コニファーの剪定に、普通の木バサミや刈り込みバサミを使うと、葉先が一時的に茶色く変色してしまうことがあります。これは、針葉樹によくみられる金属を嫌う性質のためですが、すぐに新芽が伸びてカバーされます。ただし、気になるようであれば、最近は刃がセラミックのハサミが販売されていますので、それを使うとよいでしょう。

■乱れた樹形の直し方

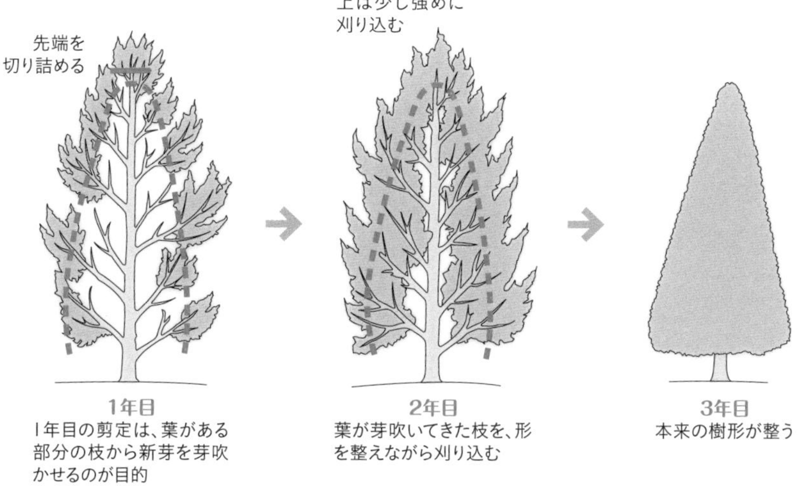

どの種類も萌芽力が強く
失敗の少ない初心者向けの庭木

カシ類

【樫】ブナ科コナラ属

基本データ

- **樹高**:
  自然状態…15～20m
  庭植目安…5～8m
- **枝張り**:
  自然状態…8～15m
  庭植目安…2～5m
- **生長速度**:やや早い
- **日当たり**:陰樹
- **乾湿**:中庸
- **大気汚染**:強い
- **萌芽力**:強い
- **主な病害虫**:
  ウドンコ病、スス病、アブラムシ、カイガラムシ、テッポウムシ
- **栽培可能地域**:
  東北南部～沖縄
- **剪定難易度**:易しい

適用樹種 スダジイ、マテバシイなどのシイ類

「三っ葉透かし」で仕上げる

関東ではシラカシ、関西ではアラカシ、四国、九州ではウバメガシが庭木としてよく使われます。

剪定は年２回、６月頃と10月半ばから11月半ばに行うとよいのですが、年１回で済ませたい場合は６月に行います。この時期は新芽も固まり、古葉も自然と落ちているのでやりやすいのです。

剪定の手順は、まず大透かしにより樹冠内部の枯れ枝やからみ枝、徒長枝《とちょうし》などを抜いて全体の樹形を整えます。次に、枝先の細かい剪定を行います。春から伸びた新しい枝を必要なだけ残し、不要な枝を元から間引きます。よりていねいに仕上げたいならば、小透かしをしたのちに「三《み》っ葉《ぱ》透かし」を行うことをお勧めします。普通の木は一枝に葉が５～７枚くらいついていますが、三っ葉透かしは、枝元に葉を３枚ほど残して枝先を切り詰める剪定です。

■カシ類の剪定（三っ葉透かし）

枝元に３葉ほど残し、
外芽の先で切る

	1	2	3	4	5	6	7	8	9	10	11	12
開花期						■	■					
剪定適期			■									

葉数を少なくして
さわやかな自然樹形を保とう

シマトネリコ

【島梣・島土禰利古】別名：タイワンシオジ／モクセイ科トネリコ属

生長の速さを想定した剪定を

シマトネリコは6～7月に香りのある白い小さな花を咲かせますが、蕾の期間が長く、1日ほどで散ってしまいます。この木は花よりも、常緑ながら落葉樹のようなしなやかでやわらかい風情が魅力ですから、花芽《はなめ》を気にせず樹形を整えるようにします。

剪定時期は新芽が吹く前の3月頃がベストです。伸びすぎた枝を切ったり、古くて太くなった枝を間引いて新しい枝に更新して葉数を少なくし、さわやかな自然樹形を維持します。

シマトネリコは生長が早く、すぐに大きくなるので、庭の広さに見合った大きさを維持したり、小さくまとめることが必要です。

できれば若木のうちに将来の樹形を考えて芯を止めたりするなど、大きくなる前に手を打っておくとよいでしょう。

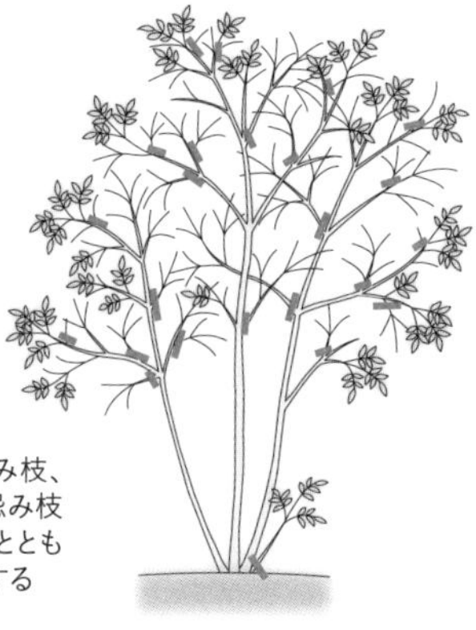

■シマトネリコの剪定

伸びすぎた枝や込んでいる枝、からみ枝、逆方向に伸びる枝、ヒコバエなどの忌み枝をつけ根から間引いて樹形を整えるとともに、古い枝を切って新しい枝に更新する

基本データ

- **樹高**：
  自然状態…5～10m
  庭植目安…3～5m
- **枝張り**：
  自然状態…5～8m
  庭植目安…1～2m
- **生長速度**：早い
- **日当たり**：中庸
- **乾湿**：湿気を好む
- **大気汚染**：弱い
- **萌芽力**：強い
- **主な病害虫**：
  イモムシ、ハマキムシ
- **栽培可能地域**：
  関東～九州
- **花色**：白
- **剪定難易度**：普通

ワンポイントアドバイス

シマトネリコは暖地性の木なので、関東以西で庭木として育てることができます。ただし、半落葉性の樹種ですから、冬の最低気温が0℃くらいになると葉を落とします。落葉させないためにはなるべく日当たりのよい場所で育てることが必要です。

枝先の葉数を減らして
雑木のようなしなやかな印象に

ソヨゴ

【冬青】別名：フクラシバ／モチノキ科モチノキ属

基本データ

- **樹高**：
  自然状態…5〜10m
  庭植目安…2〜4m
- **枝張り**：
  自然状態…3〜8m
  庭植目安…1〜3m
- **生長速度**：遅い
- **日当たり**：中庸
- **乾湿**：中庸
- **大気汚染**：やや強い
- **萌芽力**：強い
- **主な病害虫**：
  スス病、カイガラムシ
- **栽培可能地域**：
  東北南部〜沖縄
- **実色**：赤
- **剪定難易度**：普通

適用樹種 モチノキ、クロガネモチなど

ワンポイントアドバイス
ソヨゴは萌芽力があるので刈り込みもできますが、枝透かしをして自然風に仕上げると、雑木のイメージを表現できます。

生長が遅く樹形を整えやすい

ソヨゴは株立ちとなり、樹高もそれほど高くなりません。葉はかためですが、それほど密生しないので、常緑樹には珍しく、雑木のようなしなやかな印象です。また、雌雄異株《しゆういしゅ》で雌木は秋に長い果柄《かへい》を伸ばして真っ赤な実をつけるのも魅力の一つです。

生長が遅く樹形も整うので、剪定は年１回、春に吹いた新芽の伸びが止まる６月以降に行えば十分です。まず込み合っているふところの枝や、からみ枝、立ち枝、徒長枝《とちょうし》などをはずし、古い葉を落とします。枝先は三つ葉透かし（52ページ）で整えるとスッキリとしますが、枝葉の状態をみて、葉を４枚残したり、あるいは５枚残したりと、調整するとよいでしょう。

■樹形を小さく

枝の分岐から長い枝を切り取って、輪郭を小さくする。枝が込み合っている部分を中心に、長い枝や古くなった枝を根元から取り払い、若い枝に切り替える

■ソヨゴの剪定

枝先近くで込み合い、ふところ部分の枝が透きやすいので、込んできた部分の枝を枝元から間引く。剪定の繰り返しで不自然な枝ぶりになった枝は、つけ根から取り去る

樹齢を重ねるとともに風格が出て
和風の庭には欠かせない樹種

モッコク

【木斛】モッコク科モッコク属

立ち枝を除いて横張りに整える

光沢のある葉と端正な樹形から「庭木の王様」と呼ばれ、昔から和風庭園には欠かせない木です。

モッコクの剪定は新芽が固まった6～7月頃に行います。3～5本の新枝が枝元から車枝《くるまえだ》状に伸びるので、1か所に2～3本ほど残してあとは除きます。このとき、上向きの枝、下向きの枝、勢いの強すぎる枝などは切り詰め、枝が横に張るように整えます。

秋には夏の間に茂って乱れた樹形を整えます。古枝をつけ根からはずして新しい枝に切り替えて枝振りを整え、樹冠をすっきりさせます。同時に、モッコクは枝が上へと直立する性質があるので、そのような立ち枝を枝元からはずして、できるだけ枝を横に広げるようにします。

■モッコクの剪定

1か所から車枝状に枝が伸びるので、真ん中の上向きの枝を抜いて樹形を整える

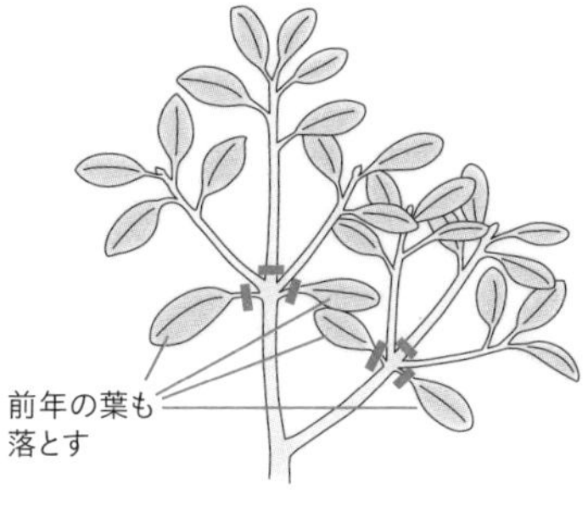

基本データ

- **樹高**:
  自然状態…10～15m
  庭植目安…2～5m
- **枝張り**:
  自然状態…4～8m
  庭植目安…2～4m
- **生長速度**:やや遅い
- **日当たり**:陰樹
- **乾湿**:中庸
- **大気汚染**:強い
- **萌芽力**:強い
- **主な病害虫**:
  スス病、ハマキムシ、カイガラムシ
- **栽培可能地域**:
  関東南部～沖縄
- **花色**:白
- **実色**:赤
- **剪定難易度**:難しい

ワンポイントアドバイス

モッコクにはハマキムシやカイガラムシが発生しやすいので、しっかりと枝透かしを行って、風通しをよくします。
また、6～7月に小さな白い花をつけます。このとき花数が著しく多いようなら、樹勢が衰えていると考えられるので、剪定は行わずに肥料を与えるようにしてください。

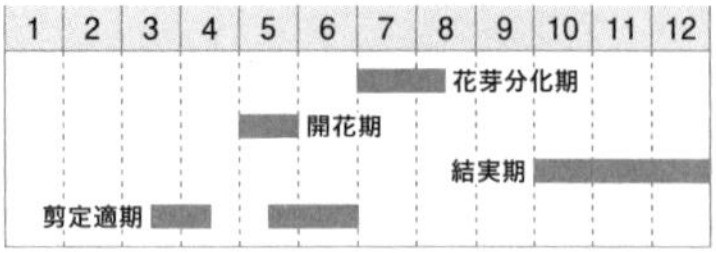

尖った枝先が痛いので
皮手袋必須

シセントキワガキ・ロウヤガキ

【四川常磐柿】【老鴉柿・老爺柿】カキノキ科 カキノキ属

基本データ

- **樹高**:
  自然状態…4〜5m
  庭植目安…2〜3m
- **枝張**:
  自然状態…1〜2m
  庭植目安…0.5〜1m
- **生長速度**:早い
- **日当たり**:中庸
- **乾湿**:中庸
- **大気汚染**:強い
- **萌芽力**:強い
- **主な病害虫**:特になし
- **栽培可能地域**:
  東北南部以南
- **花色**:白
- **実色**:橙
- **剪定難易度**:易しい

ワンポイントアドバイス
雌株のみでも果実はつきますが、種子はできません。雄株と一緒に植えると実生しますが、7割程度が雄株になります。雌株は挿し木か、接木で増やします。

上部を切り詰め、養分を木全体に

シセントキワガキの葉は常緑で、日本に自生するトキワガキよりも果実が柿色で美しく、目立ちます。基本種は渋柿ですが、まれに甘く食べられるものもあります。雌雄異株なので、雌株を選ばないと果実はつきません。似た種類のロウヤガキ（老鴉柿・老爺柿）は落葉の柿です。ロウヤガキの果実は柿色、黄色、赤色、黒色とバラエティーに富みます。どちらも鉢植えとしても楽しめます。シセントキワガキはもともと大きくなりませんし、刈り込みにもよく耐えるので生垣にするとオレンジ色の果実がよく映えます。単木の場合は、込んでいる枝や徒長枝等を剪定します。生垣は普通に刈り込みます。

■シセントキワガキの剪定

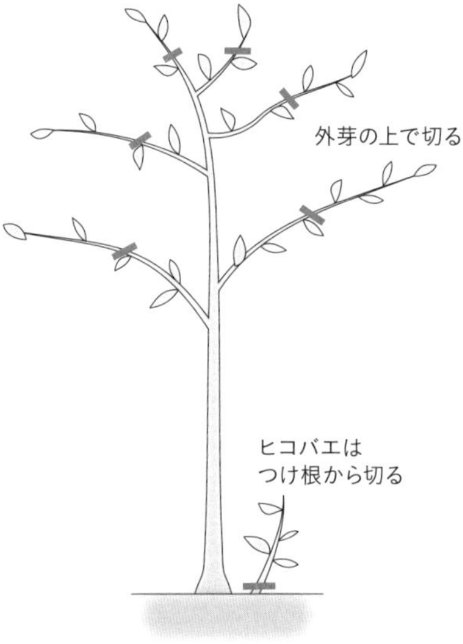

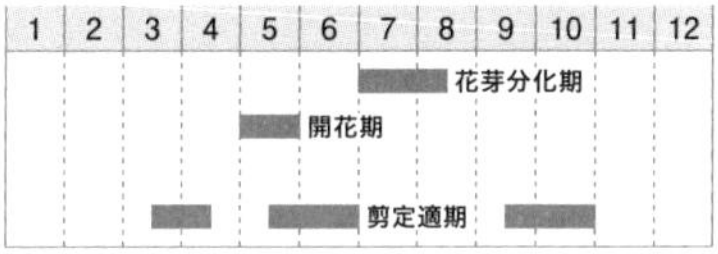

何度も新芽を楽しめる
生垣の大定番

セイヨウカナメ‘レッド・ロビン’

【要黐】バラ科カナメモチ属

切り口の荒れに気をつけて病気予防

原種のカナメモチよりも新芽が赤いベニカナメモチが生垣のカラーリーフの先駆けとして特に人気がありました。葉にごまのような斑点ができ、徐々に葉が落ちて最後には枯死してしまう「ごま色斑点病」の影響で壊滅的になり、その代わりとして病気に強いとされるセイヨウカナメ‘レッド・ロビン’が今は人気です。しかし、これも同じ病気にかかります。すべてのセイヨウカナメ・ベニカナメモチがこの病気の保菌者といってもよいくらいですが、剪定次第で発症を防げます。剪定時期は３月下旬～４月上旬、５月中旬～梅雨時、９月中旬～10月まで。刈り込みバサミやヘッジトリマーを使うと枝葉に多数の傷がつき、樹勢の回復が遅れるので、剪定バサミと剪定ノコギリを使い枝や葉のつけ根を切ります。剪定時期や道具の選び方がとても重要です。

基本データ

- ●樹高：
  自然状態…4～5m
  庭植目安…2～3m
- ●枝張：
  自然状態…2～3m
  庭植目安…1～2m
- ●生長速度：早い
- ●日当たり：中庸
- ●乾湿：中庸
- ●大気汚染：中庸
- ●萌芽力：強い
- ●主な病害虫：
  ごま色斑点病、マイマイガ
- ●栽培可能地域：
  東北南部以南
- ●花色：白
- ●剪定難易度：普通

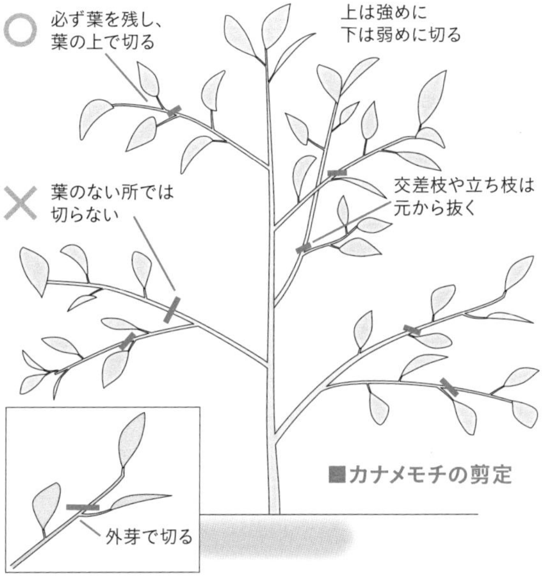

■カナメモチの剪定

冬につややかな赤い実も楽しめて
日陰にみずみずしい緑を添える

アオキ

【青木】ガリア科アオキ属

基本データ

- **樹高**:
  自然状態…2〜3m
  庭植目安…0.8〜1.5m
- **枝張り**:
  自然状態…1.5〜3m
  庭植目安…1〜1.5m
- **生長速度**:やや早い
- **日当たり**:極陰樹
- **乾湿**:湿気を好む
- **大気汚染**:強い
- **萌芽力**:弱い
- **主な病害虫**:カイガラムシ
- **栽培可能地域**:
  東北〜沖縄
- **花色**:紫
- **実色**:赤
- **剪定難易度**:易しい

ワンポイントアドバイス

冬につく小さな赤い実がアオキの特徴ですが、アオキは雌雄異株で実を楽しむには雄株を一緒に植えなくてはなりません。
花穂が長く伸び、花がたくさんつくのが雄木、花が目立たないのが雌木。花にばかり気をとられ雄木だけ買うと実が期待できません。

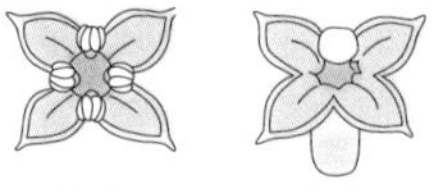

雄花
7㎜前後

雌花
5㎜前後

古い枝を除きつつ自然樹形を保つ

アオキは日陰を好む極陰樹で、家の北側の日の当たらない場所や大木の下に植えたりするのに適しています。

アオキは株立ち状の自然樹形を大切にして育てる木なので、とりたてて樹形をつくるような剪定はしません。ただし、放置しておくと株が大きくなりすぎて樹形も乱れるので、長く伸びた古い枝を何本か地際から間引いて新しい枝を伸ばします。

剪定時期は4〜5月頃。6月以降になると新しい枝の先に翌年の花芽《はなめ》ができますので、むやみに剪定すると花も咲かず、実も楽しめません。

■アオキの剪定

伸びすぎた枝は枝分かれしたところから、
古くなった枝は地際から間引く

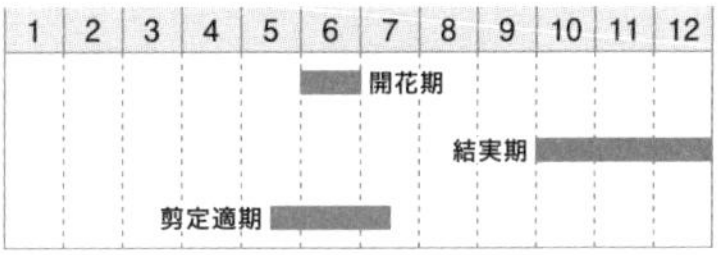

若い枝に更新して、蓑に似た
切れ込みのある葉を楽しむ

カクレミノ

【隠蓑】別名：ミツデ、ミツナガシワ等／ウコギ科カクレミノ属

下枝が出るように樹形を整える

切れ込みの入った葉が特徴ですが、枝が古くなると葉の切れ込みがなくなり丸くなってしまい、観賞価値も下がってしまいますので、丸葉のついた古枝はつけ根からはずして、随時更新します。

また、カクレミノは上枝の勢いがよく、生長するにつれて下部がスカスカになりがちです。そのため、上方の若く勢いのある枝を切り戻して、下枝を吹かせるようにするのが樹形を整えるポイントとなります。カクレミノは芽吹きがよく、切り戻した部分から２本の新しい枝が伸びるので、これをまた切り戻します。剪定は真夏や冬場を避け、５月の連休明けから梅雨明け前後が適期でしょう。

■カクレミノの剪定

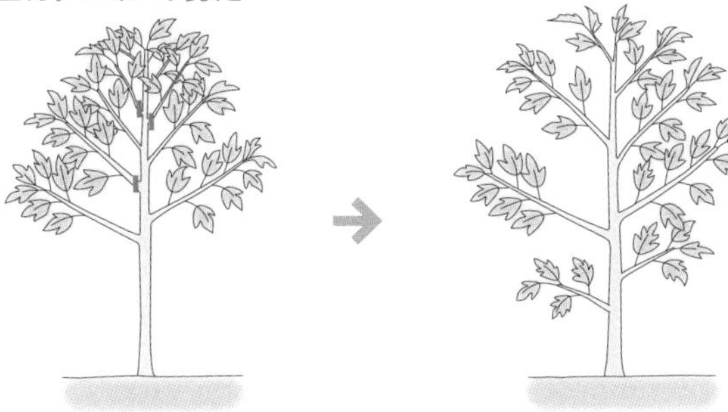

樹芯近くの上方の枝を切り戻すと下枝も伸びる。
剪定しないと下枝が枯れてしまう

基本データ

- 樹高：
  自然状態…3〜10m
  庭植目安…2〜5m
- 枝張り：
  自然状態…2〜5m
  庭植目安…1〜3m
- 生長速度：遅い
- 日当たり：極陰樹
- 乾湿：湿気を好む
- 大気汚染：強い
- 萌芽力：普通
- 主な病害虫：特になし
- 栽培可能地域：
  関東〜沖縄
- 花色：淡黄緑色
- 実色：黒
- 剪定難易度：易しい

ワンポイントアドバイス

カクレミノは枝数が少なく、庭に１本植えたところで、あまり見栄えのする木ではありません。日陰を好む木の代表ですから、北向きの玄関わきなどに3〜5本くらい寄せ植えするとよいでしょう。

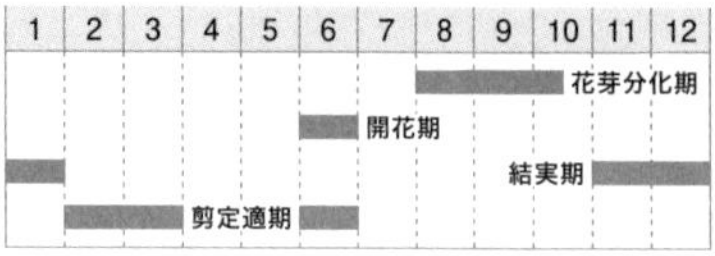

5〜7本に仕立てて
冬の赤い実を楽しむ

ナンテン

【南天】メギ科ナンテン属

基本データ

- **樹高**：
  自然状態…1〜3m
  庭植目安…0.8〜1.5m
- **枝張り**：
  自然状態…1〜2m
  庭植目安…0.5〜1m
- **生長速度**：やや遅い
- **日当たり**：陰樹
- **乾湿**：湿気を好む
- **大気汚染**：普通
- **萌芽力**：普通
- **主な病害虫**：
  カイガラムシ
- **栽培可能地域**：
  関東南部〜沖縄
- **花色**：白
- **実色**：赤、白
- **剪定難易度**：易しい

ワンポイントアドバイス

ナンテンは初冬の頃から赤く熟す小さな実が特徴です（白い実もある）。
ナンテンの花は雄しべと雌しべを持つ完全花ですが、花期が梅雨時のため花粉が雨に流されて受粉せず、結実しにくい傾向があります。ですから、花が咲いたら雨対策が必要です。軒下など雨の当たらないところに植えたり、雨の日には花穂にポリ袋などをかぶせる方法も考えられます。

花芽と葉芽をしっかり区別する

ナンテンは若木のうちは特に手入れの必要はありませんが、生長するにしたがって株元から発生する枝が増えて雑然とした姿になります。そのため5〜7本仕立てとし、他の枝を地際から切り除いてすっきりさせます。この作業は2〜3月頃が適期です。

この場合、実がついていた枝を地際から切り除きます。実がついた枝は、その後3年くらい花芽《はなめ》がつきません。また花芽と葉芽《はめ》を見分けて、けっして花芽がついた枝を除かないことが大切です。

丈が高くなりすぎた場合は、6月頃に目的とする位置よりも少し低めに切り詰めましょう。切ったところから新芽が発生し、目的の高さに枝葉を茂らせることができます。

■ナンテンの花芽と葉芽

花芽と葉芽を見分けて、花芽を剪定しない

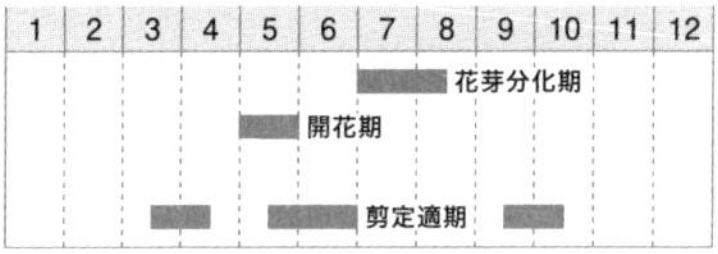

北米原産で寒さに強く
病害虫の心配もあまりない

アメリカイワナンテン・セイヨウイワナンテン

【アメリカ岩南天・西洋岩南天】ツツジ科イワナンテン属

不要な枝は地際から切る

ナンテンとはまったく異なるツツジの仲間で、株立ち状になり先端は垂れ下がります。日本のイワナンテンは花も上品で美しいのですが、外国種よりも繊細で、あまり見ることはできません。アメリカイワナンテンとセイヨウイワナンテンは性質等ほとんど変わりません。小さいうちはそのままでもよいのですが、大きくなりますので、剪定が必要になります。大株になったら、枯れ枝や古い枝を地際から除き、茎の数を減らします。刈り込んでも大丈夫ですが、葉または枝の上から切り戻すと美しい樹形を保つことができます。

■アメリカイワナンテンの剪定

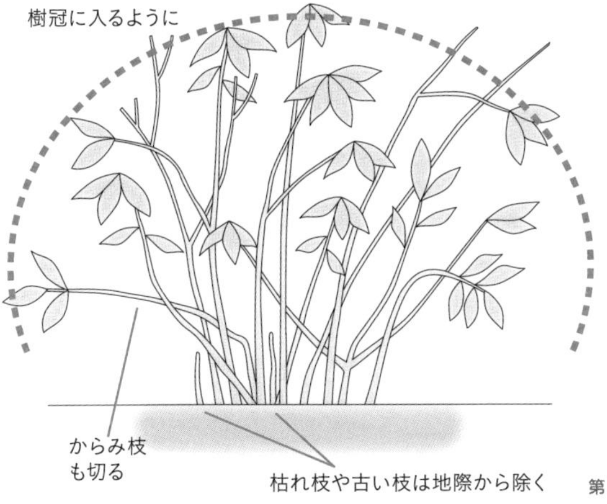

基本データ

- ●樹高：
  自然状態…1.5～2.5m
  庭植目安…0.6～1m
- ●枝張：
  自然状態…2～3m
  庭植目安…0.8～1.5m
- ●生長速度：普通
- ●日当たり：中庸
- ●乾湿：乾燥にやや弱い
- ●大気汚染：強い
- ●萌芽力：強い
- ●主な病害虫：特になし
- ●栽培可能地域：
  北海道以南
- ●花色：白
- ●剪定難易度：易しい

MEMO アメリカイワナンテンには、新芽が赤葉の品種（アキシラリス）が、セイヨウイワナンテンには斑入りの品種（レインボー）があります。

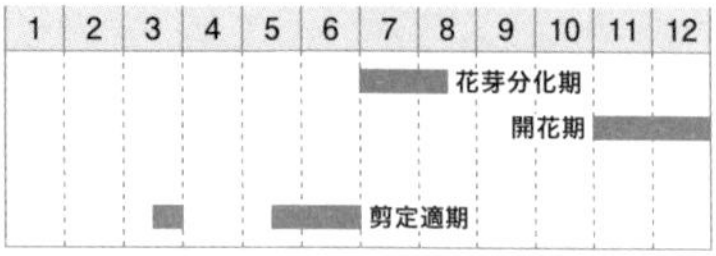

やわらかくて
繊細な雰囲気が人気

マホニア・コンフューサ(ホソバヒイラギナンテン)

別名：ヤナギバヒイラギナンテン／メギ科ヒイラギナンテン属

基本データ

- **樹高**：
  自然状態…1.5～2m
  庭植目安…0.6～1m
- **枝張**：
  自然状態…1.5～2.5m
  庭植目安…0.8～1.5m
- **生長速度**：普通
- **日当たり**：中庸
- **乾湿**：中庸
- **大気汚染**：強い
- **萌芽力**：中庸
- **主な病害虫**：特になし
- **栽培可能地域**：
  東北地方以南
- **花色**：黄
- **剪定難易度**：易しい

ワンポイントアドバイス
近年、スズメバチが花の蜜を吸いに来ることがありますが、巣をつくることはほとんどないので、特に心配ありません。

生長が遅いので軽い剪定でOK

マホニア・コンフューサはマホニア（ヒイラギナンテン）の園芸品種で、葉はヒイラギ葉ですが、触れても痛くなく管理しやすいです。日陰にも強く、従来のホソバヒイラギナンテンは日本庭園に使用されてきましたが、近年では新芽が黄色の品種もあり、どちらかというと洋風の雰囲気を醸し出すマホニア・コンフューサが分離帯や住宅周りの植栽としてよく使われます。あまり大きくならないので、伸びすぎたところを剪定する程度でよいでしょう。大きくなったら茎の葉のあるところの上で剪定します。特に小さくしたい場合は、茎の下の方を見ると節があるので、その上から切ります。この場合は3月下旬と5月中旬～7月くらいに行います。

■マホニア・コンフューサの剪定

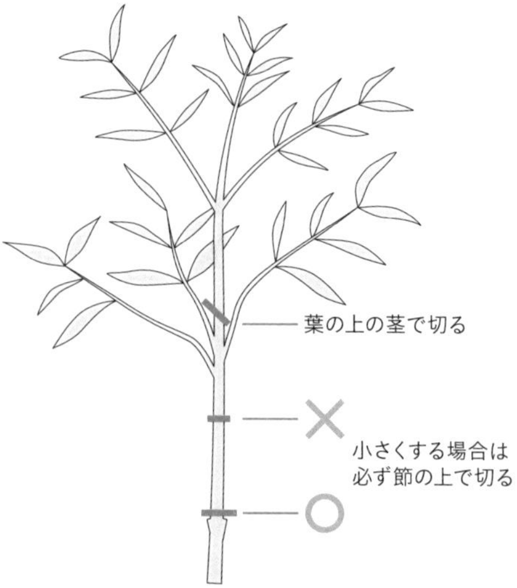

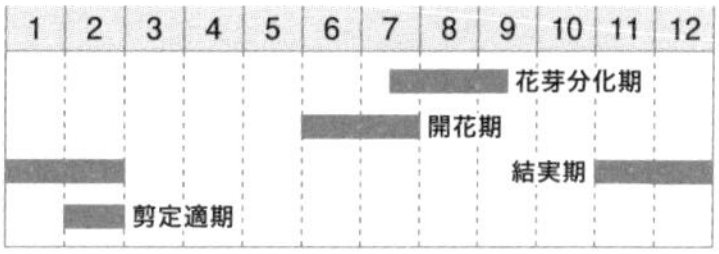

青々とした葉と
光沢のある赤い実が魅力

センリョウ

【千両】別名：クササンゴ／センリョウ科センリョウ属

切り花を兼ねた剪定もできる

センリョウは冬に葉の上の茎の先にかたまって小さな赤い実をつけ、冬枯れの庭を美しく彩ります。

自然樹形を楽しむ木で、枝分かれすることがほとんどないので、とりたてて剪定の必要はありません。枝葉が込みすぎたときに透かす程度で十分です。ただし、放っておくと大きくなるので、適期に枝を更新して小さくまとめます。

枝が株立ち状に何本も出るので、実が終わって新梢《しんしょう》が伸びる直前の２月頃に、実がついていた古枝を地際から切って新しい枝を育てます。株数が少なくてさびしい感じになってしまうときは、途中の葉の上の位置で切るようにします。

■センリョウの剪定

基本データ

- **樹高**：
  自然状態…0.5～1.2m
  庭植目安…0.5～1m
- **枝張り**：
  自然状態…0.5～1.5m
  庭植目安…0.5～1m
- **生長速度**：遅い
- **日当たり**：陰樹
- **乾湿**：湿気を好む
- **大気汚染**：普通
- **萌芽力**：普通
- **主な病害虫**：特になし
- **栽培可能地域**：
  関東～沖縄
- **花色**：淡黄緑色
- **実色**：赤、黄
- **剪定難易度**：易しい

MEMO 数ある庭木のうちでも、センリョウ（千両）、マンリョウ（万両）は、縁起木の代表格です。その名がお金を意味することから「財を成す」、「お金に困らない」との縁起をかつぎ、古くから多くの庭に植えられてきました。

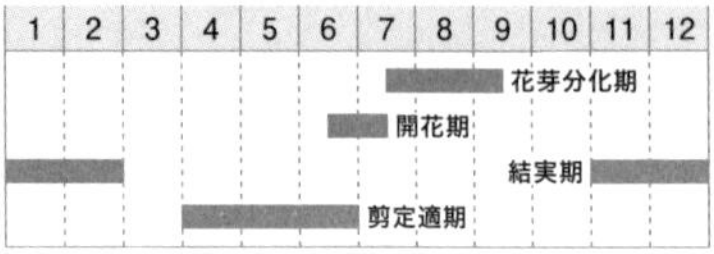

自然樹形を基本に
鈴なりの赤い実を楽しむ

マンリョウ

【万両】別名：ヤブタチバナ／サクラソウ科ヤブコウジ属

基本データ

- **樹高**：
  自然状態…0.5～1m
  庭植目安…0.3～0.8m
- **枝張り**：
  自然状態…0.4～0.6m
  庭植目安…0.3～0.5m
- **生長速度**：やや遅い
- **日当たり**：陰樹
- **乾湿**：湿気を好む
- **大気汚染**：強い
- **萌芽力**：なし
- **主な病害虫**：特になし
- **栽培可能地域**：
  関東～沖縄
- **実色**：赤、白
- **剪定難易度**：易しい

丈を短くして間のびさせない

センリョウとともにお金にまつわる縁起木の代表であるマンリョウは、葉の下に赤い実を鈴なりにつけます。白い実をつけるシロミノマンリョウという品種もあります。

マンリョウは古くなった枝葉を自然に落としながら上へ上へと伸び、幹の先端に葉をつけます。加えて枝分かれすることがないので、樹形が横には広がらないため、間のびした姿となってしまうことがあります。その場合、4月から6月頃に、下葉の上でスパッと切って、新芽を発生させて育てることにより丈を低くします。この作業は4～5年に1回程度行います。

幹の間のびがとりわけ長い場合は、思い切って根元近くで切ってもかまいません。

■マンリョウの剪定

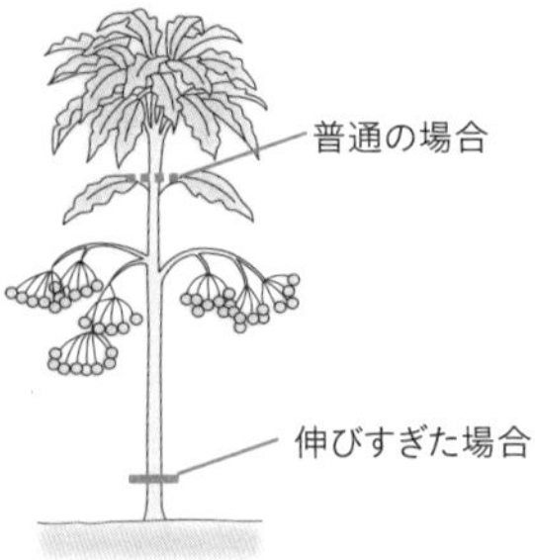

コンパクトに整理して
羽うちわに似た大きな葉を楽しむ

ヤツデ

【八手】別名：テングノウチワ／ウコギ科ヤツデ属

古枝を更新して3〜5本仕立てに

ヤツデは生長が旺盛で、枝分かれしないでグングンと丈が伸びます。毎春、新葉が先端に開くので、放っておくと下葉が枯れて、しだいに葉の茂りが上へ上へと移ります。すると、下部は幹だけの間のびした姿になるので、梅雨入りの頃に下部の葉のある位置まで切り戻し、わき芽を出させて、小さくまとめます。

また、株を放任して大きくなりすぎた場合は、古枝を地際で取り除き、ヒコバエを新しい枝として更新していくとよいでしょう。冬の間に古枝を地際から間引いて3〜5本仕立てに整理します。

基本データ

- ●**樹高**：
  自然状態…2〜3m
  庭植目安…1〜2m
- ●**枝張り**：
  自然状態…1.5〜2.5m
  庭植目安…1〜1.5m
- ●**生長速度**：早い
- ●**日当たり**：極陰樹
- ●**乾湿**：湿気を好む
- ●**大気汚染**：強い
- ●**萌芽力**：強い
- ●**主な病害虫**：特になし
- ●**栽培可能地域**：
  東北南部〜沖縄
- ●**花色**：白　●**実色**：黒紫
- ●**剪定難易度**：易しい

ワンポイントアドバイス

葉を大きくしないために、12月頃に「葉切り」をして、翌春に出る新葉を小さくします。3年に1度が目安。

■ヤツデの剪定

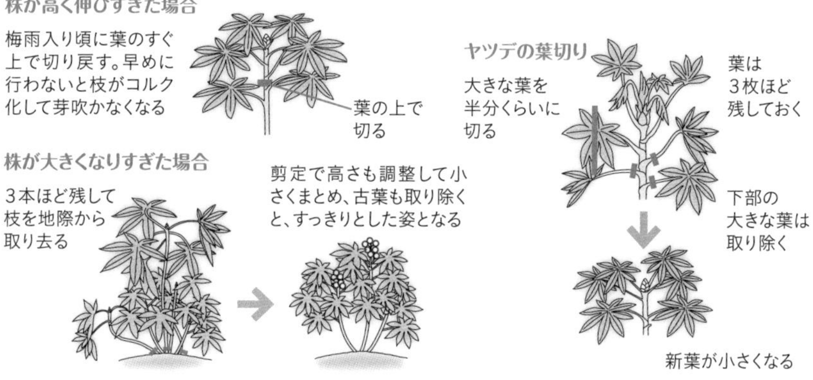

コラム・2

生垣の刈り込み

人工樹形と刈り込み

庭木は目的によっては自然界には存在しない人工樹形に仕立てられることがあります。人工樹形は刈り込みによって仕立てられ、生垣や玉仕立てのほか、円錐形、円筒形、玉散らし、また動物やオブジェなどの形に仕立てるトピアリーなどがあります（39ページ）。

ただし、どのような樹種も人工樹形に仕立てられるわけではありません。刈り込みは、木バサミや剪定バサミで行う剪定のように、一枝ごとの枝分かれや芽のつき方をみて切るのではなく、多数の枝葉をまとめて刈り取ります。ですから、細かい枝を密生させる樹種が適しており、さらに樹勢があり、萌芽力に富む樹種でないと耐えることができずに枯れ込んでしまいます。生垣に適した樹種を表にしましたので参考にしてください。

刈り込みの時期

新枝の生長が止まる６月頃と、その後に伸びた枝の生長が止まる９～10月頃の年２回が適期です。しかし、樹種によっては例外もあり、サツキなどの花木は、花が咲き終わった後に刈り込みます。夏の土用が過ぎると徒長枝《とちょうし》が目立ってくるので、花芽《はなめ》に注意して浅い刈り込みをするとよいでしょう。また、イヌツゲなどの徒長枝の出やすい樹種は状態に応じて、伸びて見苦しくなってきたら、そのつど刈り込むことが必要です。

■生垣など刈り込みに適した樹種

常緑樹	針葉樹	イチイ、イヌマキ、カイヅカイブキ、キャラボク、サワラ、チャボヒバ、ニオイヒバ、ヒノキなど
常緑樹	広葉樹	アベリア、アラカシ、イヌツゲ、ウバメガシ、カナメモチ、サザンカ、サツキ、サンゴジュ、シラカシ、スダジイ、セイヨウイボタ（プリペット）、ソヨゴ、ツバキ、トウネズミモチ、ネズミモチ、ハマヒサカキ、ヒイラギ、ヒイラギモクセイ、ヒサカキ、ベニカナメモチ、ボックスウッド、マサキ、セイヨウカナメ‘レッド・ロビン’、モチノキなど
落葉樹		ドウダンツツジ、ニシキギなど

下から上に向かって刈り上げる

まず、側面の刈り込み幅を下のほうから決めて、徐々に上へと刈り込んでいきます。木は一般に下枝のほうが萌芽力が弱いので、上のほうで幅を決めると、必要以上に下を深く刈ってしまい、下枝が枯れてしまう危険性があるからです。刈る深さは前年刈った位置まで刈り込むことを基本とし、これを毎年繰り返します。もし、枯れて穴の空いた部分があったら、周囲の枝を縄などで誘引してふさぐようにします。

次に生垣の上面ですが、上面は特に水平に注意して刈り込みます。左右両端にポールなどを立て、刈り込む高さに糸を水平に張り、この糸に合わせてところどころ木バサミで枝先を切って目印をつけ、糸を外して刈り込みます。

また、四角い箱型の刈り込みは角をくっきりと出すのが美しく仕上げるコツです。上面と側面の境界のラインを意識的に鋭角に刈り込むようにしましょう。

なお、刈り込みバサミは通常、刃の反りが手前側に向くよう（表使い）に持ちますが、生垣の上面（天端）などを刈り込むときは、ハサミを裏返したほう（裏使い）が作業がスムーズに行えます。

■生垣の刈り込み方

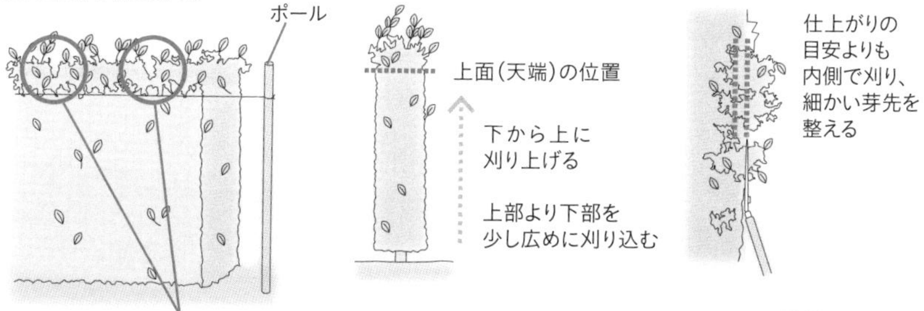

刈り込む高さに糸を張り、木バサミで枝先を切って目印をつけ、糸を外してから刈り込む

■刈り込みバサミの使い方

ハサミを表使いにすると先の部分が高くなりやすい

裏使いすると、ハサミを持つ手の位置が低くなるので水平に刈りやすくなる

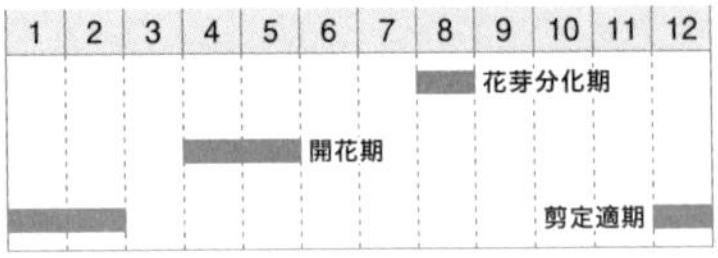

株立ちの美しい自然樹形と
赤く鮮やかな紅葉が魅力

アオダモ

【青梻】別名：コバノトネリコ／モクセイ科トネリコ属

基本データ

- **樹高**：
  自然状態…5〜15m
  庭植目安…4〜8m
- **枝張り**：
  自然状態…3〜8m
  庭植目安…2〜5m
- **生長速度**：遅い
- **日当たり**：中庸
- **乾湿**：湿気を好む
- **大気汚染**：普通
- **萌芽力**：強い
- **主な病害虫**：特になし
- **栽培可能地域**：
  ほぼ全国
- **花色**：白
- **剪定難易度**：普通

MEMO アオダモといえば、プロ野球選手が使うバットの材料としておなじみです。材質が大変に堅く弾力があるので、これほどバットに適した木はないのです。

剪定は樹形を整える程度に

アオダモは雌雄異株《しゆういしゅ》で、4〜5月頃に直径5〜6㎜の小さな白い花をほわほわとした感じに無数につけます。株立ちの自然樹形が美しいので、とりたてて剪定の必要はなく、落葉期にからみ枝や徒長枝《とちょうし》を枝元から抜いて、樹形を整える程度で十分です。

ただし、アオダモは大きく生長すると樹高が10〜15mにも及ぶので、あらかじめ高さの上限を決めて、数年に1回くらいはその高さの位置で芯を止めるようにしましょう。

また、枝を透かす場合、下手に枝の先端を切り詰めたりすると、自然風のやわらかな趣が損なわれてしまいます。三叉《みつまた》に分かれている枝の両側を残し、真ん中の枝を元から間引くのがポイントです。

■アオダモの剪定

先端を透かす場合は、三叉に枝分かれしている部分を選び、両側の枝は残して真ん中の枝を枝元から切り取る

■樹形を小さく

風にそよぐ枝先のやわらかさを損なわないように、先端の切り詰めよりも枝元から間引く。太い枝を切る場合は枝元から切って、新しい枝を出させる

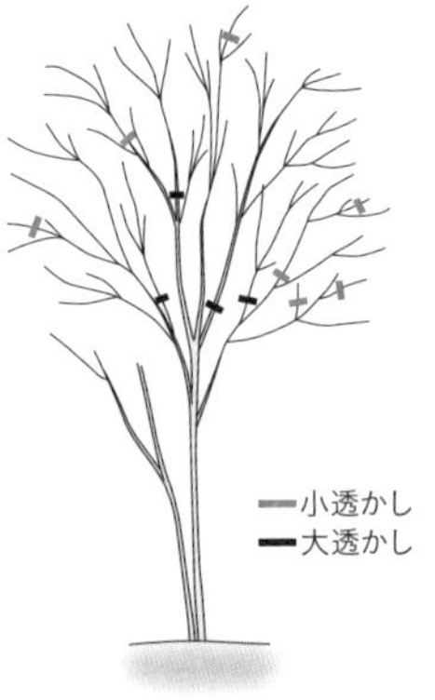

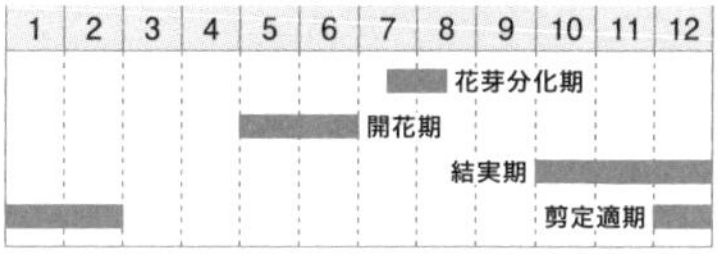

しなやかな木姿と
季節の彩りを楽しむ

アオハダ

【青膚・青肌】モチノキ科モチノキ属

枝先を切り詰めすぎないよう注意

アオハダはモチノキの仲間としては珍しい落葉樹で、薄い樹皮をはぐと、緑色の木肌が現れることが名の由来となっています。地際から数本の細い幹が株立ちをつくり、その真っすぐに上へと伸びるしなやかな木姿が高い人気を呼んでいます。加えて、初夏に点々と咲く小さな緑白色の花、晩秋の黄葉、そして秋から冬にかけてつく赤い小さな実が、季節の彩りを感じさせてくれます。

生長が遅く自然と形が整うので、剪定は冬場にかけて込んでいる枝や逆さ枝、徒長枝《とちょうし》などを枝元から落として、日当たりや風通しをよくするとともに、一定の大きさを維持する程度にとどめます。

■アオハダの剪定

枝先の剪定は長い枝を
元から切って、短い枝に
切り替えるとよい

■樹形を小さく

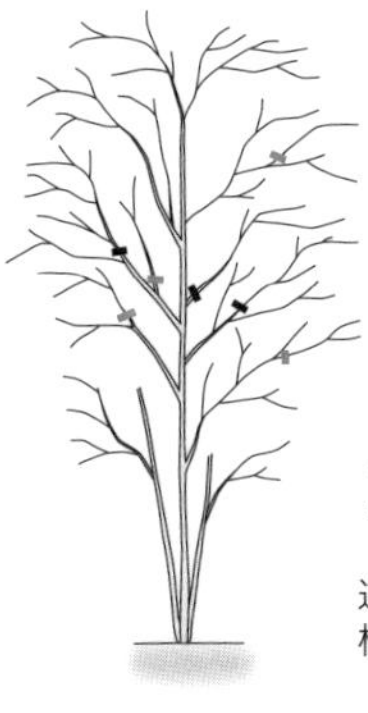

—小透かし
—大透かし

逆さ枝や込んでいる枝を、
枝元から落としていく

基本データ

- ●樹高：
  自然状態…6〜10m
  庭植目安…3〜5m
- ●枝張り：
  自然状態…3〜5m
  庭植目安…1〜2m
- ●生長速度：やや遅い
- ●日当たり：中庸
- ●乾湿：湿気を好む
- ●大気汚染：普通
- ●萌芽力：強い
- ●主な病害虫：特になし
- ●栽培可能地域：
  ほぼ全国
- ●花色：緑白色
- ●実色：赤
- ●剪定難易度：普通

ワンポイントアドバイス

アオハダは雌雄異株なので、実を楽しむには雄木と雌木を合わせて植えることが必要です。

1	2	3	4	5	6	7	8	9	10	11	12
											剪定適期

秋の紅葉をはじめ、新緑や
落葉後の枝振りも楽しめる庭木

カエデ類

【槭樹】ムクロジ科カエデ属

基本データ

- **樹高**：
  自然状態…5〜25m
  庭植目安…1.5〜8m
- **枝張り**：
  自然状態…3〜15m
  庭植目安…1〜5m
- **生長速度**：早い
- **日当たり**：中庸
- **乾湿**：中庸
- **大気汚染**：弱い
- **萌芽力**：強い
- **主な病害虫**：
  ウドンコ病、スス病、アブラムシ、カイガラムシ、テッポウムシ
- **栽培可能地域**：
  北海道南部〜沖縄
- **剪定難易度**：難しい

適用樹種 イロハモミジ、ヤマモミジ、オオモミジ、ハウチワカエデ、コハウチワカエデ、ハナノキ、イタヤカエデ、メグスリノキなど

枝先を手で折って自然の風合いに

間引きで小さく仕立てる

イロハモミジ、ヤマモミジ、オオモミジ、さらにメグスリノキなど、カエデ類の種類は多々ありますが、どれもが自然風の風雅な趣を楽しむ木で、剪定によって無理に人工的な形をつくらないほうがよいでしょう。下手に剪定をすると、その部分から勢いのよすぎる枝が出たり、切り口がゴツゴツして、やわらかな風合いを損ねます。

しかし、大きくしたくない場合には、樹芯や主枝の枝分かれしている部分で、長いほうの枝を元から間引き、短い枝に更新します。確実にひと回り小さく仕立てることができます。このとき枝の途中で切ると、そこから勢いのある枝が上や横へと出て、著しく樹形を乱すので注意が必要です。

枝先を手で折る

カエデ類の枝先を自然風に整えるためには、ハサミを使わずに手で折るとよい感じに仕上がります。これを「折り込み」といいます。折り込みをすることにより、切り口が目立たず、勢いのある徒長枝《とちょうし》も出にくくなって、風が吹くとさわさわとそよぐような、モミジ特有のしなやかな梢をつくることができます。

　カエデ類は樹液の流れていない休眠中であれば、たばこくらいの太さまでの枝なら指先でポキッと簡単に折れます。もし折れないようならば、時期尚早か時期を逃したと判断できます。

剪定は落葉後すぐに

　普通、落葉樹は葉を落としている冬期は休眠中で、この時期であれば、いつ剪定しても木を傷めることはないのですが、カエデ類は例外です。カエデ類は葉を落として眠りについたかと思うと、あっという間に目覚めます。正月明けには根が活動を始め、樹液が流動するのです。

　この時期に剪定すると、切り口から樹液が流れ出て腐ったり衰弱する原因となります。カエデ類は落葉後すぐに剪定することが必須で、遅くとも年内には済ませることが重要です。

MEMO カエデのことをモミジともいいますが、植物分類上では、カエデとモミジは同じです。しかし植木や園芸、盆栽の世界では葉の切れ込み数、切れ込み具合によって区別しています。大まかにいえば、イロハモミジ、ヤマモミジ、オオモミジなど葉が5つ以上に切れ込んで手のひら状のものをモミジと呼び、それ以外の葉が3つに切れ込んでいるトウカエデなどをカエデと呼ぶことが慣例となっています。

■カエデ類の間引き剪定

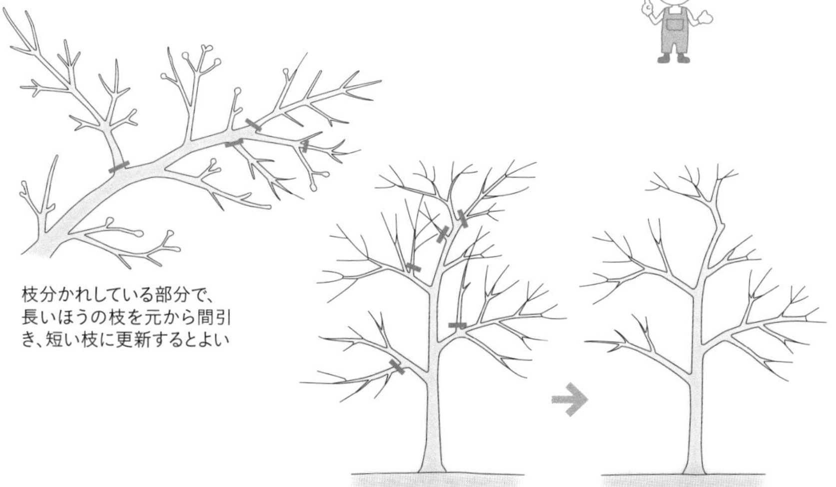

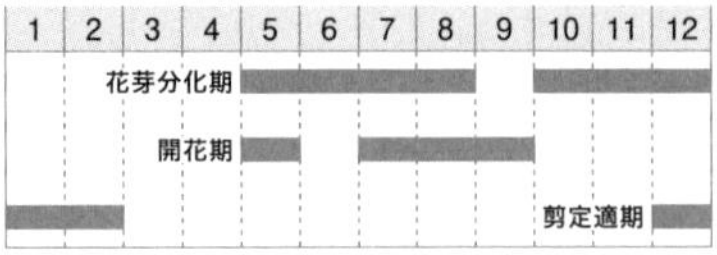

しなやかな細い葉と
年に数回咲く花を楽しむ

ギョリュウ

【御柳】ギョリュウ科ギョリュウ属

基本データ

- **樹高**：
  自然状態…4～7m
  庭植目安…2～5m
- **枝張り**：
  自然状態…3～6m
  庭植目安…2～4m
- **生長速度**：早い
- **日当たり**：陽樹
- **乾湿**：湿気を好む
- **大気汚染**：やや強い
- **萌芽力**：強い
- **主な病害虫**：
  カイガラムシ
- **栽培可能地域**：
  北海道～本州北部
- **花色**：ピンク
- **剪定難易度**：普通

自然樹形を生かして落葉期に剪定

細い枝にアスパラガスを思わせる細かい葉をつけます。淡紅色の穂状の細かい花を年に2～3回咲かせるので人気があります。繊細な葉や枝振りを楽しむ庭木といえましょう。

剪定は落葉期に自然樹形を大切にしながら、枝抜き剪定を行います。上向きに伸びる枝に花がつきやすく、下垂して伸びる枝には花がつきにくい性質があります。枝垂《しだ》れた姿を楽しみたいのであれば、花を無視して上へ伸びる枝を切り、下垂する枝を残して樹形を整えることを優先しましょう。

また、ギョリュウは3年生以上の古い枝から芽吹いた新しい枝には、あまり花芽がつきません。枝をよく見極めて、数年に1度は若い枝に更新することも必要です。

■ギョリュウの剪定

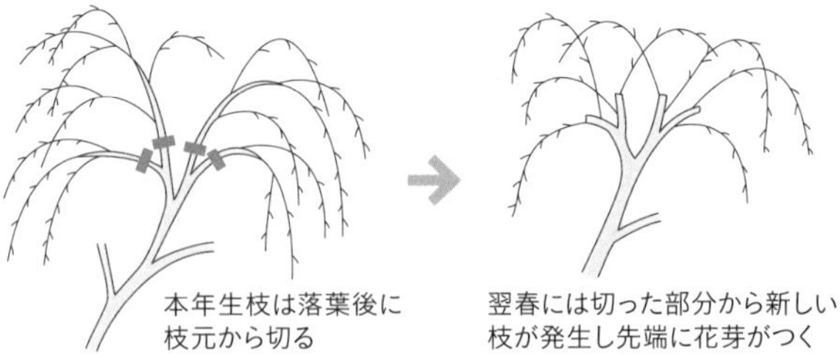

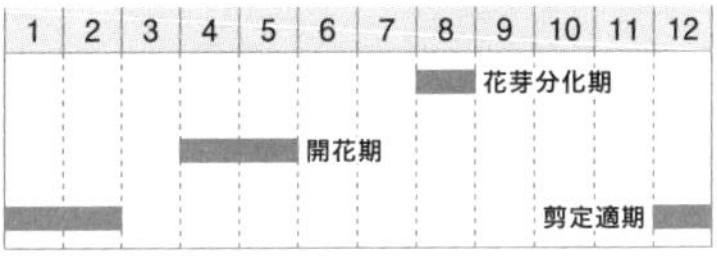

自然の枝振りを大事にして
白い樹皮と葉の緑を楽しむ

シラカンバ

【白樺】別名：シラカバ／カバノキ科カバノキ属

長い枝から短い枝に切り替えを

鮮緑色の葉と独特の白い樹皮が美しいシラカンバには、さわやかな高原のイメージがありますが、都市部でも日照と通風を確保すれば生育が可能です。明るい芝庭などに植えると白い幹が美しく映えます。

気温が高いところでは生長が早くなるので、木が大きくならないうちから、長い枝を切って短い枝に切り替えながら育てていくようにします。

剪定は落葉期に行いますが、自然な枝振りを大切にしたい木なので、枝先は切らずに、徒長枝《とちょうし》やからみ枝、込みすぎている枝を枝元から切って、枯れ枝を払う程度にとどめます。ただし、下向きの枝を残すと樹勢が衰えるので、必ず切るようにしましょう。

■シラカンバの剪定

自然な枝振りを
乱さないように、
込み合った枝を
枝元から切っていく

■樹形を小さく

大きく伸びた枝を
なるべく枝元から
切って、新しい枝を
出させる。また、何
回か先端を切り詰
めた枝は、数年後、
枝元から切り取る

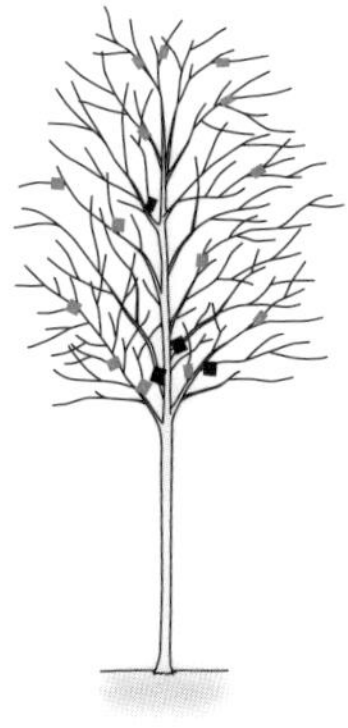

━小透かし
━大透かし

基本データ

- **樹高**：
  自然状態…20〜25m
  庭植目安…5〜10m
- **枝張り**：
  自然状態…10〜20m
  庭植目安…2〜7m
- **生長速度**：早い
- **日当たり**：陽樹
- **乾湿**：湿気を好む
- **大気汚染**：弱い
- **萌芽力**：普通
- **主な病害虫**：
  テッポウムシ、アメリカシロヒトリ
- **栽培可能地域**：
  北海道〜本州北部
- **花色**：黄色、薄緑
- **剪定難易度**：難しい

ワンポイントアドバイス

シラカンバにつくテッポウムシはカミキリムシの幼虫で、秋に木の内部に潜り込んで食い荒らします。幹や枝におがくずのような粉を見つけたら、テッポウムシがついている証拠。殺虫剤を注入する必要があります。

MEMO 一般的にシラカバといわれていますが、植物学上ではシラカンバが正式な名称です。

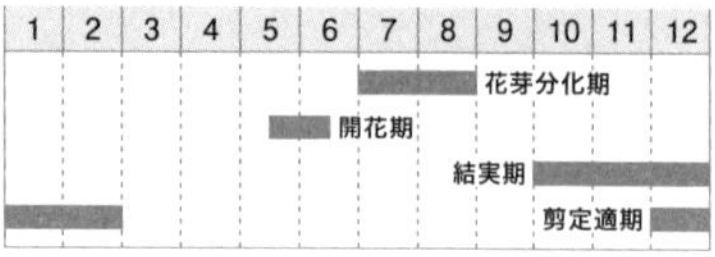

日本の山野に自生し
野趣に富む風情を楽しめる樹種

ガマズミ

【莢蒾】別名：ヨツズミ、ビバーナム／レンプクソウ科ガマズミ属

基本データ

- **樹高**：
自然状態…2～4m
庭植目安…1.5～2m
- **枝張り**：
自然状態…1.5～3m
庭植目安…1～2m
- **生長速度**：やや早い
- **日当たり**：陽樹
- **乾湿**：中庸
- **大気汚染**：やや強い
- **萌芽力**：強い
- **主な病害虫**：
テッポウムシ、ハマキムシ
- **栽培可能地域**：
北海道南部～沖縄
- **花色**：白、ピンク
- **実色**：赤
- **剪定難易度**：普通

MEMO ガマズミの実は、色づき始めた頃はまだ渋く酸味が強いのですが、初冬になると甘くなります。ジャムや果実酒にして楽しめます。

枝抜きは人工的にならない程度に

ガマズミは新緑の美しい初夏に、小さな白い花が枝先に多数集まって咲き、秋にはルビーのような深紅の実がなります。そして秋が深まると、実の色に合わせるかのように葉も紅葉します。

剪定適期は葉のない冬期ですが、ガマズミの魅力は、何といっても野生のままの風合いですから、剪定は、密に茂って、込み合ったり、からみ合ったりしている枝を間引いて樹形を整え、通風と日照を確保する程度でよいでしょう。樹冠から飛び出している長い枝は短い枝に更新して、樹形をまとめます。

ただし、ガマズミはヒコバエが発生しやすいので、見つけたら早めに地際から抜くようにします。

■ガマズミの剪定

込み合ったりからみ合っている枝を間引く程度にする。切るときは枝元から

■樹形を小さく

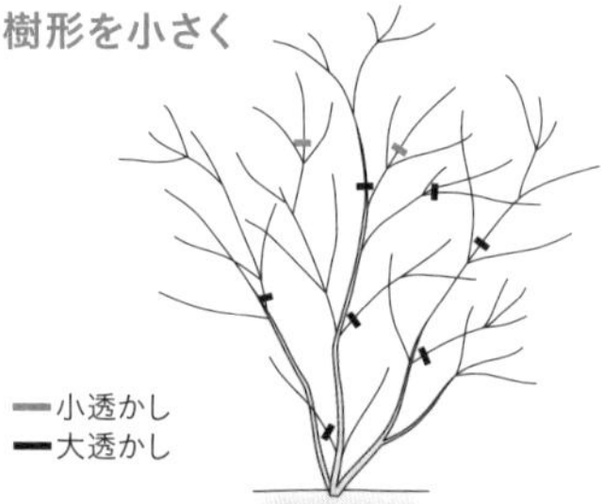

太く伸びた枝を、なるべくつけ根から間引いて、新しい枝を出させる。枝の先端を詰める場合は、必ず枝元から切り取るようにする

	1	2	3	4	5	6	7	8	9	10	11	12
花芽分化期						■						
開花期										■	■	
剪定適期	■	■										■

ハート形の葉が愛らしく
落葉するころに花をつける樹種

マルバノキ

【丸葉の木】別名：ベニマンサク／マンサク科マルバノキ属

自然樹形を大事にした剪定を

マルバノキは、丸みを帯びた愛らしいハート形の葉が特徴で、春には鮮やかな若葉、秋には美しい紅葉で目を楽しませてくれます。そして紅葉が散り始める頃に、マンサクに似たヒトデのような赤紫の小さな花をつけます。葉を落とす頃に花をつけるのは落葉樹の中でも珍しいといえましょう。

剪定は冬の落葉期が適期ですが、自然樹形を楽しむために、古くなった枝や込み合った枝を枝元から間引く程度にとどめましょう。小さくまとめたい場合は、株元から出ている古くて太い枝を抜いて、新しい枝に更新します。この作業を2～3年に1回ほど行って一定の大きさを維持します。

基本データ

- **樹高**：
  自然状態…2～3m
  庭植目安…1～2m
- **枝張り**：
  自然状態…2～3m
  庭植目安…1～2m
- **生長速度**：普通
- **日当たり**：陽樹
- **乾湿**：湿気を好む
- **大気汚染**：普通
- **萌芽力**：普通
- **主な病害虫**：特になし
- **栽培可能地域**：
  東北南部～沖縄
- **花色**：赤紫
- **剪定難易度**：易しい

MEMO 葉の縁に白い斑の入った「恵那錦《えなにしき》」や、生長が遅い矮性《わいせい》種の「利休《りきゅう》」があります。

■マルバノキの剪定

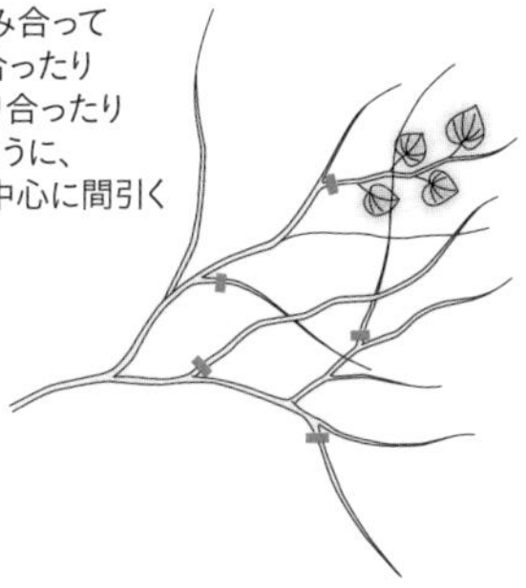

■樹形を小さく

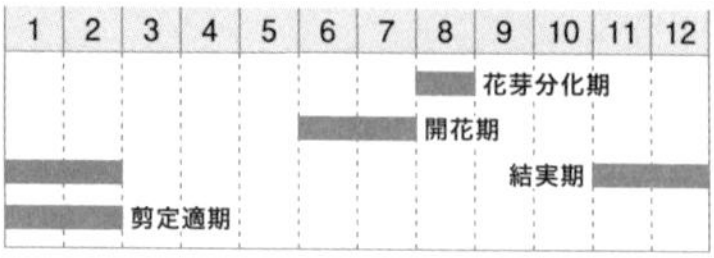

小さな紫色の実が
冬の庭の風情を彩る

ムラサキシキブ

【紫式部】シソ科ムラサキシキブ属

基本データ

- ●樹高：
  自然状態…3～4m
  庭植目安…1.5～3m
- ●枝張り：
  自然状態…3～4m
  庭植目安…1.5～3m
- ●生長速度：やや早い
- ●日当たり：中庸
- ●乾湿：中庸
- ●大気汚染：やや強い
- ●萌芽力：普通
- ●主な病害虫：特になし
- ●栽培可能地域：
  関東南部～沖縄
- ●花色：ピンク
- ●実色：紫
- ●剪定難易度：易しい

適用樹種 コムラサキ、シロシキブ、オオムラサキシキブなど

MEMO 一般的に売られているのはコムラサキという種類です。ムラサキシキブは葉のつけ根から花(実)の花穂《かすい》が出て、コムラサキは葉のつけ根のやや上から花穂が出ます。

実つきのよくない長い枝を除く

晩秋から冬にかけて、優美に弧を描く枝に沿って、直径3㎜ほどの小さな紫の実をびっしりとつけるムラサキシキブ。この木の魅力は何といっても、冬の風情を彩る、この愛らしく美しい実です。

春以降に枝先を強く切ると、花芽《はなめ》を落として開花結実ができなくなりますので、樹形を整える基本的な剪定は冬場に行います。まず、実がついた枝を元から切って新しい枝に更新し、また徒長枝《とちょうし》を切り詰めます。長い枝は花つき、実つきがよくなく、短めの枝によくつくからです。さらに込み枝、からみ枝を整理して樹冠の内部をすっきりとさせます。

■ムラサキシキブの剪定

枝分かれする部分から、不要枝を間引く。枝先ばかり切り詰めて不自然な枝ぶりになった枝は株元から切る

■樹形を小さく

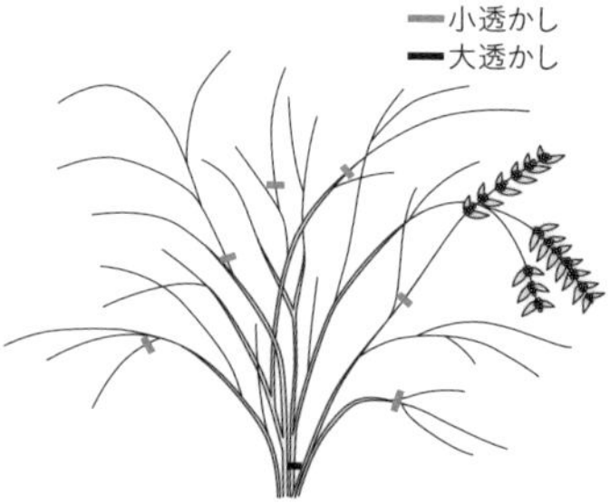

長く伸びすぎた枝を、株元から間引いて枝数を減らす。株元からも次々に枝を出すので、古くなった枝から間引いていく

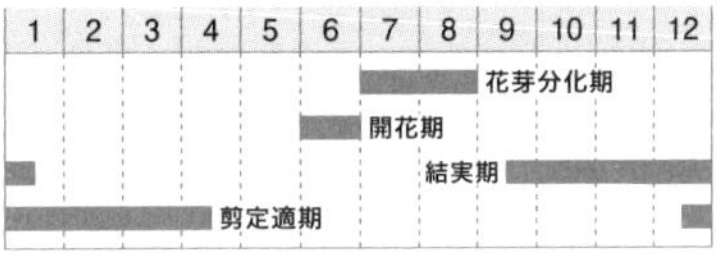

樹形が乱れにくいので
お手入れ簡単

ウメモドキ

【梅擬】モチノキ科モチノキ属

込んでいるところを間引いて風通しよく

モチノキ科モチノキ属の中では珍しい落葉樹。雌雄異株で雌株に赤や白の果実がつきます。最小の果実がつくコショウバイ（小性梅）という品種もあります。落葉後も果実が残るのでよく目立ちます。もともと樹高があまり高くならないので、管理がしやすいのですが、株立ち状になりやすいので、株が多くなったら、本数を制限してもよいです。もちろん単幹立ちでも楽しめます。生長はやや遅く、自然樹形で十分楽しめるので、込んでいる枝を剪定する程度でよいでしょう。

■ウメモドキの剪定

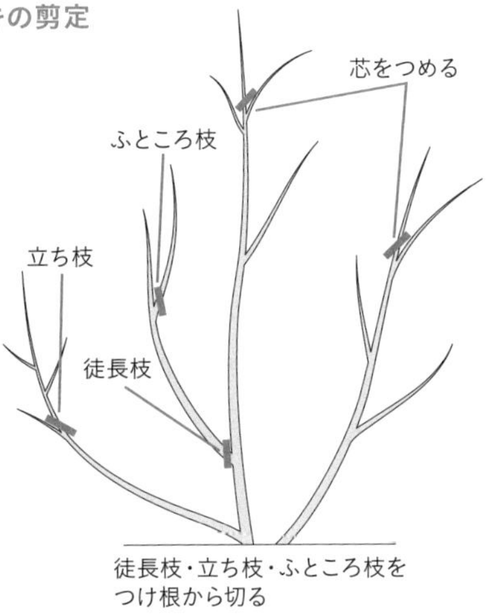

基本データ

- ●樹高：
  自然状態…3～4m
  庭植目安…2～3m
- ●枝張：
  自然状態…2～3m
  庭植目安…1.5～2.5m
- ●生長速度：普通
- ●日当たり：中庸
- ●乾湿：普通
- ●大気汚染：弱い
- ●萌芽力：弱い
- ●主な病害虫：特になし
- ●栽培可能地域：
  北海道南部以南
- ●花色：白
- ●実色：赤、白
- ●剪定難易度：易しい

ワンポイントアドバイス
実を楽しむには雄株を植えます。和風庭園の灯籠などに添えて植栽すると風情がでます。

青果店にも出回らない
甘い果実を楽しめる

ポポー

別名：カスタードアップル／バンレイシ科ポポー属

基本データ

- ●**樹高**：
  自然状態…8〜10m
  庭植目安…4〜5m
- ●**枝張**：
  自然状態…4〜5m
  庭植目安…3〜4m
- ●**生長速度**：普通
- ●**日当たり**：陽樹
- ●**乾湿**：中庸
- ●**大気汚染**：中庸
- ●**萌芽力**：中庸
- ●**主な病害虫**：特になし
- ●**栽培可能地域**：
  東北地方以南
- ●**花色**：小豆色
- ●**実色**：緑、クリーム色
- ●**剪定難易度**：普通

ワンポイントアドバイス
他家受粉ではありませんが、実つきが悪いときには実つきを良くするために異なる品種を植えるとよいでしょう。

剪定の基本を守って美しく

古くから利用されていますが、近年、実つきが良かったり、大実だったりとバラエティーに富む品種が紹介されるようになりました。果実はカスタードクリームのような味で美味しいのですが、収穫できる時期が短く日持ちがよくないので、店にはあまり並びません、いってみれば「幻の果実」でしょう。小豆色の独特の花も楽しめます。大きくなるとかなり枝葉が茂るので、枝抜きを中心とした剪定が必要になります。庭木の剪定の基本を守れば美しい樹形になります。

■ポポーの剪定

■つけ根から切って美しく

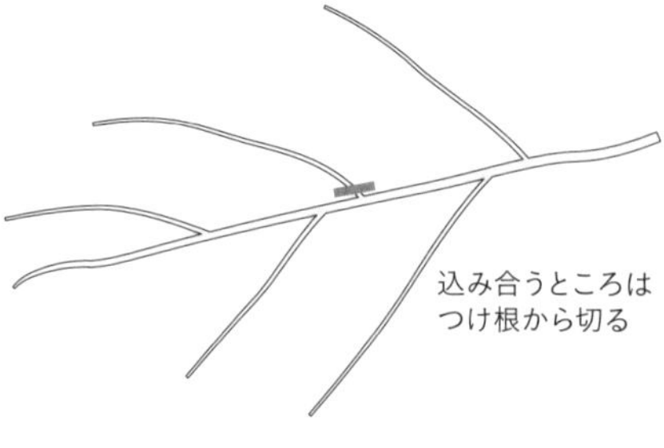

コラム・3

雑木類の手入れ

雑木の魅力

コナラやクヌギ、エゴノキ、エノキなどの落葉広葉樹は、一般に雑木《ぞうき》と呼ばれています。雑木とは木材としての利用価値がないというレッテルを貼られた木で、マツやスギ、ヒノキなどより低くみられてきました。しかし、庭木の世界ではまったく違います。雑木は自然風の庭には欠かせません。

風にさわさわと心地よくそよぐ、しなやかな枝振り。春に萌黄色の芽を吹き、初夏にはみずみずしい新緑が目にまぶしく映ります。夏は涼しげな木陰をつくり、秋に葉は色づき、冬に葉を落とした木々は暖かい日だまりをつくります。雑木の庭は四季折々の風情を表情豊かに演じ、自然の息吹をごく身近に感じさせてくれるのです。

雑木の維持・管理は難しい

ただし、雑木ならではの趣を大切にしつつ、維持・管理していくのは思いのほか難しいのが現実です。

雑木は一般に生長が速く、一定の大きさを保つことは至難の技。放っておくと、数年後には樹形がかなり乱れてしまいます。かといって、やたらに樹芯を止めると、枝先がブツブツになり、雑木ならではのしなやかさが失われてしまいます。また不定芽《ふていが》が出やすく、切った箇所から勢いのある徒長枝《とちょうし》が伸びて、ゴツゴツとした不格好な樹形になりがちです。樹形が乱れたから切る、切るとさらに樹形が乱れるという悪循環にはまったら、もうどうしようもありません。

雑木の持ち味をいかす剪定の工夫

雑木を庭木として上手に管理するには、まだ木が若いうちから枝抜きをして枝の広がりを制限したり、梢近くの２番芽あるいは３番芽に芯を切り替えて樹高をある程度抑えたりするなど、雑木の持ち味を失わずに大きさを維持するための工夫が必要となります。

一般には、雑木が休眠中である冬場の落葉期に、徒長枝やからみ枝、枯れ枝を間引く程度にとどめておいたほうが無難でしょう。このとき、必ず枝元から切るようにしなくてはなりません。木が大きくなりすぎたり、樹形が乱れたりしたからといって、下手に枝先を切って樹形を台なしにしないように気をつけたいところです。枝先は必ず外芽の位置で切って、切ったことがわからないように、やわらかな風合いに仕上げることが重要です。

■雑木類(コナラ)の剪定の基本

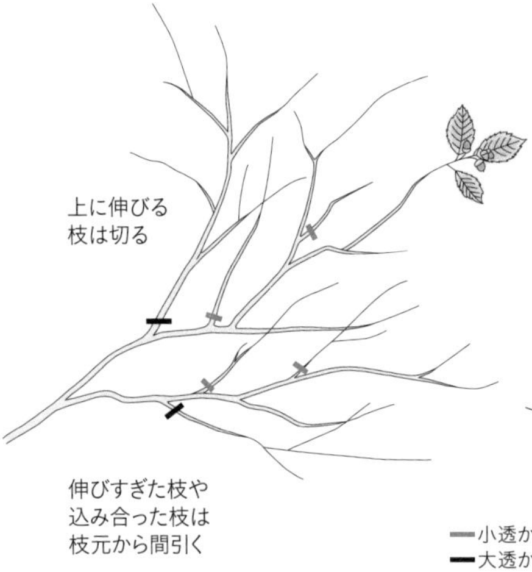

■雑木類(コナラ)を小さく仕立てる

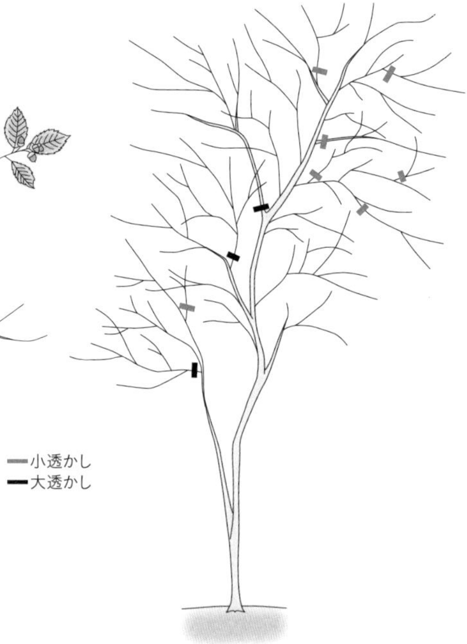

長く太くなった枝を切り取り、新しい枝に更新させていく。株立ちの場合は、太く伸びすぎた幹を株元から切って、新しい幹を出させる。太い枝を切ったときには、腐れ込みを防止するため、切り口に殺菌剤を塗って手当てするとよい

第3章

花を楽しむ樹種の剪定のコツ

庭に季節の彩りを添えてくれる花木は、
数多くの樹種が庭木として使われています。
本章では、高中木、低木、つる植物を春からの開花順に、
木への負担を抑えながら、毎年きれいな花を咲かせるための
剪定方法を紹介します。

きれいな花を咲かせる基礎知識

花芽のつき方をよく知ること

　花木に時期が来ても花が咲かないというケースが多々あります。原因は、木がまだ若かったり、日照不足だったり、そして剪定の失敗だったりします。

　木の芽のうち、枝葉へと生長する芽を「葉芽《はめ》」といい、これに対して花を咲かせ、やがて実となる芽を「花芽《はなめ》」といいます。花木の開花には、この花芽がいつ、枝のどの部分にできるかという事柄が密接にかかわってきます。ですから、花木や果樹は時期や切る位置を考えずに剪定を行うと、花芽を落としてしまい、花や実がつかなくなってしまうことがあります。

　この葉芽と花芽は、はじめのうちはどちらになるか決まっているわけではありません。木が生育してある時期になると、日照時間や気温、また、その木の栄養状態によって葉芽の一部が花芽へと変化するのです。これを「花芽分化《はなめぶんか》」と呼びますが、普通は「花芽ができる」、「花芽がつく」といっています。

　花芽はたいてい春に出た新芽が伸びを止めて充実期に入ったときにできるので、多くの樹種は6～9月の間に花芽がつくと考えてよいでしょう。ただし、その芽が花芽だとはっきりわかるようになる時期、そして、開花する時期は樹種によって異なります。

■花芽のつき方　6つのタイプ

タイプ1：新梢の葉腋につく

今年伸びた新梢の葉腋（葉のつけ根）に花芽がつくタイプ。多くは充実した短い枝につき、長く勢いよく伸びた枝にはほとんどつきません。

例：ウメ

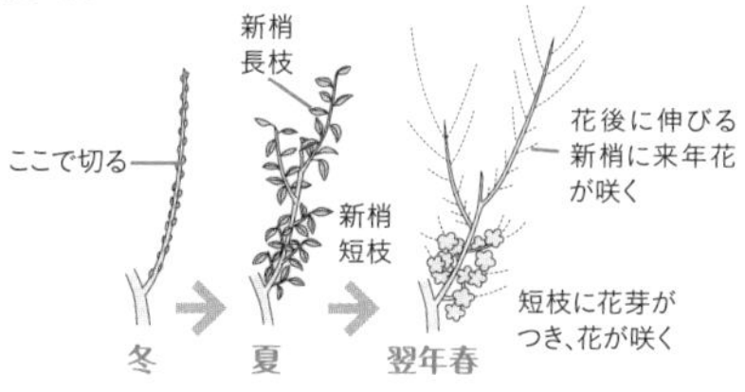

主な樹種　ウメ・トサミズキ・ハナズオウ・キンモクセイ・モモ・フジ

タイプ2：新梢の頂部につく

今年伸びた元気のいい新梢の頂芽およびその下のいくつかの芽が花芽となり、その位置で咲くか、花柄を伸ばして開花するタイプ。

例：ライラック

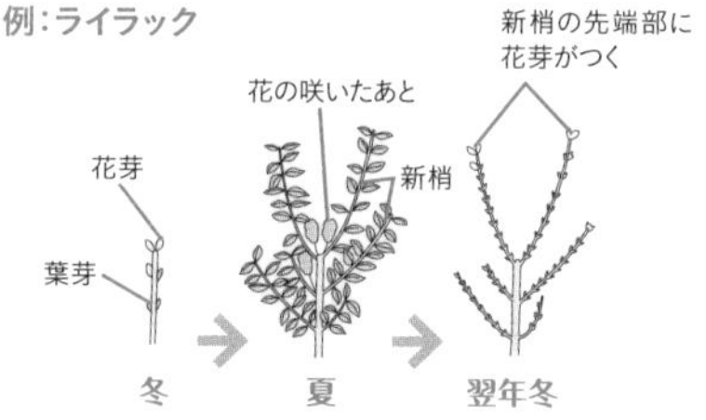

主な樹種　ツバキ・サザンカ・サンシュユ・ツツジ類・モクレン類・ライラック

タイプ3：新梢の先端の1～3芽につき、翌年、枝を伸ばして頂部に開花

今年伸びた枝の先端から1～3芽ぐらいの芽が花芽となり、翌年そこから新梢が伸びて、その頂部に開花するタイプ。

例：アジサイ

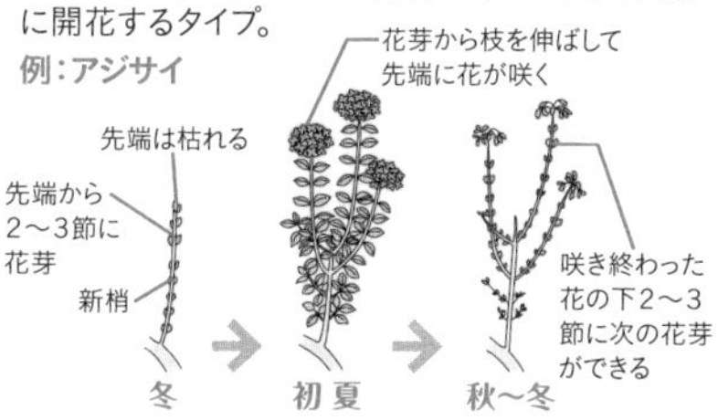

主な樹種　アジサイ・トチノキ・ボタン・つるバラ・一季咲きの木立ち性バラ

タイプ4：新梢の短枝の頂部につく

今年伸びた短枝の腋芽が花芽となるタイプや、ごく短い枝に2～3芽集まって花芽をつけるタイプがありますが、翌春わずかに新梢を伸ばし葉を2～3枚つけて開花するのが共通点です。

例：ハナカイドウ

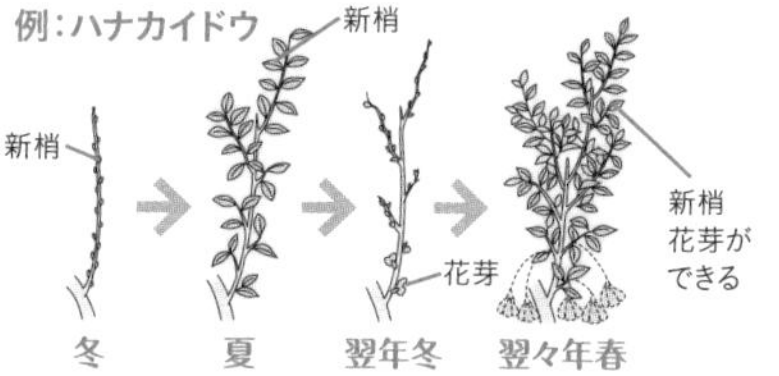

主な樹種　ハナカイドウ・サクラ類・リンゴ・カリン・フジ・ボケ・ジューンベリー・ピラカンサ・柑橘類・ウメモドキ・フェイジョア

タイプ5：新梢の先端につき、翌年、枝を伸ばして葉腋に開花

今年伸びた元気のよい枝の頂芽およびその下の1～2芽が花芽となり、翌年この花芽からさらに長い新梢を伸ばし、その葉腋に開花結実するタイプ。

例：カキノキ

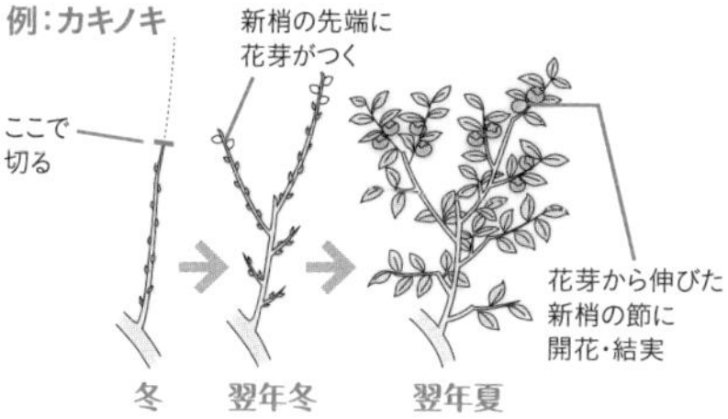

主な樹種　カキノキ・クリ・ナナカマド

タイプ6：充実した新梢につき、すぐに開花

充実した枝から伸びた元気な新梢の枝先や葉腋に花芽をつけ、ほどなくして開花するタイプ。枝の長さや出ている位置に関係なく花芽がつきます。

例：サルスベリ

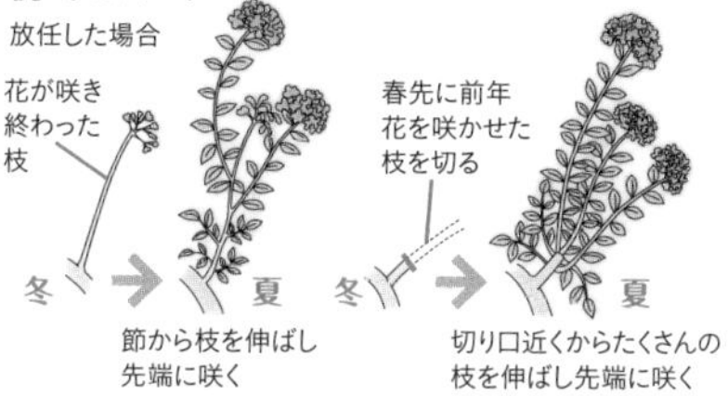

主な樹種　サルスベリ・四季咲きのバラ・ハギ・ムクゲ・ノウゼンカズラ・ツキヌキニンドウ

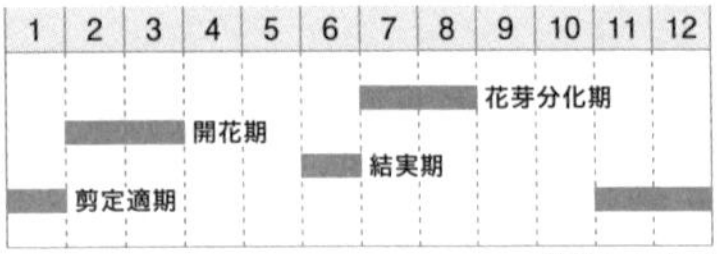

花芽タイプ：1

花つきをよくしつつ
風情ある樹形をつくる

ウメ

【梅】バラ科アンズ属

基本データ

- **樹高**：
  自然状態…5〜10m
  庭植目安…3〜6m
- **枝張り**：
  自然状態…3〜8m
  庭植目安…2〜5m
- **生長速度**：やや遅い
- **日当たり**：陽樹
- **乾湿**：湿気を好む
- **大気汚染**：弱い
- **萌芽力**：強い
- **主な病害虫**：
  黒斑病、アブラムシ、カイガラムシ、オビカレハ（ウメケムシ）
- **栽培可能地域**：
  東北〜沖縄
- **花色**：紅、白、ピンク
- **実色**：緑〜黄、赤
- **剪定難易度**：
  やや易しい

MEMO ウメには白系や紅系、枝垂《しだれ》系、果実をとるための改良種など、花を観賞する花ウメが300種以上、実を収穫する実ウメが100種以上あります。
大別すると野生のウメに近い野梅系と枝の髄《ずい》が紅色の紅梅系（以上、花ウメ）、アンズに近い豊後系と杏系（以上、実ウメ）の4つに分かれます。

萌芽力があり、強剪定にも耐える

立春を過ぎた頃、まだ寒さに震えるかのように、あらゆる花に先立って開花します。庭にウメの木が１本あるだけで、春を待つ心持ちが違ってきます。

花芽の分化と剪定適期

ウメは萌芽力があり強い剪定にも耐えるので、少しくらい太い枝を切り詰めても、切り口から腐るようなことはありません。一般に「花木は花後《はなご》に剪定せよ」といいますが、ウメは例外で、秋から冬が剪定適期です。

ウメの花芽《はなめ》はだいたい８月いっぱいくらいに決まります。それ以前に剪定すると、花芽になろうとしていた芽が勢いを得て葉芽《はめ》になり、ゆくゆくは枝となってしまいます。結果、翌年の開花数は減ります。若木ほどこの傾向が強いようです。

10月頃になると花芽も固まり、剪定しても葉芽になるようなことはありませんが、この時期に剪定するには葉芽と花芽を見分けなくてはなりません。うまく見分けられなくて不安な場合は、新年を迎えて蕾が はっきりとしてから剪定するのが無難でしょう。

ウメらしい樹形をつくる

ただし、花つきをよくしようと思って、花芽を残すことだけを考えて毎年剪定を繰り返していると、ウメ特有の趣ある樹形をつくることはできません。

ウメは勢いがよく枝先が伸びやすいので、伸びるに任せておくと、花のつく位置が次第に上へ上へと行ってしまい、幹まわりが寂しくなります。幹に近い短枝に花をつけてこそ、日本画に見られるようなウメらしい風情となるのです。

そのためには、長い枝は花芽を２つか３つ残し、その先を切って短くします。花芽のついた短枝は枝先を切り、花芽のついていない短枝は枝先を半分か３分の１程度切ります。このとき、必ず外芽のすぐ上で切ることを忘れてはいけません。

ワンポイントアドバイス

ウメはやたらと内側に向かって伸びる徒長枝が出て、放っておくと、ぐんぐんと勢いよく伸びて、枝同士がからみ合って手がつけられなくなります。徒長枝に養分や水分がとられ、樹形をつくる小枝が枯れてしまいます。早いうちに、枝元から切って、木のふところをすっきりとさせましょう。

■ウメの剪定

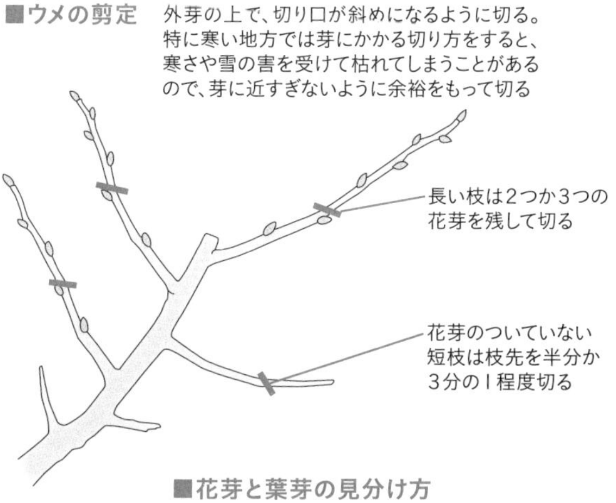

■花芽と葉芽の見分け方

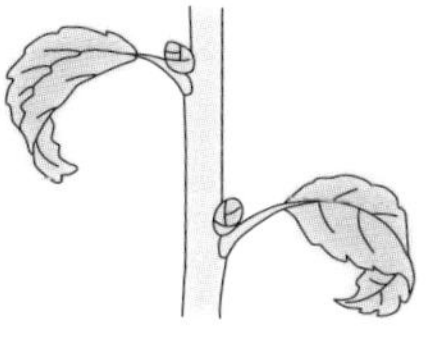

花芽

葉元に花芽のついた葉は、くるっと巻いて葉先が下がっている

葉芽

花芽のつかない葉はピンと伸びて、葉先までまっすぐ

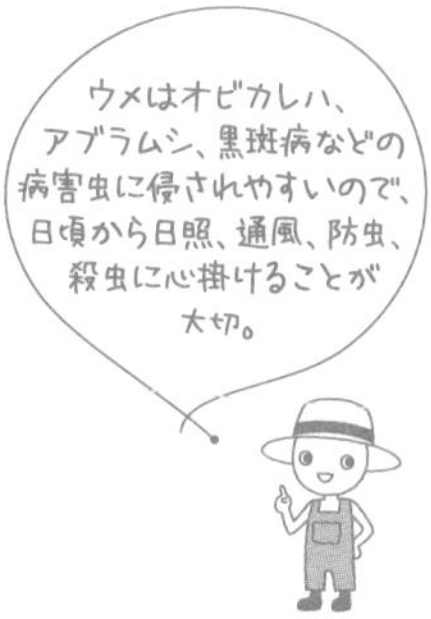

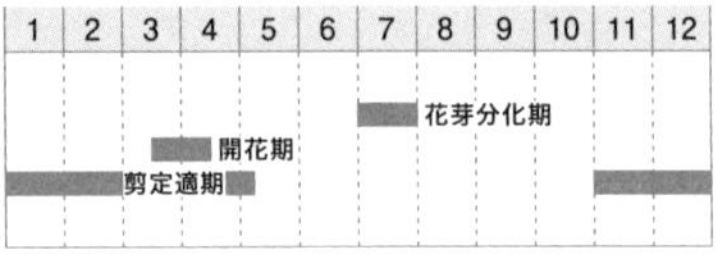

花芽タイプ：4

日本を代表する花木！
樹形より花を優先させた剪定を

サクラ類

【桜】バラ科サクラ属

基本データ

- **樹高**：
  自然状態…5〜10m
  庭植目安…3〜8m
- **枝張り**：
  自然状態…3〜8m
  庭植目安…2〜6m
- **生長速度**：速い
- **日当たり**：陽樹
- **乾湿**：湿気を嫌う
- **大気汚染**：普通
- **萌芽力**：弱い
- **主な病害虫**：
  ウドンコ病、テングス病、アメリカシロヒトリ、オビカレハ（ウメケムシ）、アブラムシ、カイガラムシなど
- **栽培可能地域**：
  ほぼ全国
- **花色**：白、ピンク
- **剪定難易度**：やや難しい

MEMO サクラの栽培品種は300を超えます。しかし、すべての品種はいくつかの原種を元にして自然交雑や人工交配を繰り返して誕生しました。なかでも主要となる原種がヤマザクラ、エドヒガン、マメザクラ、カンヒザクラ、オオシマザクラの5種です。現在、栽培されているほとんどの品種が、以上の5種の交配種です。

病気に弱く、太めの枝切りに注意

我が国を代表する花木といえばサクラ。なかでも有名なのがソメイヨシノですが、ソメイヨシノは生長が速く大きくなりすぎて、一般家庭の庭には向きません。庭にサクラを植えたいという人には、比較的小型のマメザクラ、シダレザクラや直立性のアマノガワ、サノザクラ、オカメなどをお勧めします。

太枝をおろした切り口には殺菌剤を

古くから「サクラ切る馬鹿」という言葉があります。サクラは切ったあとの切り口から雨水や病原菌が侵入し、腐れを生じやすいことを示した言葉ですが、伸びるに任せるわけにもいきません。木バサミや

■主なサクラの品種の系統図

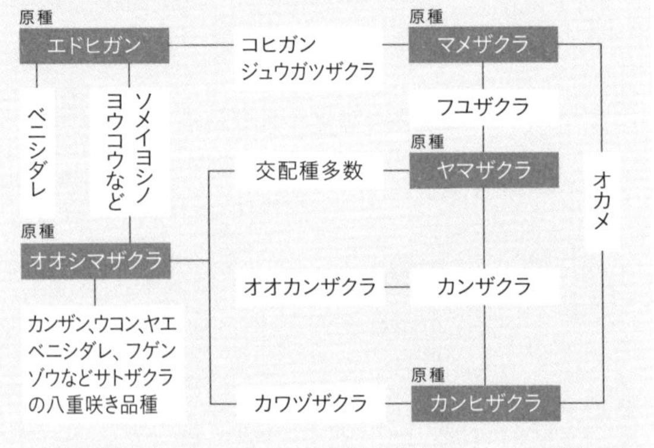

剪定バサミで切れる程度の枝なら問題ないのですが、ノコギリを使わなければ切れないような太い枝の場合は、切り口をナイフなどで滑らかに削ったのちに、殺菌剤をしっかりと塗布します。

樹形より花を優先

サクラは、樹形を整えることよりも花を優先させる剪定がよいでしょう。サクラの花芽《はなめ》は長い枝にはつかず、短く充実した枝によくつきます。例えば、サクラには幹吹きがよく発生しますが、この幹吹きが伸びた枝にはよい花がつくことが多いので残します。また、からみ枝やふところ枝なども、花がつく枝となることがわかっていれば大切に育てます。

剪定は落葉期の11～2月が適期ですが、夏には翌年の花芽が形成されますので、必要に応じて遅くとも5月の連休明けには済ませるようにしましょう。なお、サトザクラやシダレザクラの場合は、花芽が枝の先端部につくため、放任すると花の咲く位置が先へ先へと伸びていってしまいます。そのため、花後《はなご》に花のついた枝を半分くらいのところで切り詰めて、枝の伸びを抑えるとよいでしょう。

ワンポイントアドバイス

できるだけ長くサクラの花を楽しむには、花期の異なる品種を混ぜて植えることにより、春の間中、植える品種によっては秋から冬にかけてサクラの花を楽しむこともできます。代表的な品種の開花暦を下表にしました。

10月	
11月	ジュウガツザクラ フユザクラ
12月	ヒマラヤザクラ
1月	
2月	カンザクラ カワヅザクラ
3月	ヨウコウ・オカメ オオカンザクラ カンヒザクラ エドヒガン・コヒガン マメザクラ・ソメイヨシノ
4月	オオシマザクラ ベニシダレ ジュウガツザクラ ヤマザクラ・フユザクラ サトザクラの八重咲き 品種(カンザン・ウコンなど)
5月	

(関東地方を基準とする)

■サクラの剪定法

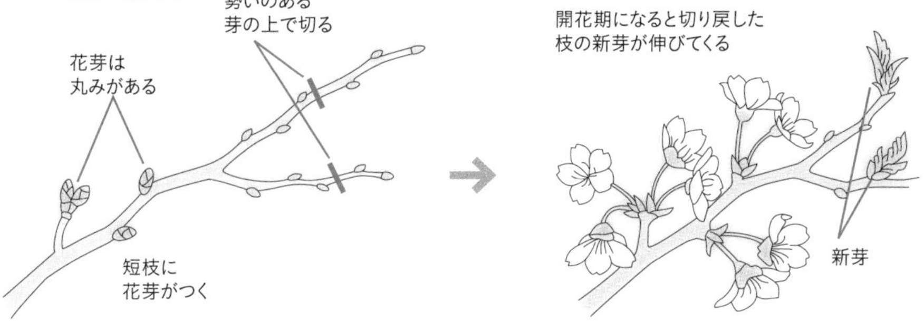

花芽タイプ：1

銀青色の葉と
黄色の小花が春を彩る

ギンヨウアカシア

別名：ミモザアカシア、ハナアカシア／マメ科アカシア属

基本データ

- **樹高**：
  自然状態…7～15m
  庭植目安…3～5m
- **枝張り**：
  自然状態…5～8m
  庭植目安…3～4m
- **生長速度**：早い
- **日当たり**：陽樹
- **乾湿**：湿気を嫌う
- **大気汚染**：強い
- **萌芽力**：強い
- **主な病害虫**：特になし
- **栽培可能地域**：
  関東以西太平洋側～沖縄
- **花色**：黄
- **剪定難易度**：普通

ワンポイントアドバイス

ギンヨウアカシアは風に弱く、強い風で枝が折れたり、倒れてしまうこともあります。枝葉を適度に透かして風の通り道をつくりましょう。

生長が速く希望の高さで芯止めを

ギンヨウアカシアは銀青色の葉をもつことから、この名があります。何よりも3～4月に枝垂《しだ》れた枝いっぱいにつく黄色い小花が魅力です。

剪定は花後から7月の半ばくらいまでに行いましょう。基本的に単幹に仕立てますが、若木のうちは側枝《そくし》を10～20㎝ほどの長さで切り、新しい枝を出させます。上に行くにしたがって、枝は短めに切るようにします。1年後には、切った部分から枝が数本伸びますので、短い枝を残して切ります。

生長が早いので、希望の高さで芯を止めることも必要でしょう。成木になり木全体が太くなったら、徒《と》長枝《ちょうし》や込んでいる枝を整理して樹形を整えます。

■花芽のつき方と手入れ

■ギンヨウアカシアの剪定

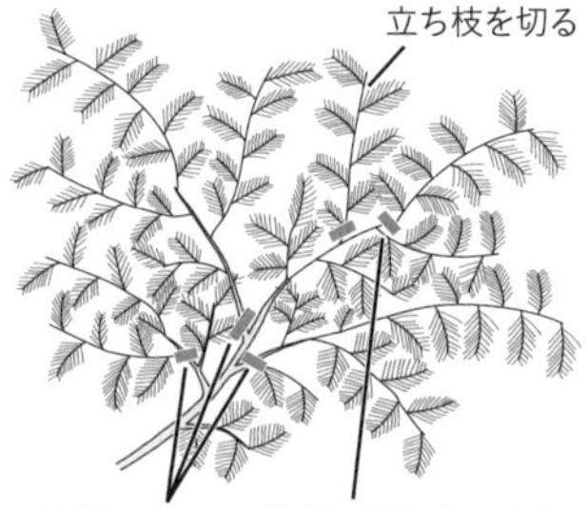

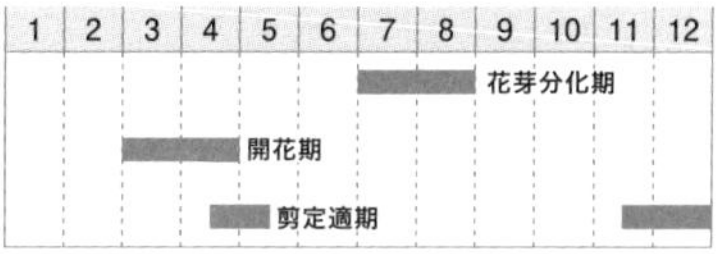

花芽タイプ: 2

赤紫と白い花が魅力
花を楽しみながら樹形をまとめよう

モクレン類

【木蓮】モクレン科モクレン属

花後に枝振りを整える

モクレン類には、赤紫色の花をつけるモクレン(シモクレン)と、白い花をつけるハクモクレンがあります。モクレンは株立ち状で、ハクモクレンは幹が立ち上がって大木になるので、適当な高さで芯を止めて高さを抑える必要があります。

モクレン類の剪定は花後《はなご》にからみ枝や込みすぎている枝、ふところ枝などの不要枝を抜いて枝振りを整えます。このとき、強く切りすぎると切った後の枝が勢いよく伸びて花芽《はなめ》がつかなくなるので、込み合っている細かい枝を抜く程度にとどめましょう。

大きくなりすぎた木を小さくまとめたい場合には、花芽が膨らんで見分けられるようになる11月の半ば以降に、花芽のすぐ上で切り戻します。翌春の花を犠牲にせずに株を小さくまとめられます。

■モクレンの剪定

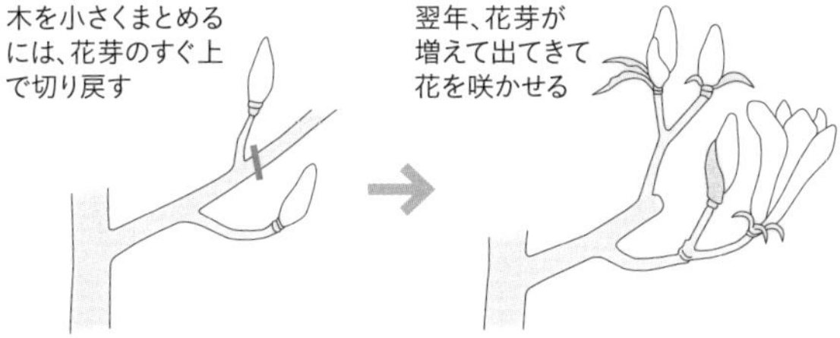

基本データ

- ●樹高:
  自然状態…10〜15m
  庭植目安…6〜10m
- ●枝張り:
  自然状態…8〜12m
  庭植目安…4〜8m
- ●生長速度:やや早い
- ●日当たり:陽樹
- ●乾湿:中庸
- ●大気汚染:弱い
- ●萌芽力:普通
- ●主な病害虫:ウドンコ病
- ●栽培可能地域:
  東北〜沖縄
- ●花色:紫、白
- ●剪定難易度:普通

適用樹種

コブシ、シデコブシ

ワンポイントアドバイス

モクレンは伸びの方向のいいヒコバエを生かして株立ち状に3〜4本立ちに仕立てます。ハクモクレンはコブシを台木として接木してあることが多く、ヒコバエはコブシなのですぐに除きます。これを放っておくと、花が咲かなくなることがあります。

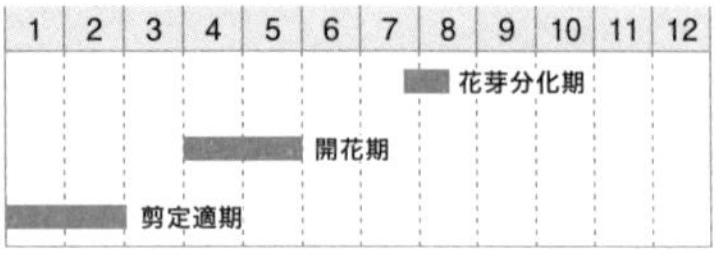

花芽タイプ：2

ハンカチのような苞が特徴
自然樹形で育てて花つきをよく

ハンカチノキ

別名：ハトノキ／ヌマミズキ科ハンカチノキ属

基本データ

- **樹高**：
  自然状態…4〜15m
  庭植目安…3〜7m
- **枝張り**：
  自然状態…3〜10m
  庭植目安…2〜5m
- **生長速度**：普通
- **日当たり**：中庸
- **乾湿**：乾燥に弱い
- **大気汚染**：弱い
- **萌芽力**：普通
- **主な病害虫**：テッポウムシ
- **栽培可能地域**：
  東北〜九州
- **花色**：白
- **剪定難易度**：普通

ワンポイントアドバイス
ハンカチノキは大木になるので、狭い場所には、矮性《わいせい》の「ソノマ」という品種をお勧めします。ソノマは鉢植えが適しており、樹高1mに生長すると花をつけ始めます。

太い枝は切って新しい枝に更新

その名の通り、まるでハンカチのような長さ20㎝、幅5㎝くらいの2枚1組の大きな白い花(苞《ほう》)が枝に点々と開くのが特徴です。

ハサミなどの金属を嫌い、切り口から傷みやすくなるので、なるべく剪定は控えます。自然な樹形に育てて枝数を増やしたほうが、花つきもよくなります。

枝が込んでからみ合ったりして樹形が乱れた場合は、冬場に枝を透かして陽当たりと風通しをよくします。花芽《はなめ》は短い枝にたくさんつくので、長い枝を短く切り詰めてもかまいません。

なお、大木にならないように、太く伸びすぎた枝はつけ根から切って、新しい枝に更新します。太い枝を切った場合は、切り口から雑菌が入らないように殺菌剤を塗っておいたほうがよいでしょう。

■ハンカチノキの剪定

込んでいる部分を中心に、
枝元から間引きながら、
全体的に透かしていく

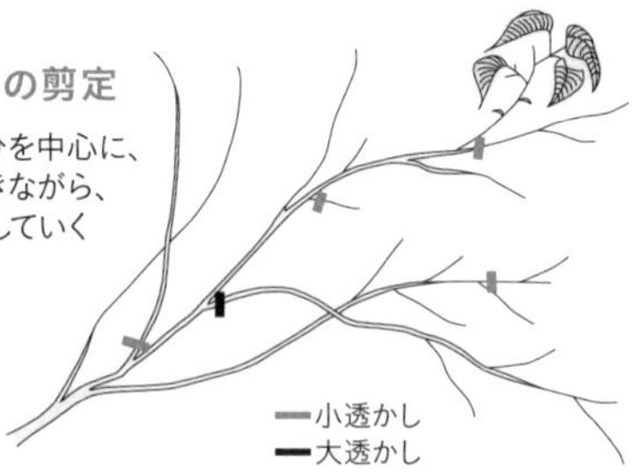

■花芽のつき方と手入れ

翌年の花芽を形成するのは夏。
それ以降の枝先の剪定は
控えたほうが、花を楽しめる

花芽タイプ：分類外

アロマオイルとしても
お馴染み

メラレウカ

別名：ティーツリー／フトモモ科メラレウカ属

つけ根から切って見栄えよく

近年注目されている樹種で、一般にはティーツリーというと分かりやすいと思います。これはハーブとしても利用されるからです。一般に、半枝垂れになるものが植栽されますが、黄金葉や赤葉等のカラーリーフの品種も人気があります。ブラシノキの近似種なのでブラシ状の花をつけるものも。生長の早い品種は1年でかなり伸びるので、枝抜きを中心とした剪定が必要です。立ち枝や込んだ枝、逆向きの枝等をつけ根から剪定し、樹形を整えます。

基本データ

- 樹高：
  自然状態…4〜5m
  庭植目安…3〜4m
- 枝張：
  自然状態…4〜5m
  庭植目安…2〜4m
- 生長速度：早い
- 日当たり：中庸
- 乾湿：乾燥に弱い
- 大気汚染：強い
- 萌芽力：強い
- 主な病害虫：特になし
- 栽培可能地域：
  関東地方南部以南
- 花色：白、ピンク
- 剪定難易度：易しい

ワンポイントアドバイス

乾燥に弱いので注意します。またカラーリーフの品種はやや寒さに弱いので注意します。

■メラレウカの剪定

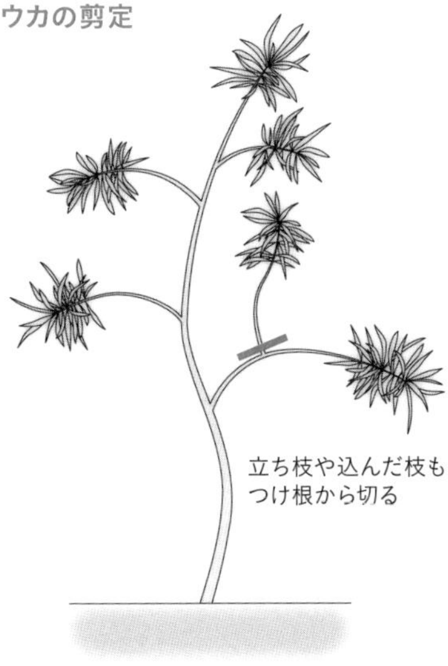

■下がった枝の手入れ

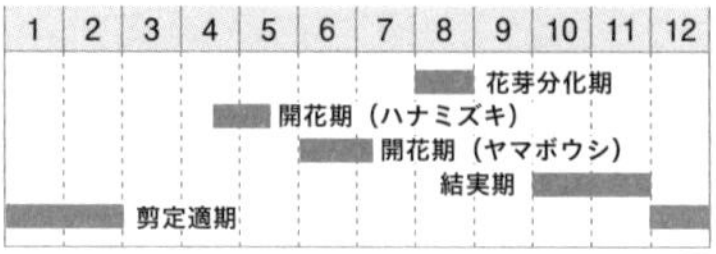

花芽タイプ：2

初夏に咲く白やピンクの花と
秋の紅葉が美しい

ハナミズキ・ヤマボウシ

【花水木・山法師】別名：アメリカヤマボウシ（ハナミズキ）／ミズキ科ミズキ属

基本データ

- **樹高**：
  自然状態…4～10m
  庭植目安…3～6m
- **枝張り**：
  自然状態…3～7m
  庭植目安…1～3m
- **生長速度**：やや遅い
- **日当たり**：陽樹
- **乾湿**：中庸
- **大気汚染**：やや弱い
- **萌芽力**：普通
- **主な病害虫**：ウドンコ病
- **栽培可能地域**：
  東北～沖縄
- **花色**：白、赤、ピンク
- **実色**：赤
- **剪定難易度**：難しい

MEMO ハナミズキとヤマボウシの交配品種は従来種よりもウドンコ病に強く、耐寒性もあり、加えて生長が速く、花つきがよいのが特長。主な品種はステラピンク、コンステレーション、セレスティアル、ルースエレンなど。

ワンポイントアドバイス
両者とも樹高が10m近くにもなるので、芯を止める必要があります。水の吸い上げが盛んな春から夏にかけての剪定は切り口から樹液が吹き出し、枯れる原因となります。強い剪定は樹液の流動がない冬場が適期です。

花芽に注意した剪定を

ハナミズキの花（苞《ほう》）は、幅が広く先端が丸みを帯びてくぼんでいますが、ヤマボウシの花（苞）は幅が狭く先が尖っていて、ハナミズキよりも1か月以上遅く咲きます。しかし性質は似ており、剪定方法もほぼ共通です。

翌年の花芽《はなめ》は8月頃に、その年に伸びた枝の先端にできます。11月を過ぎて落葉が始まれば、花芽は丸みを帯びて葉芽《はめ》と区別できるようになりますので、花芽を残しながら込み合った部分の枝やからみ枝などの不要枝、枯れ枝を枝元から切ります。花芽は枝の先端についていますので、枝の途中で切り戻すことは避けてください。

■ハナミズキの剪定

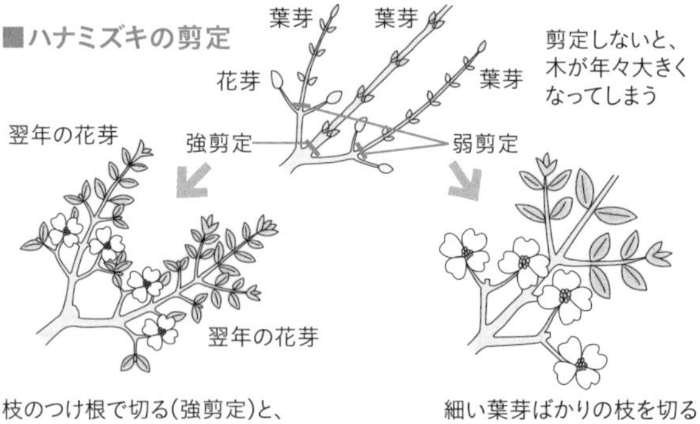

枝のつけ根で切る（強剪定）と、花つきは悪くなるが、翌年の花芽はつく

細い葉芽ばかりの枝を切る（弱剪定）と、花つきはよくなるが、木がいかつくなる

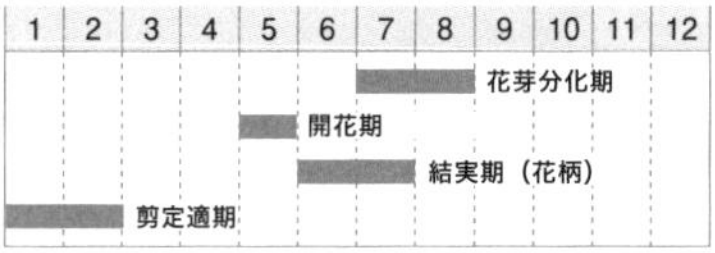

花芽タイプ：3

すっきりした樹形で
煙のような花柄を楽しむ

スモークツリー

別名：ケムリノキ、カスミノキ、ハグマノキ／ウルシ科ハグマノキ属

毎年、冬にしっかり剪定を

毎年５月頃、直径３㎜ほどの小さな薄緑色の花を穂状にたくさん咲かせますが、その魅力を発揮するのは花後《はなご》です。花後に花柄《かへい》が長く伸びて、ふわふわとした羽毛のようになり、これが煙（スモーク）に見えます。ただし、スモークツリーは雌雄異株《しゆういしゅ》で、このスモークが形成されるのは雌株だけです。

スモークツリーは生長が早く、萌芽力があるので、雑然とした木姿になりがちです。毎年、冬期に剪定を行い、枝分かれした部分で、長く伸びた枝を切り、新しい枝に更新して株を若返らせます。さらに、勢いのない細い枝や込み合った枝を透かして、通風と採光をよくします。

■スモークツリーの剪定

枝は間のびしてよく枝分かれするので、枝分かれの部分で不要な枝を取って透かし、通風や採光をよくする

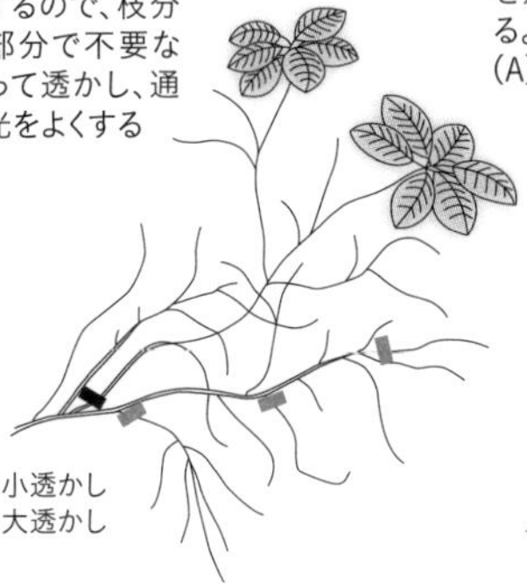

━小透かし
━大透かし

■花芽のつき方と手入れ

花がらを摘む場合は、枝に葉を残して（B）の位置で切り取る。大きくなりすぎた木は、冬に（A）の位置で切り取る

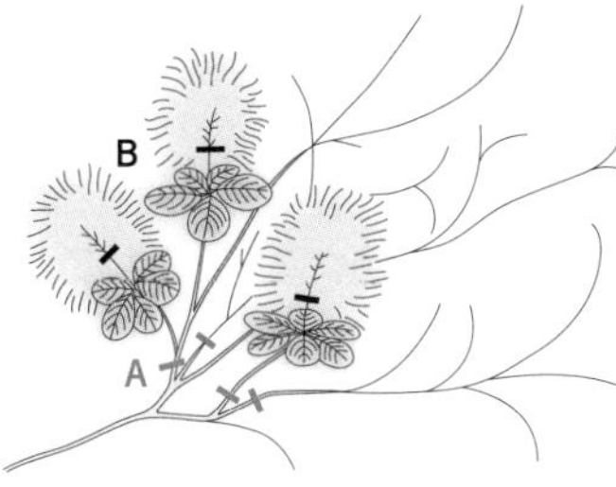

基本データ

- ●**樹高**：
  自然状態…3～5m
  庭植目安…2～4m
- ●**枝張り**：
  自然状態…3～5m
  庭植目安…1～3m
- ●**生長速度**：早い
- ●**日当たり**：陽樹
- ●**乾湿**：やや乾燥を好む
- ●**大気汚染**：やや強い
- ●**萌芽力**：強い
- ●**主な病害虫**：特になし
- ●**栽培可能地域**：
  本州南部の太平洋岸、および九州南部～沖縄
- ●**花色（花柄）**：
  白、ピンク、黄、赤
- ●**剪定難易度**：易しい

ワンポイントアドバイス

スモークツリーの枝の切り口から出てくる樹液は臭いがきつく、またウルシ科ですから、かぶれるおそれもあるので、手や服につかないように注意が必要です。

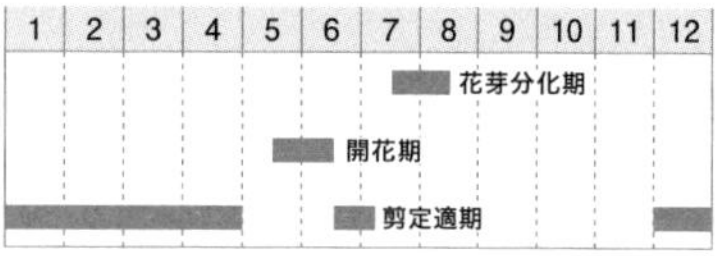

花芽タイプ：1

鮮やかな黄色の花房が楽しめる

キングサリ

【金鎖】別名：キバナフジ／マメ科キングサリ属

基本データ

- **樹高**：
  自然状態…4〜5m
  庭植目安…1〜2m
- **枝張り**：
  自然状態…2〜4m
  庭植目安…0.5〜1m
- **生長速度**：早い
- **日当たり**：陽樹
- **乾湿**：湿気に弱い
- **大気汚染**：普通
- **萌芽力**：強い
- **主な病害虫**：
  アブラムシ、カイガラムシ、テッポウムシ
- **栽培可能地域**：
  北海道〜九州の冷涼地
- **花色**：黄
- **剪定難易度**：普通

MEMO キングサリには花、葉、実に毒性のあるアルカロイドが含まれているので要注意。中国では「毒豆」と呼ばれています。

ある程度生長したら剪定は控える

初夏に長さ20〜30㎝ほどの花穂《かすい》を垂れ下げ、鮮やかな黄色の蝶形花《ちょうけいか》を房状にたくさんつけます。

剪定は木が若いうちは株元から勢いのある枝や、幹の途中から間のびした長い枝が出やすいので、つけ根から切り取ります。ある程度生長したら、日照と通風をはかるために込み合った枝を間引く程度にとどめます。この作業は12〜２月の休眠期に行います。花芽《はなめ》を落とす心配がある場合は、花芽が肉眼で確認できる３〜４月に行うとよいでしょう。

なお次の年の花芽は、７〜８月頃、春に伸びた短い枝に形成されるので、枝先の細かい剪定は花後《はなご》に間をおかずに行いましょう。

■キングサリの剪定

込み合った部分を中心に、枝を軽く間引く。枝分かれした枝元や株のつけ根から切り取る

■花芽のつき方と手入れ

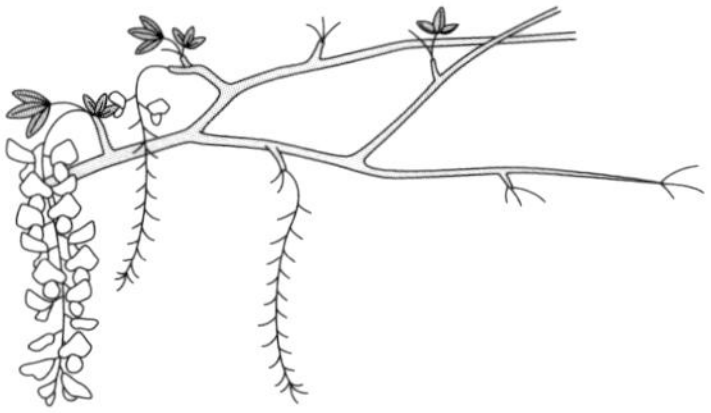

枝先の細かな剪定は開花直後に行う。冬の枝抜き（間引き）のときには、前年に伸びた枝を切りすぎないようにする

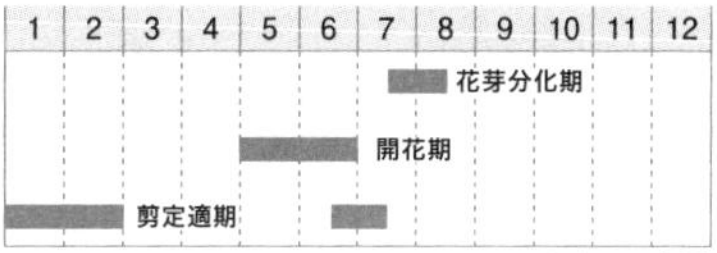

花芽タイプ：1

初夏に咲くブラシのような
花を楽しむ

ブラシノキ

別名：カリステモン、キンポウジュ、ハナマキ／フトモモ科ブラシノキ属

枝の切り戻しは花後すぐに

オーストラリア原産の常緑樹で、5～6月に春から伸びた新梢《しんしょう》の先に、長さ10㎝ほどのブラシのような赤い花をつけます。このブラシのように見える部分は、多数の雄しべが集まったもので、花びらに比べて雄しべが発達している珍しい木です。

基本剪定は冬期に行います。込んでからみ合っている枝や内側に向かって伸びる枝、立ち枝などを落とします。株立ちの場合は、古枝やからんでいる枝を株元から間引いてすっきりとさせます。

また、花後《はなご》には枝の切り戻しを行います。花の咲いた位置からやや下の部分で枝を切り詰めます。真夏には、すでに木の内部で花芽《はなめ》が形成されていますので、以降の剪定は避けます。

■ブラシノキの剪定

込んできた枝をこまめに透かす。必ず枝元から切り取る

■花芽のつき方と手入れ

新梢の先端に、花芽をつける。花芽が充実する8月以降は剪定を控える

基本データ

- **樹高**：
  自然状態…4～6m
  庭植目安…2～3m
- **枝張り**：
  自然状態…3～5m
  庭植目安…1.5～3m
- **生長速度**：遅い
- **日当たり**：陽樹
- **乾湿**：乾燥に強い
- **大気汚染**：普通
- **萌芽力**：普通
- **主な病害虫**：特になし
- **栽培可能地域**：
  本州南部～沖縄
- **花色**：赤、ピンク、白、黄
- **剪定難易度**：易しい

ワンポイントアドバイス

ブラシノキは花後、枝がさらに伸び、多数の虫の卵のような果実(朔果《さくか》)が枝を取り巻き、種子が熟すまで2～3年枝に残ります。この果実を放置すると樹勢を衰えさせるので、早めに除きます。

花芽タイプ：6

四季咲きで、
2番花、3番花も楽しめる

キョウチクトウ

【夾竹桃】キョウチクトウ科キョウチクトウ属

基本データ

- **樹高**：
  自然状態…2.5〜3.5m
  庭植目安…2〜3m
- **枝張**：
  自然状態…2〜3m
  庭植目安…1.5〜2m
- **生長速度**：早い
- **日当たり**：陽樹
- **乾湿**：乾燥に耐える
- **大気汚染**：強い
- **萌芽力**：強い
- **主な病害虫**：特になし
- **栽培可能地域**：
  東北南部以南
- **花色**：ピンク、白、赤、黄
- **剪定難易度**：易しい

MEMO 耐潮性、耐乾性、耐暑性を持ちます。また、夏にきれいな花を咲かせる樹木は少ないので、その点でも貴重な花木といえます。

つけ根から切って、陽当たりをよく

大気汚染に強く、古くから街路樹や高速道路の緑化に使われてきました。かつては、キョウチクトウの花の色といえばピンクと白でしたが、近年は赤、黄など花色が豊富になり、八重咲や葉に斑が入る品種も出てきました。自然樹形ではヒコバエが多数出て、株立ち状になりやすいので、地際から間引いて樹形を整えるとよいでしょう。単幹立ちでも使用されています。強剪定に耐えますが、枝や幹を剪定する時は、必ず葉を残して行います。葉のない所で剪定すると樹勢を弱らせることになるので注意します。

■キョウチクトウの剪定

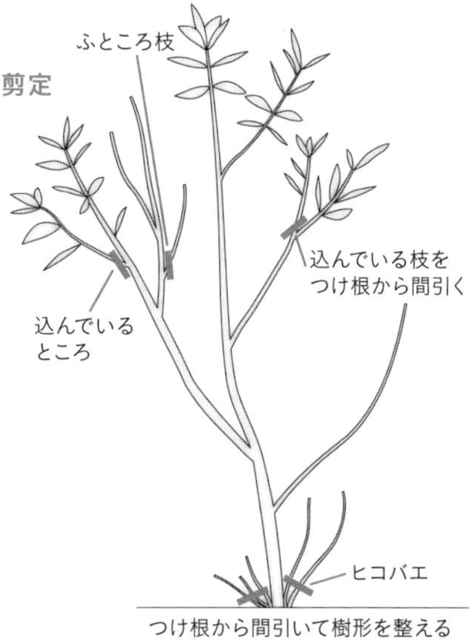

つけ根から間引いて樹形を整える

■キョウチクトウの仕立て直し

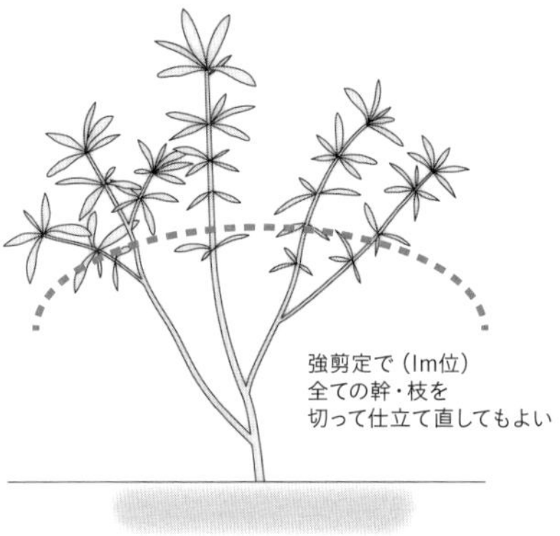

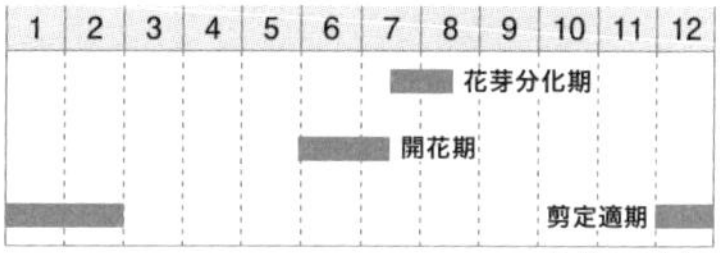

花芽タイプ：6

自然な木姿で花を楽しむ
落葉性のツバキ

ナツツバキ・ヒメシャラ

【夏椿・姫沙羅】別名：ナツツバキ：シャラノキ／ヒメシャラ：ヤマチシャ／ツバキ科ナツツバキ属

前年生枝はなるべく残す

ナツツバキは6～7月中旬にかけて白い花をつける、ツバキ科には珍しい落葉樹です。新緑の美しさ、夏の白い花、秋の紅葉、冬はしなやかな枝振りが好まれていますが、それ以上に人気があるのが同属のヒメシャラです。花も葉もナツツバキよりも小型ですが、幹の色がより明るく鮮やかで、枝振りが繊細です。

どちらも自然に姿が整うので、落葉期に徒《と》長枝《ちょうし》や込みすぎた枝を間引く程度でいいでしょう。

ただし、前年に出た充実した枝から伸びた新梢《しんしょう》の葉腋《ようえき》に花芽《はなめ》がつくので、なるべく前年生枝は残すようにします。また、うっかり下枝を切ってしまうと、生長とともに花の位置が高くなり不格好になってしまうので注意が必要です。

基本データ

- **樹高**：
  自然状態…6～15m
  庭植目安…3～5m
- **枝張り**：
  自然状態…3～7m
  庭植目安…1～2m
- **生長速度**：早い
- **日当たり**：中庸
- **乾湿**：乾燥に弱い
- **大気汚染**：弱い
- **萌芽力**：やや弱い
- **主な病害虫**：
  チャドクガ、カイガラムシ
- **栽培可能地域**：
  東北～沖縄
- **花色（花柄）**：白
- **剪定難易度**：普通

ワンポイントアドバイス

ナツツバキもヒメシャラも生長が早い木なので、あまり大きくしたくない場合には、若木のうちに頂部を切って2番枝あるいは3番枝に切り替えます。生長して幹がある程度の太さになってから切ると、その部分から枯れてしまうことがあります。

■ナツツバキの剪定

冬

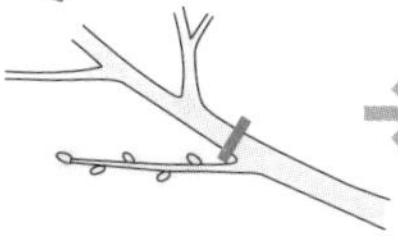

落葉期に徒長枝や込みすぎた枝を間引く。必ず枝元で切る

春

芽吹きがいいので、新しい枝が何本か出てくる

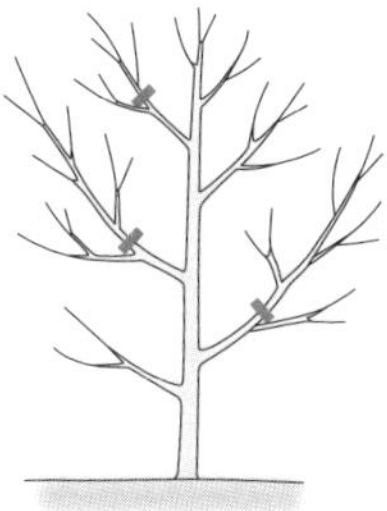

樹形が逆三角形にならないように、長く伸びた枝を切って整える

花芽タイプ: 6

つるつるした樹皮が特徴で
長い期間、花を咲かせる

サルスベリ

【百日紅】別名：ヒャクジッコウ／ミソハギ科サルスベリ属

基本データ

- **樹高**:
  自然状態…3〜8m
  庭植目安…1〜6m
- **枝張り**:
  自然状態…3〜8m
  庭植目安…2〜5m
- **生長速度**:やや早い
- **日当たり**:陽樹
- **乾湿**:乾燥を好む
- **大気汚染**:普通
- **萌芽力**:強い
- **主な病害虫**:
  ウドンコ病、スス病、アブラムシ、カイガラムシ
- **栽培可能地域**:
  東北南部〜沖縄
- **花色**:
  濃いピンク、白、赤、紫
- **剪定難易度**:普通

花つきは剪定方法で違いがでる

サルスベリは漢字で「百日紅」と書くように、夏の花の少ない時期から秋まで100日ほども長く花を咲かせます。褐色の樹皮が一部はがれるような、つるつるとした幹肌が現れることが、名の由来です。

花後剪定は樹形を乱す

花木は花の終わった直後に剪定するのが原則ですが、サルスベリは例外で、花後《はなご》に急いで剪定すると、切り口から土用《どよう》枝が発生して、ものすごい勢いで伸びてしまいます。花後は花がらを除く程度にとどめ、本格的な剪定は冬の落葉期に行います。サルスベリは春から伸びた枝先に花芽《はなめ》をつけ夏に開花するので、落葉期には花芽を気にすることなく剪定することができます。

■サルスベリの剪定

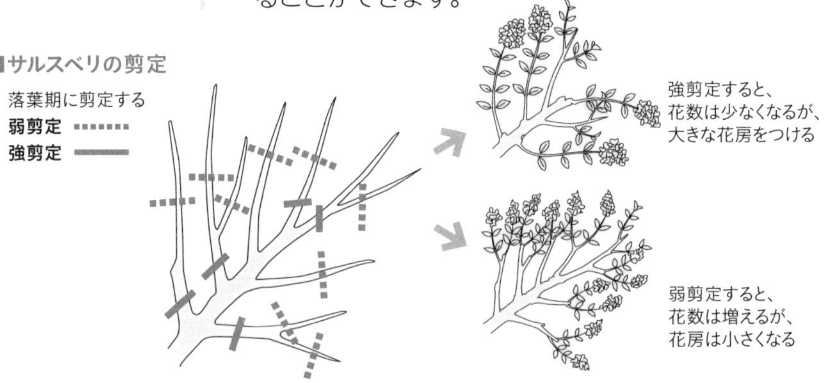

大きな花か、多くの花か

サルスベリは剪定の強弱で花のつき方が異なってきます。花数は少なく大きな花を咲かせたいときは強剪定、花は小さくなるもののたくさん咲かせたいときは弱剪定を行います。

強剪定は、今年伸びた枝を枝元に２～３芽残して深く切り戻します。枝元からだいたい10㎝の位置です。切った部分から強い枝が出て大きな花をつけます。前年に伸びた枝でも、勢いのあるものを２～３本ほど残して、ほかは元から切ります。

弱剪定は、残すほうの枝の４分の３から３分の２くらいを残すように軽く枝先を切り戻します。花芽がつく枝が多く伸びるので、花はたくさん咲きますが、個々の花房は小さくなります。

コブをつくらない

毎年同じ位置で切っていると、切り口の部分が膨らんでコブのような状態になってしまいます。

コブをつくらないためには、前年切った位置よりも少し下の枝がある上で切るようにします。また、コブが大きくなってしまった場合には、コブを傷つけないようにコブのすぐ上で切ってください。コブを切り取ってしまうと、切った先から腐《ふ》朽《きゅう》菌《きん》が入り、腐る原因になります。

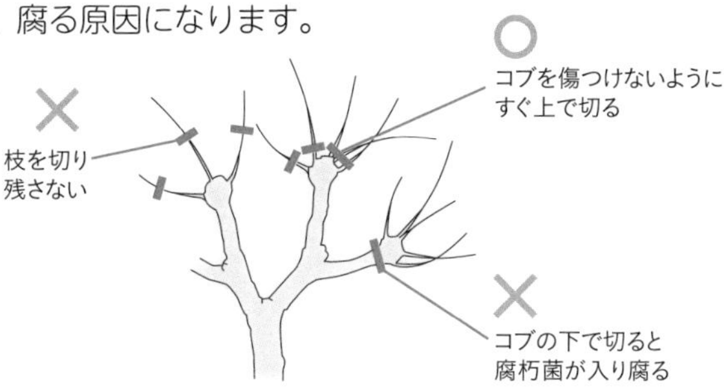

MEMO サルスベリの仲間はアジア、オーストラリアにおよそ30種が分布します。主な種類として以下のものがあげられます。

■シマサルスベリ
タイワンサルスベリとも呼ばれ、樹皮は白色で花色は白。

■ヤクシマサルスベリ
アカハダサルスベリとも呼ばれ、樹皮は赤褐色で花は白色。ウドンコ病の耐性を持ちます。

■オオバナサルスベリ
ジャワザクラとも呼ばれ、紅紫もしくは白の直径7cm前後の大きな花を咲かせます。

■ムラサキサルスベリ
サルスベリとシマサルスベリの交雑種といわれ、花色は淡い紫色か鈍い白。

■その他（園芸品種）
園芸品種には、ウドンコ病に耐性のある品種として赤花の「タスカローラ」や白花の「ナチェス」、矮性《わいせい》種の「パープル・クイーン」や「サマー＆サマー」、種子をまくと1年以内に開花する超矮性種の「アスカ」や「チカソー」、また枝《し》垂《だれ》性の「風花火」など、さまざまなものがつくられています。

花芽タイプ：6

自然樹形を生かしながら
夏に淡紅の糸状の花を楽しむ

ネムノキ

【合歓木】別名：ネブノキ／マメ科ネムノキ属

基本データ

- **樹高**：
  自然状態…4〜8m
  庭植目安…2〜5m
- **枝張り**：
  自然状態…4〜8m
  庭植目安…2〜5m
- **生長速度**：やや早い
- **日当たり**：陽樹
- **乾湿**：中庸
- **大気汚染**：弱い
- **萌芽力**：弱い
- **主な病害虫**：
  スス病、カイガラムシ
- **栽培可能地域**：
  東北〜沖縄
- **花色**：淡紅色
- **剪定難易度**：易しい

MEMO ネムノキの園芸品種には、花つきがよく、若いうちから花を咲かせる矮性《わいせい》種「一才ネム」、白い花を咲かせる「シロバナネム」、初夏に葉が深い赤紫色になる「サマーチョコレート」、枝垂《しだれ》性の「シダレネムノキ」などの品種があります。

萌芽力が弱く、強剪定を嫌う

朝開いた葉が夕刻になるとピタリと閉じて眠ったようになることが名の由来です。夏に、淡紅色の刷《は》毛《け》を散らしたかのような花房を枝先につけますが、これは糸状に長く伸びた雄しべの集まりです。

剪定は２〜３月に行い、新芽が出る前には終わらせるようにします。萌芽力が弱く、強い剪定を嫌いますので、徒長枝《とちょうし》や込み合った部分の細かい枝を切る程度にとどめます。枝を切る場合は枝の途中から切らずに、必ずつけ根の部分から切り、太めの枝を切った場合は、切り口から雑菌が入らないように殺菌剤を塗って保護します。

花芽《はなめ》は前年生枝の先端にでき、そのまま夏に開花するので、枝先は不用意に切らないようにします。

■ネムノキの剪定

枝は必ずつけ根で切る
枝の途中で切らないこと

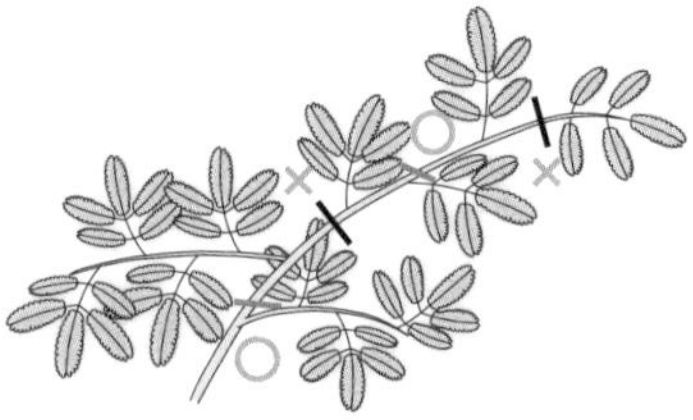

■ネムノキの樹形

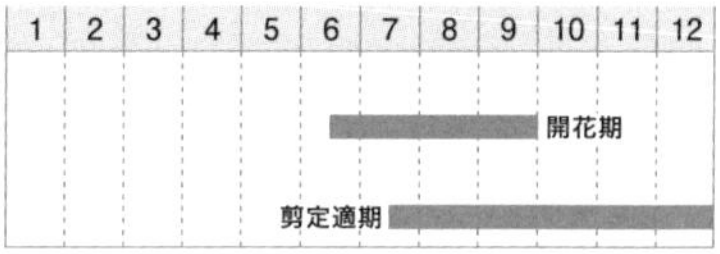

花芽タイプ：6

花や葉が
スパイシーに香る

セイヨウニンジンボク

【西洋人参木】シソ科ハマゴウ属

葉が落ちた後の剪定は控えめに

チョウセンニンジンに似た切れ込みのある葉が涼しげで、独特の芳香があります。花の色は基本種が青で、白やピンクもあります。ハーブとしても利用されます。枝が四方八方に伸びるので、枝抜きや切り戻しをして樹形を整えます。花が終わった直後の剪定は、次の年の花芽がよくつくのでかなり深く剪定しても大丈夫。落葉後の剪定は伸びすぎた枝や込んでいる枝だけに留めます。

■セイヨウニンジンボクの剪定

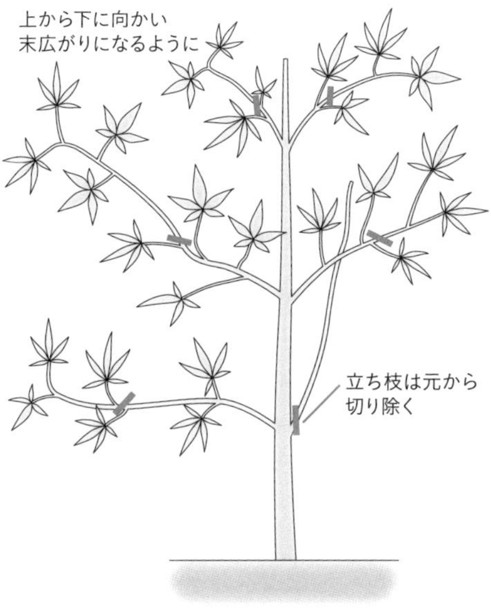

基本データ

- ●樹高：
  自然状態…6～8m
  庭植目安…3～4m
- ●枝張：
  自然状態…4～5m
  庭植目安…3～4m
- ●生長速度：早い
- ●日当たり：陽樹
- ●乾湿：中庸
- ●大気汚染：中庸
- ●萌芽力：強い
- ●主な病害虫：特になし
- ●栽培可能地域：
  東北地方以南
- ●花色：青、白、ピンク
- ●剪定難易度：普通

ワンポイントアドバイス

葉のやや広いニンジンボクも同様の剪定を行います。

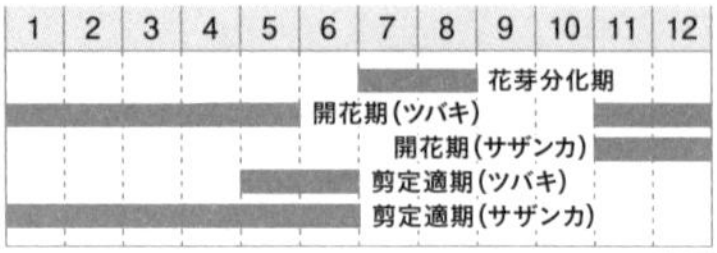

花芽タイプ:2

多くの品種が流通している
日本を代表する花木

ツバキ・サザンカ

【椿・山茶花】ツバキ科ツバキ属

基本データ

- **樹高**:
  自然状態…2～10m
  庭植目安…1.5～3m
- **枝張り**:
  自然状態…2～6m
  庭植目安…0.5～3m
- **生長速度**:遅い
- **日当たり**:陰樹
- **乾湿**:乾燥を嫌う
- **大気汚染**:強い
- **萌芽力**:強い
- **主な病害虫**:
  モチ病、花腐病、チャドクガ、カイガラムシ
- **栽培可能地域**:
  東北～沖縄
- **花色(花柄)**:
  赤、ピンク、白、黄
- **剪定難易度**:普通

ワンポイントアドバイス

ツバキ、サザンカにつく害虫でやっかいなのがチャドクガの幼虫で、5月と8月後半に発生し葉を食べつくします。幼虫の毛には毒があり、触ると皮膚がかぶれて激しいかゆみに襲われます。最近では、幼虫を固着させて動けなくする噴霧剤も販売されています。これは殺虫成分を含まないので、農薬には当たらず安全に使用できます。

刈り込みは花が咲いているうちに

ツバキとサザンカは、冬の庭に彩りを添える、数少ない花木として古くから親しまれてきました。

ツバキもサザンカも萌芽力が強いので、刈り込みにより生垣や円筒形に仕立てることができます。両者とも、7～8月ごろにその年に伸びた新枝の先端に花芽《はなめ》がつくので、刈り込みは花後《はなご》に行い、遅くとも6月中には済ませます。

自然樹形で楽しむ場合も、剪定して木姿を整え、樹冠内部に通風と採光を確保します。枝元に4～5葉残して切り戻すことを基本として、勢いのある枝は強く、勢いのない枝は弱く切るというように、全体の姿をみて、強弱をうまくつけることが大切です。

■ツバキ・サザンカの剪定

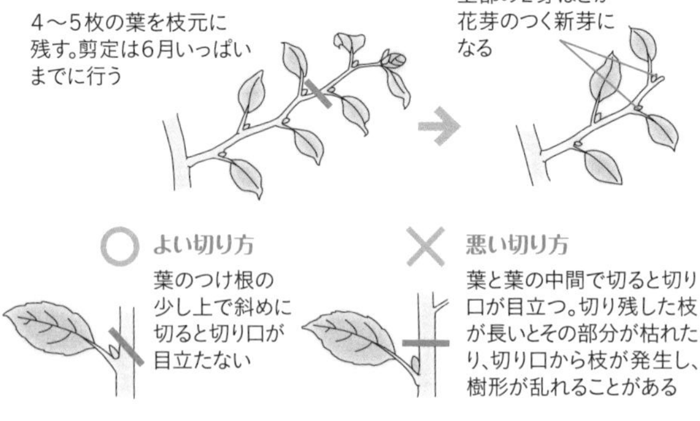

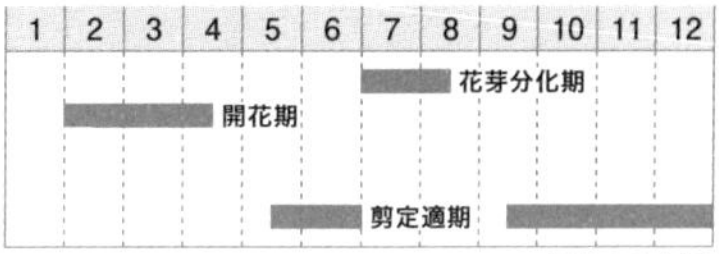

花芽タイプ：1

剪定のタイミングを間違えると
花がつかないので気をつけて

ロドレイア

別名：シャクナゲモドキ／マンサク科ロドレイア属

内部まで光が届くように

常緑の花木として人気が出ています。和名はシャクナゲモドキ。2月から4月上旬に赤い花をつけます。矮性でピンク色の花をつける品種もあります。日本には、当初、耐寒性があまりない品種‘チャピオニー’が導入されましたが、現在では耐寒性の強い品種‘ヘンリー’が多く植えられています。葉の表は濃い緑色ですが、葉の裏が白く、その対比も美しく目立ちます。大きくなるので剪定が必要です。

初夏の剪定では込み合っている枝の枝抜きを中心に行い、枝を切り詰めて短くします。秋の剪定では蕾が簡単に識別できるので、蕾を残しながら剪定します。

■ロドレイアの剪定

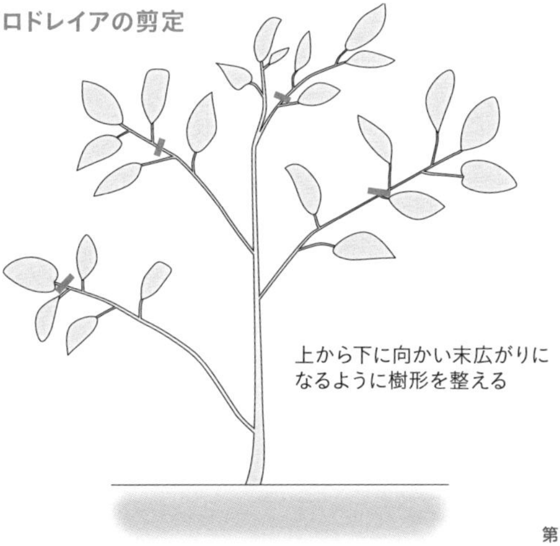

基本データ

- 樹高：
  自然状態…8～10m
  庭植目安…4～5m
- 枝張：
  自然状態…4～5m
  庭植目安…2.5～4m
- 生長速度：中庸
- 日当たり：中庸
- 乾湿：中庸
- 大気汚染：中庸
- 萌芽力：中庸
- 主な病害虫：特になし
- 栽培可能地域：
  関東地方南部以南
- 花色：赤、ピンク
- 剪定難易度：普通

MEMO 数少ない常緑の花木のひとつです。独特の濃い赤花が特徴で目立ちます。

コラム・4

花の香りを楽しむ芳香樹の剪定

春先のジンチョウゲ、初夏のクチナシ、秋のキンモクセイは日本の三大香木といわれ、それぞれの季節の香りの風物詩ともいえましょう。

数年に１回の剪定で株をコンパクトに

ジンチョウゲ、クチナシ、キンモクセイはどれも常緑樹で、それぞれ自然と樹形が整うので、とりたてて剪定の必要はありません。ただし、大きくなりすぎないようにする必要があるので、数年に１回は剪定をして樹形を整えることをお勧めします。特に、ジンチョウゲは根が細く、株が大きくなりすぎると倒れてしまうこともあるので、常に小さめにまとめておきましょう。また、クチナシは枝が古くなるほど剪定後の萌芽が弱くなりますので、剪定するほど花芽《はなめ》のつきも悪くなります。

刈り込みで整然とした樹形に

ジンチョウゲ、クチナシ、キンモクセイは萌芽力が強いので刈り込みで仕立てられます。ただし、深く刈り込みすぎると花つきが悪くなるので、全体を浅く刈り込んで樹冠面を整えるようにしてください。

剪定適期はそれぞれの花後《はなご》がベストです。花芽がつくられたり、花芽のつく枝が伸びてから後に刈り込むと、花芽を落として開花が見られなくなってしまいます。花後以外は樹冠から飛び出た徒長枝《とちょうし》をつけ根から切る程度にとどめます。

ジンチョウゲ

球状についた紅紫色の蕾から白色の花が咲き、甘い香りを漂わせる

クチナシ

甘い香りの純白の花が枝先の葉のわきに1つずつ咲く（イラストは園芸品種のオオヤエクチナシ）

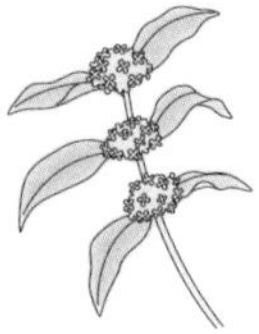

キンモクセイ

オレンジ色の花を咲かせ、モクセイの仲間の中ではもっとも香りが強い

カラタネオガタマ

黄白色の花が開き、バナナのような香りを放つ（英名はバナナツリー）

キンモクセイは暖かい地方では花後の刈り込みで問題ないのですが、寒い地方では葉の少ない状態で冬を越すことになりますので、春の萌芽前に刈り込むか多少の枝抜きを行います。

人気上昇中のカラタネオガタマ

もう一つ、最近人気の出てきている芳香樹のカラタネオガタマを紹介します。

カラタネオガタマは４～５月頃に黄白色の花を咲かせ、バナナに似た甘くて強い芳香が辺り一面に広がります。剪定は花後すぐ行います。樹形が乱れにくいので、徒長枝や枯れ枝を抜き、込み合っている部分を多少透かす程度で十分です。常緑樹で刈り込みも可能ですから、花の咲く生垣としても利用できます。

■キンモクセイの剪定

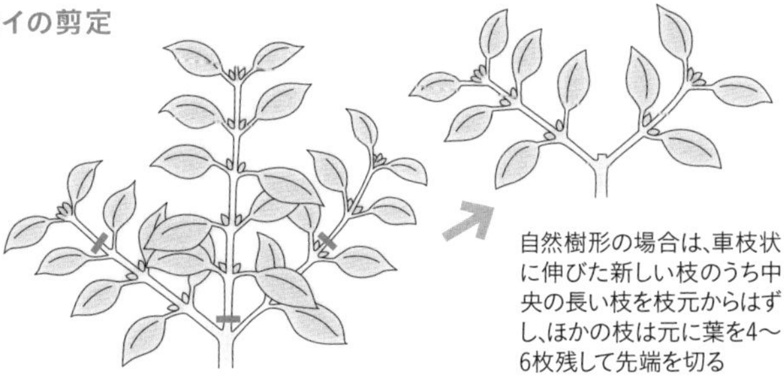

自然樹形の場合は、車枝状に伸びた新しい枝のうち中央の長い枝を枝元からはずし、ほかの枝は元に葉を4～6枚残して先端を切る

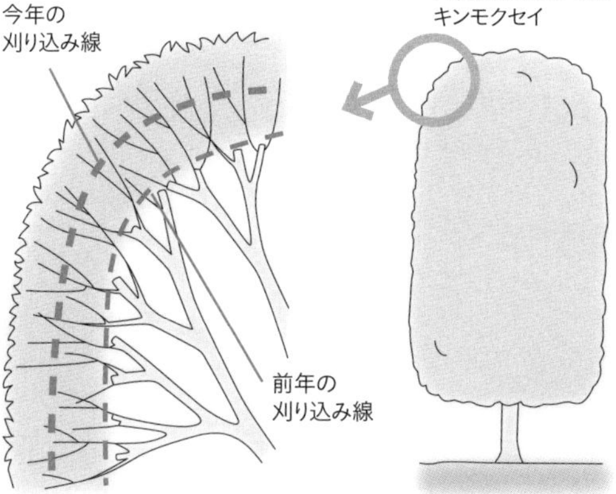

刈り込みで円筒形に仕立てる場合は、必ず前年の刈り込み線の外側を刈るようにする。花芽は新枝から伸びた枝につく

ジンチョウゲ【沈丁花】
ジンチョウゲ科
ジンチョウゲ属
花芽タイプ：[2]

クチナシ【梔子】
アカネ科クチナシ属
花芽タイプ：[2]

キンモクセイ【金木犀】
モクセイ科モクセイ属
花芽タイプ：[1]

カラタネオガタマ
【唐種招霊】
モクレン科モクレン属
花芽タイプ：[1]

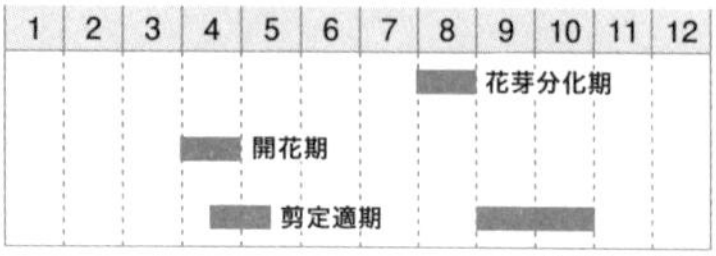

花芽タイプ：1

白い小花が鈴なりに咲き
万葉の趣をいまに残す庭木

アセビ

【馬酔木】別名：アセボ、アシビ／ツツジ科アセビ属

基本データ

- **樹高**：
  自然状態…1.5〜5m
  庭植目安…1〜3m
- **枝張り**：
  自然状態…1〜3m
  庭植目安…0.7〜2m
- **生長速度**：やや遅い
- **日当たり**：陰樹
- **乾湿**：乾燥に弱い
- **大気汚染**：強い
- **萌芽力**：普通
- **主な病害虫**：
  テッポウムシ、ハマキムシ、グンバイムシ
- **栽培可能地域**：
  東北南部〜沖縄
- **花色**：白、紅、ピンク
- **剪定難易度**：普通

MEMO アセビを「馬酔木」と書くのは、アセボトキシンという有毒成分をもち、馬が食べると神経が麻痺したような状態になるところに由来します。葉を煎じると殺虫剤になります。

自然の趣を大切にした剪定を

アセビは春、鈴なりの白い小花が咲きます。特にアカバナアセビ（花色はピンク）は人気が高く、市場にも多く出回っています。

アセビは株立ち状の自然の趣を大切にする木なので、あまり切り詰めて樹形を壊してはいけません。内部の枝がからんで不格好に見えるときに、車枝《くるまえだ》状に伸びている枝を１～２本つけ根から間引き、目につく徒長枝《とちょうし》があれば枝元から切る程度が適当です。

アセビは前年に新しい枝の頂部から花穂《かすい》を伸ばし、４月頃に花をつけます。毎年、確実に花を咲かせようと思ったら、花後《はなご》できるだけ早く花穂を切り取ること。そのままにして結実させると木が疲れ、翌年の花つきが悪くなります。

■アセビの手入れ

花後はできるだけ早く花穂を取り除く。そのままにしておくと、結実して木を疲れさせてしまう

不要な枝は花穂のついた枝ごと切り落とす

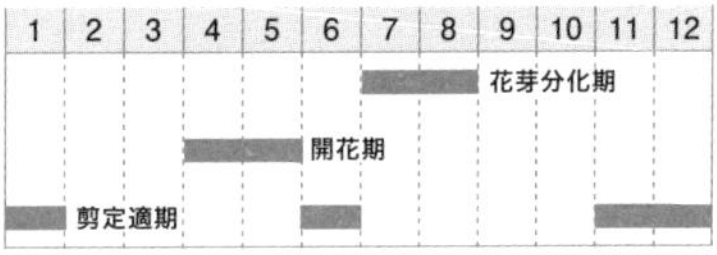

花芽タイプ：3

しなやかな樹形で
山吹色の花を楽しむ

ヤマブキ

【山吹】別名：オモカゲグサ／バラ科ヤマブキ属

花数が少なくなったら株を更新

4～5月に鮮やかな黄色の、いわゆる山吹色の花を、しなやかな枝いっぱいに咲かせます。最もポピュラーなのが八重咲きのヤエヤマブキで、斑入《ふい》りの品種や花が薄いクリーム色でやや小型のシロバナヤマブキといった品種もあります。

剪定適期は枝振りがよく見える落葉期で、まず、4～5年生の白っぽくなった古枝を地際から間引いて更新をはかります。同時に徒長枝《とちょうし》や込んでいる枝、枯れ枝も枝元から切り取ります。

花数が少なくなった場合は、株が古くなっていると考えられるので、花後《はなご》に地際から10㎝くらいの高さで株全体を刈り取って更新します。ヤマブキは地下茎を伸ばしてふえるので、間もなく新しい枝が伸びて若々しい株になります。

■ヤマブキの花のつき方

■ヤマブキの剪定　落葉期に行う

基本データ

- ●**樹高**：
  自然状態…1～2m
  庭植目安…1～1.5m
- ●**枝張り**：
  自然状態…1～2m
  庭植目安…1～1.5m
- ●**生長速度**：早い
- ●**日当たり**：中庸
- ●**乾湿**：乾燥を嫌う
- ●**大気汚染**：普通
- ●**萌芽力**：強い
- ●**主な病害虫**：特になし
- ●**栽培可能地域**：
  ほぼ全国
- ●**花色**：黄、白
- ●**剪定難易度**：普通

MEMO 似た花としてシロヤマブキがあります。属が違い葉が対生で、花弁が4枚、黒くて光沢のある実を1花につき4個つけます。シロバナヤマブキとは別種です。

ワンポイントアドバイス

ヤマブキは萌芽力があり、刈り込みにも耐えますが、あまり直線的に整然と刈り込むと、ヤマブキ独特のしなやかな趣が失われますので、注意が必要です。

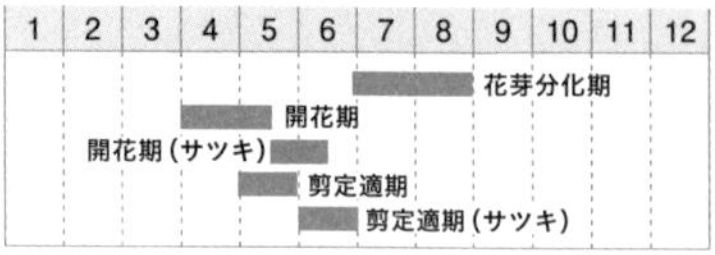

花芽タイプ：2

春を彩る花木の代表
園芸品種も多く作られている

ツツジ類

【躑躅】ツツジ科ツツジ属

基本データ

- **樹高**：
  自然状態…0.5〜3m
  庭植目安…0.3〜2.5m
- **枝張り**：
  自然状態…0.5〜3m
  庭植目安…0.3〜2.5m
- **生長速度**：やや早い
- **日当たり**：陽樹
- **乾湿**：乾燥に弱い
- **大気汚染**：強い
- **萌芽力**：強い
- **主な病害虫**：
  褐斑病、ツツジグンバイムシ、アブラムシ、ハダニ
- **栽培可能地域**：
  ほぼ全国
- **花色**：
  赤、紅、ピンク、紫、白、黄
- **剪定難易度**：易しい

適用樹種 常緑性として、オオムラサキ、サツキ、クルメツツジ、キリシマツツジ、ヒラドツツジ、ヤマツツジなど。落葉性として、ミツバツツジ、レンゲツツジなど

ワンポイントアドバイス

ツツジ類は根が浅く、地表面の水分だけで生きているので、非常に乾燥に弱く、夏の日照りが強いときや、秋や冬でも乾燥が続くようであれば水やりが必須です。

花後すぐに剪定するのがコツ

ツツジ類は、日本では古くから交配により多くの園芸品種が生まれました。

常緑性のツツジ類は、枝数が多く萌芽力も強いので、刈り込みで整えるのが一般的です。落葉性のツツジ類は枝数が少ないので、木姿をみて枝透かしや切り詰めを行います。剪定適期は花後《はなご》すぐがベストです。花が終わりかけの頃に新芽が出て、夏に伸びた新芽の先に翌年の花芽《はなめ》ができるからです。

姿かたちや大きさを一定に保つには、前年と同じくらいのラインで刈り込みます。刈り込んだ後に勢いのよい土用芽《どようめ》が出てきたら、伸びすぎないうちに刈り込み線のやや内側を、木バサミで切り戻します。

■ツツジ類の刈り込み

- 刈り込む前に飛び出している徒長枝を枝元から切り取る
- 株の大きさを変えたくないときは、新しい枝のつけ根Bで刈り込む
- 株を大きくしたいときは、Aの部分で弱く刈り込む
- 株を小さくしたいときは、Cの部分で強く刈り込む

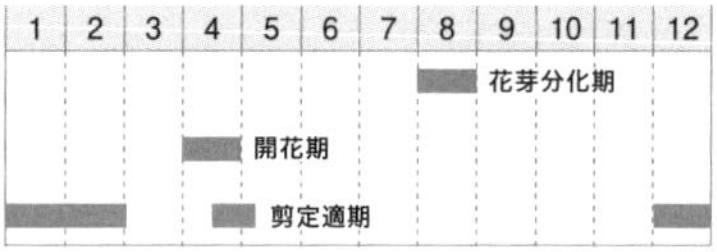

花芽タイプ: 2

刈り込んで仕立てて
春の白花と秋の紅葉を楽しむ

ドウダンツツジ

【灯台躑躅・満天星】別名：ドウダン／ツツジ科ドウダンツツジ属

刈り込み後に枝元を間引く

ドウダンツツジは落葉性のツツジで、春にスズランのような白い小さな釣鐘《つりがね》状の花をつけます。

枝が密に出て萌芽力が強いので、刈り込みで丸く仕立てることができます。翌年の花芽《はなめ》は、夏にその年の春から伸びた枝先につきますので、7月頃までに刈り込めば花芽を落とすことはありません。ただし、6月を過ぎて伸びた新芽は、充実できずに美しく紅葉しません。秋の紅葉を楽しみたいのであれば、花後《はなご》すぐに刈り込まなくてはなりません。

刈り込んだ後、切り口から車枝《くるまえだ》状の新枝が発生するので、秋以降に樹形が乱れたら、内向きの枝や勢いのある車枝状の中心の枝を枝元から間引きます。

基本データ

- **樹高**：
  自然状態…2～4m
  庭植目安…0.5～1.5m
- **枝張り**：
  自然状態…1～2m
  庭植目安…0.3～1m
- **生長速度**：やや遅い
- **日当たり**：陽樹
- **乾湿**：乾燥に弱い
- **大気汚染**：普通
- **萌芽力**：強い
- **主な病害虫**：特になし
- **栽培可能地域**：
  東北～沖縄
- **花色**：白
- **剪定難易度**：易しい

MEMO ドウダンツツジの仲間で、釣鐘状のピンクの花をつけるサラサドウダンは、枝葉が粗く野趣味があるので、刈り込みせずに自然樹形で仕立てて持ち味を生かします。

■ドウダンツツジの剪定

車枝の中心の枝を切る。また、ある程度太い枝を元から間引き、自然な枝の線をみせるようにする

■花芽のつき方と手入れ

花芽は今年出た枝の先端につき、それが来年開花する。夏には花芽ができるので、以後の強い刈り込みは避ける

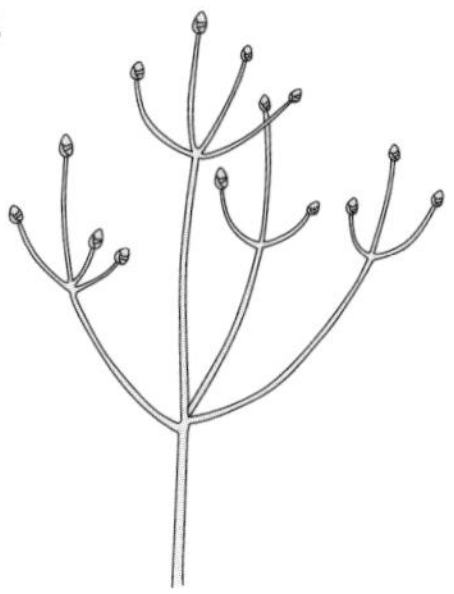

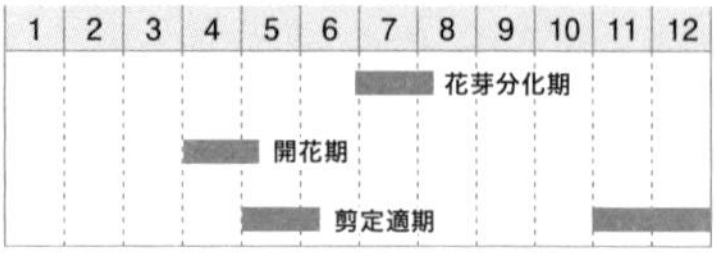

花芽タイプ：4

短い枝を増やして
サクラに似た美しい花を咲かせる

ハナカイドウ

【花海棠】別名：カイドウ、スイシカイドウ／バラ科リンゴ属

花数を保つため枝元から切らない

ハナカイドウは春にサクラに似た美しい花をつけるので人気が高いのですが、立ち枝や逆さ枝、ヒコバエなどが多く発生して、すぐに樹形が乱れるのが欠点です。特に梅雨に入る頃が要注意です。

夏にその年に伸びた短枝《たんし》に花芽《はなめ》をつけますが、長すぎる枝には花芽がつかないので、剪定を行わないと株が大きくなるばかりで花がつきません。

剪定適期は葉を落とした11〜12月。長く伸びた枝は半分から３分の１、短い枝は枝元に３〜４芽残す程度に切り戻します。残した芽から翌年に短枝が伸びて花芽を形成し、翌々年の春に花が咲きます。

この剪定では樹形を乱す枝をはずす以外は、枝元から切らないこと。極端に花数が少なくなります。

■ハナカイドウの剪定

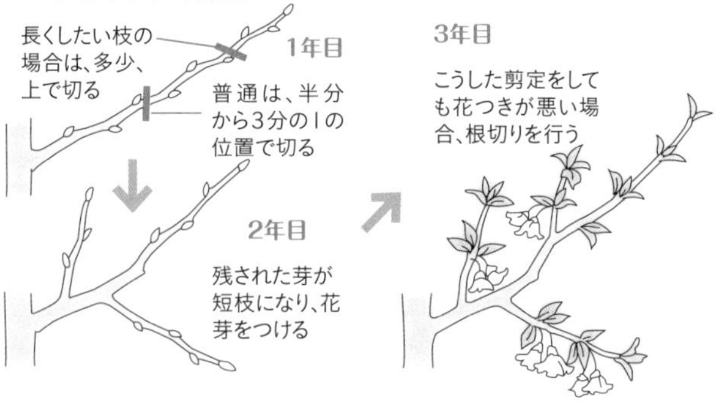

基本データ

- **樹高**：
  自然状態…2〜6m
  庭植目安…1〜3m
- **枝張り**：
  自然状態…2〜6m
  庭植目安…1〜3m
- **生長速度**：やや早い
- **日当たり**：陽樹
- **乾湿**：湿気に弱い
- **大気汚染**：弱い
- **萌芽力**：強い
- **主な病害虫**：
  赤星病、アブラムシ、カイガラムシ、テッポウムシ
- **栽培可能地域**：
  東北〜沖縄
- **花色**：ピンク
- **剪定難易度**：普通

MEMO 園芸品種に八重咲きのヤエカイドウ、枝垂咲きのシダレカイドウなどがあります。対して、近い仲間にミカイドウがあり、江戸時代にはこちらをカイドウと呼んでいました。花後に1.5cm前後のリンゴのような果実をつけ、観賞はもとより食用にもなります。ハナカイドウは下向きに花が咲くのに対して、ミカイドウは上向きに咲きます。

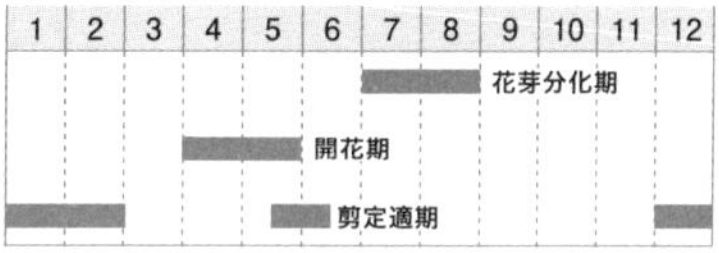

花芽タイプ：2

過度な剪定は避けて
北国の花木を楽しむ

ライラック

別名：ムラサキハシドイ、リラ／モクセイ科ハシドイ属

花芽に注意して不要枝を間引く

ライラックは寒冷地向きの花木で、初夏の北海道を彩る花として有名で、芳香のある紫色の花を枝の先端に房状につけます。近年では本州、四国、九州でも楽しめる品種が改良されています。

ライラックの剪定は花後《はなご》に行います。咲き終わった花穂《かすい》を、すぐ下の枝分かれしている部分で落とすのが花後剪定の基本です。夏に翌年の花芽《はなめ》が枝の先端に形成されるので、それ以降の剪定は避けます。冬の落葉期になれば、花芽が確認できますので、花芽に注意して、枯れ枝や不要な枝を間引く程度の剪定を行います。

■ライラックの剪定

枝の途中で切り詰めると枯れてしまうことが多いので、必ず枝元から間引く

■花芽のつき方と手入れ

その年に伸びた枝の先端に花芽がつき、翌年に開花する。花芽ができる夏以降は不要な枝を間引く程度にする

基本データ

- **樹高**：
  自然状態…2〜6m
  庭植目安…1.5〜3m
- **枝張り**：
  自然状態…1.5〜5m
  庭植目安…0.5〜1m
- **生長速度**：早い
- **日当たり**：陽樹
- **乾湿**：湿気に強い
- **大気汚染**：弱い
- **萌芽力**：強い
- **主な病害虫**：
  ウドンコ病、チャハマキ、テッポウムシ
- **栽培可能地域**：
  北海道〜九州
- **花色**：淡紫、白
- **剪定難易度**：普通

ワンポイントアドバイス

ライラックはイボタノキを台木にした接木苗が広く流通しています。時折、ヒコバエが台木から出ている場合があります。ライラックが衰弱してしまいますので、見つけ次第、地際から取り除きます。

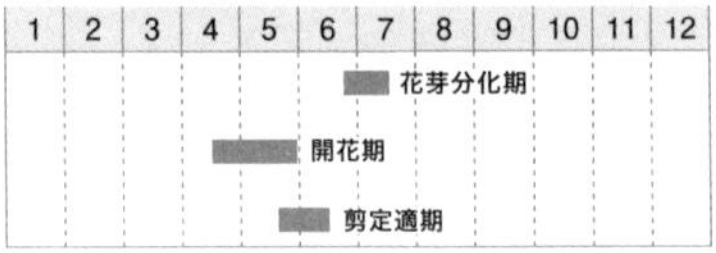

花芽タイプ：2

美しい花の生垣を
仕立てよう

ベニバナトキワマンサク

【紅花常磐満作】マンサク科トキワマンサク属

基本データ

- ●樹高：
  自然状態…2～5m
  庭植目安…1～2m
- ●枝張り：
  自然状態…2～3m
  庭植目安…0.5～1.5m
- ●生長速度：やや早い
- ●日当たり：陽樹
- ●乾湿：中庸
- ●大気汚染：普通
- ●萌芽力：強い
- ●主な病害虫：
  ウドンコ病、サビ病、カイガラムシ
- ●栽培可能地域：
  東北南部～沖縄
- ●花色：赤
- ●剪定難易度：易しい

MEMO ベニバナトキワマンサクはトキワマンサクの変種で、その名の通り鮮やかな赤い花を咲かせ、また、葉が緑色の「緑葉」と、赤紫になる「銅葉」があります。常緑の葉が密に茂り、樹高も低く抑えることができるので、生垣にはうってつけです。

剪定は梅雨入り前がベスト

近年、花の咲く生垣が流行しています。その主役がベニバナトキワマンサクです。

丈夫で萌芽力があるので、生垣とした場合は花後《はなご》に刈り込みで仕立てられます。花芽《はなめ》は6月下旬頃に春から伸びた短枝《たんし》につき、翌春そこから短枝が出て先端に花をつけます。ですから、梅雨入り前には刈り込みを済ませてしまいたいところです。

自然樹形で楽しむ場合は、樹形を乱す徒長枝《とちょうし》やからみ枝を枝元から間引いて、なるべく短枝を残します。枝先を切り詰めると、すぐに枝分かれして先端部が込み合ってしまいますので要注意です。

■ベニバナトキワマンサクの剪定

表面の小枝部分は、刈り込むことができる。自然樹形を楽しみたいときは、枝元から切り取って透かす

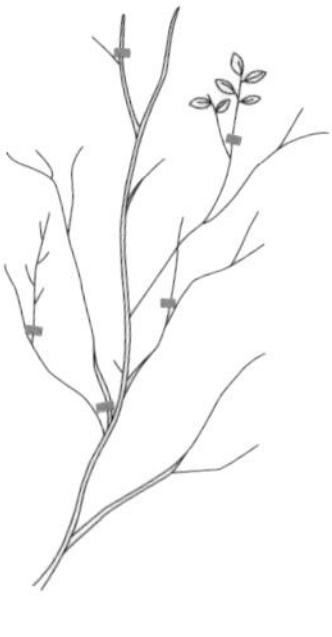

■花芽のつき方と手入れ

6月下旬に花芽をつけ、翌年にそこから短枝が出て先端に花をつける。刈り込みや切り詰めは花後に行う

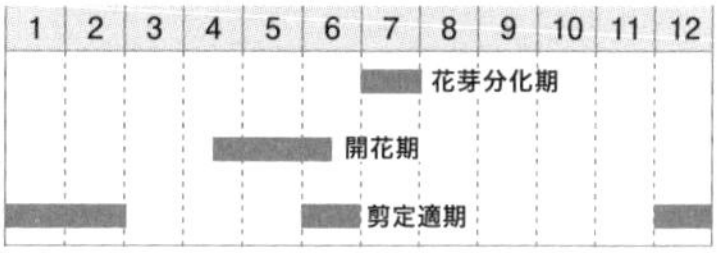

花芽タイプ：3

「芽かき」をしっかりして
大輪の花を楽しむ

ボタン

【牡丹】別名：フウキソウ、カオウなど／ボタン科ボタン属

花芽がわかる冬が剪定適期

毎年、美しい花を咲かせる養分を確保するために、花後《はなご》すぐに花だけを切ります。葉は夏に光合成で養分をつくるのですべて残します。その後、株をそのままにしておくと、葉のつけ根の部分に翌年の芽が出てきます。6月くらいには、芽がだいぶ膨らんできますので、上のほうの芽を２つばかりピンセットで取り除きます。これは「芽かき」といい、丈を抑えてほどよい高さに翌年の花を咲かせるための作業です。

冬に落葉して花芽《はなめ》がはっきりとわかるようになったら基本剪定を行います。まず、株の下のほうに花芽を２つ残して、枝の上部を切ります。花芽を多く残しても貧弱な花しか咲かないので、１枝につき２花にするのが美しい大輪の花を咲かせるコツです。

■ボタンの剪定

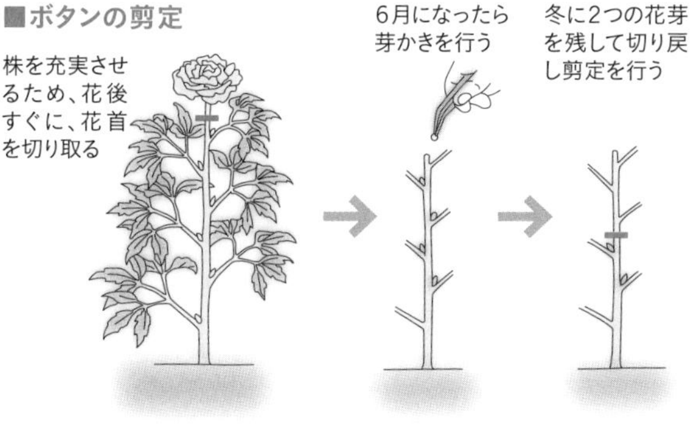

基本データ

- **樹高**：
  自然状態…1.5～2m
  庭植目安…0.5～1.5m
- **枝張り**：
  自然状態…1.5～2m
  庭植目安…0.5～1.5m
- **生長速度**：やや遅い
- **日当たり**：陽樹
- **乾湿**：中庸
- **大気汚染**：弱い
- **萌芽力**：普通
- **主な病害虫**：
  アブラムシ、カイガラムシ
- **栽培可能地域**：
  ほぼ全国
- **花色**：赤、ピンク、紫、白、黄、オレンジ
- **剪定難易度**：易しい

ワンポイントアドバイス

ボタンの苗木はシャクヤクの台木に接木したものがほとんどです。この台木から発生した芽は必ずかき取っておきましょう。そのまま伸ばすと、シャクヤクにボタンの樹勢を奪われ枯れてしまうこともあります。

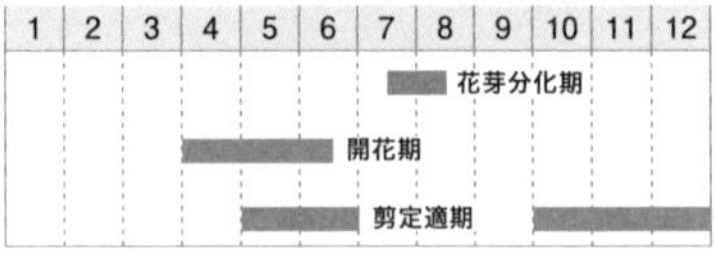

花芽タイプ：2

春から初夏にかけて
枝先に豪華な花を咲かせる

シャクナゲ・カルミア

【石楠花】ツツジ科ツツジ属／カルミア：カルミア属

基本データ

- **樹高**：
  自然状態…1.5～4m
  庭植目安…0.5～1.5m
- **枝張り**：
  自然状態…1.5～4m
  庭植目安…0.5～1.5m
- **生長速度**：やや遅い
- **日当たり**：中庸
- **乾湿**：乾燥に弱い
- **大気汚染**：弱い
- **萌芽力**：弱い
- **主な病害虫**：
  黒斑病、炭疽病、ウドンコ病、花《はな》腐《ぐされ》菌核病、ハダニ、ツツジグンバイムシ、カイガラムシ、テッポウムシ
- **栽培可能地域**：
  ほぼ全国
- **花色**：赤、ピンク、紫、白、黄、オレンジ
- **剪定難易度**：やや難しい

MEMO 日本シャクナゲは関東以北の寒冷地向きで、おおむね暑さに弱く暖地での栽培に向きません。西洋シャクナゲのほうが暑さに強いので育てやすく、花も豪華で人気があります。

蕾を摘んで、毎年花を楽しむ

シャクナゲという名のつく仲間は非常に多いのですが、大別すると日本に自生している「日本シャクナゲ」と、欧米で品種改良された「西洋シャクナゲ」があります。今日、流通、栽培されている品種の多くは西洋シャクナゲで、1000品種を超えます。

カルミアはシャクナゲと属は異なりますが、別名を「アメリカシャクナゲ」といい、多くの園芸品種があります。白やピンクの金平糖のような蕾から、傘を開いたような花が球形に固まって咲きます。

隔年開花のしくみ

シャクナゲやカルミアの多くは「隔年開花」がみられます。今年花がたくさん咲けば、来年は花つきが悪くなり、再来年は再び花がよく咲くという現象で、特に若木に多いようです。

■シャクナゲ・カルミアの剪定

込み合った部分を間引く程度にし、込み具合に応じて1～2本程度間引く

シャクナゲ類は、春から新梢《しんしょう》が伸び、この先端に花芽《はなめ》をつけ、翌年、蕾となって春から初夏に開花します。しかし、蕾のついた枝は新梢の萌芽が遅れるため、花芽分化《はなめぶんか》期までに枝が十分に育ちません。その結果、花芽が分化することができず、翌年の花つきが悪くなります。逆に花つきの悪い年には、早くから萌芽する新梢が多くなり、充実した枝にたくさんの花芽がつき、翌年の花つきがよくなるのです。

摘蕾で毎年、花を咲かせる

毎年、平均して花を楽しむ場合は、摘蕾《てきらい》（蕾を摘み取る作業）を行って、翌年に花を咲かせる枝と、花を咲かせない枝のバランスを取ります。摘蕾の適期は、蕾がはっきりと肉眼で確認できるようになる秋から冬にかけてです。大きくなった蕾は、手で簡単に摘むことができます。開花の状態を想像し、木全体を眺めて蕾がバランスよく分布するように摘蕾するとよいでしょう。こうして、摘蕾した枝と摘蕾しなかった枝が交互に1年ごとに開花するため、毎年花を楽しむことができるようになります。

シャクナゲもカルミアも自然と樹形が整うので、込んだ枝を適度に透かす程度の剪定で十分です。

ワンポイントアドバイス

シャクナゲの仲間は豪華な花を咲かせ、結実して種子をつくるのにかなりの養分を使います。そのため木が疲れ、翌年の開花まで力が回らないことがあるばかりか、衰弱してしまうこともあります。そこで結実をさせないために、花後すぐに花がらを摘み取ってしまうことをお勧めします。

■樹形を小さく

枝分かれしている中心にある枝が強く伸びるので、この枝を枝元から切り取る

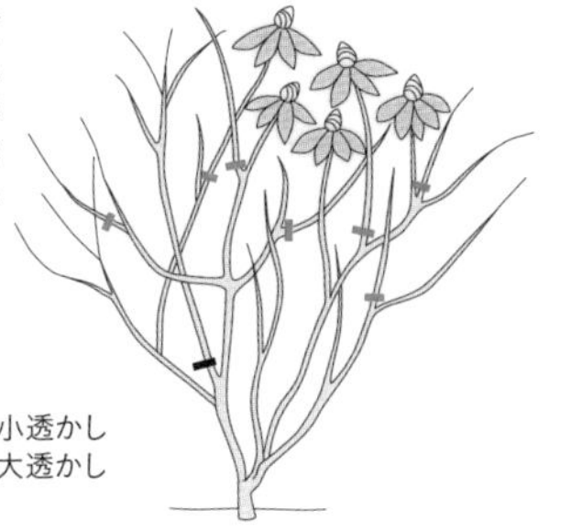

━小透かし
━大透かし

■花芽のつき方と手入れ

新しい枝の先端に花芽をつける。大きな花を咲かせるストレスを軽減させるために、蕾がたくさんついた年は、秋から冬にかけて半分から3分の1くらい摘み取って、花数を減らす

花芽タイプ：3

土壌の成分で花色が変化する
梅雨の時期を代表する花木

アジサイ

【紫陽花】別名：シチヘンゲ（七変化）／アジサイ科アジサイ属

基本データ

- **樹高**：
  自然状態…1〜2m
  庭植目安…0.8〜1.5m
- **枝張り**：
  自然状態…1.5〜3m
  庭植目安…1〜1.5m
- **生長速度**：早い
- **日当たり**：陽樹
- **乾湿**：湿地を好む
- **大気汚染**：やや強い
- **萌芽力**：普通
- **主な病害虫**：ハダニ
- **栽培可能地域**：
  ほぼ全国
- **花色（花柄）**：
  赤、ピンク、紫、青、白
- **剪定難易度**：難しい

MEMO アメリカアジサイのアナベルは、直径20〜30cmとなる白やピンクの手まり型の花が咲く品種で、最近人気があります。翌年の新梢の先に花芽をつけるので、休眠期に株元から5cmくらいで切ります。（124ページ）

生長が速く、横の広がりに注意

花のついたアジサイの枝は、そのままではその後新芽が伸びないので、翌年の花芽《はなめ》がつきません。必ず花の下の葉の２節目以下で剪定します。

また、生長が早く、かつ株立ち状なので、すぐに大きくなり横に広がります。鬱蒼《うっそう》と茂り極端に形が乱れるようであれば、冬に長く伸びている古枝を地際で間引いて新しい枝に更新します。あまりに大きくなりすぎた場合は、すべての枝を地際から切ります。しばらくの間、花は見られませんが、数年で花が楽しめるようになります。

花が終わらないうちに、花芽に注意しながら、花がついている先端を切る方法もあります。切った花は切花にして楽しむのもよいでしょう。この場合、冬にもう一度、花芽の上で切ります。

■アジサイの剪定

長く伸びている古枝を地際で切り、今年伸びた枝に更新する。更新は一度に行わず、半分ずつ２年がかりで行うとよい

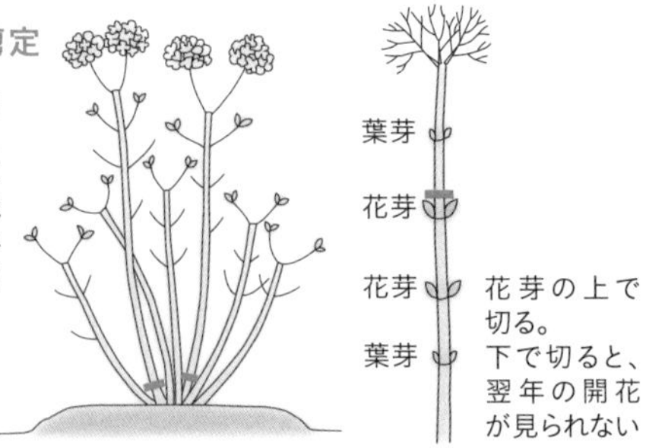

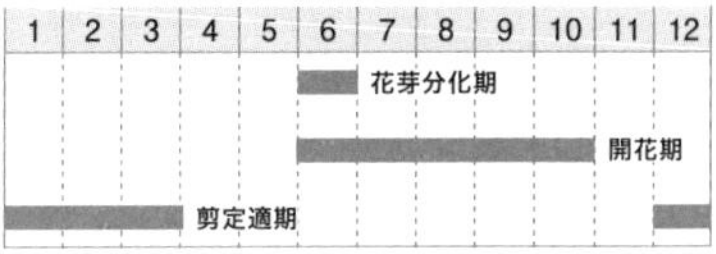

花芽タイプ：6

しなやかな枝先に淡い紫色の
花房をびっしりとつける

ブッドレア

別名：バタフライ・ブッシュ、フサフジウツギ／ゴマノハグサ科フジウツギ属

丈夫なので毎年しっかり枝を切る

6〜10月と花期が長く、花には独特の芳香と蜜があるので蝶を呼ぶ木としても知られ、「バタフライ・ブッシュ」とも呼ばれています。

ブッドレアは、前年の枝から春に伸びた新梢《しんしょう》の枝先に次々と花をつけますので、冬の落葉期に前年生枝を切り詰め、勢いのある新梢を出させます。とにかくよく茂る丈夫な木ですから、どこで切っても枯れ込むことはありません。

また、開花期にヒコバエを多く発生させます。勢いのあるものを残して、古くなった枝を地際から間引き、最終的に3〜4本の株立ちとします。

基本データ

- **樹高**：
  自然状態…2〜4m
  庭植目安…0.5〜1.5m
- **枝張り**：
  自然状態…2〜4m
  庭植目安…0.5〜1.5m
- **生長速度**：早い
- **日当たり**：陽樹
- **乾湿**：湿気に弱い
- **大気汚染**：やや強い
- **萌芽力**：強い
- **主な病害虫**：アブラムシ
- **栽培可能地域**：
  東北〜沖縄
- **花色**：赤、ピンク、紫、白
- **剪定難易度**：易しい

MEMO 丈夫でたいへん扱いやすい花木なので人気があり、園芸品種も次々に出回っています。花色も紫、青紫、青、ピンク、黄、白と非常に豊富です。

■ブッドレアの剪定

よく茂る木なので、枝元から枝を間引いていく

■花のつき方と手入れ

長く伸びた枝の先に花がつく。花後はこまめに花がらを摘み取る

■樹形を小さく

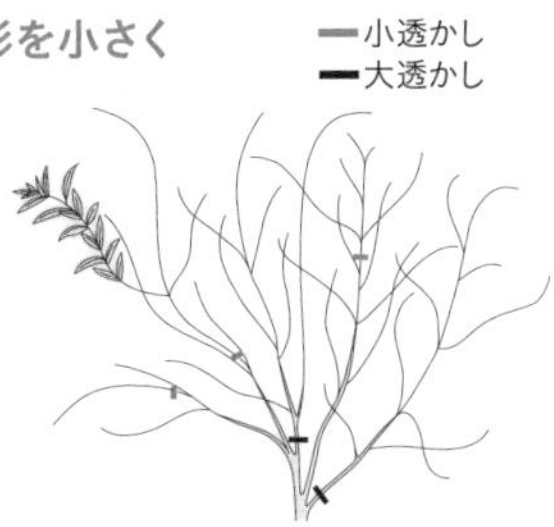

冬の間に株元近くで切り詰めて、新しい枝を出すようにする

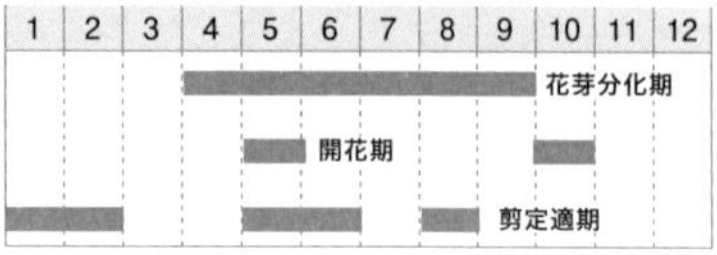

花芽タイプ:6

春と秋に花を楽しめる
ブッシュ・ローズ

バラ（四季咲き種）

【薔薇】バラ科バラ属

基本データ

- **樹高**:
  自然状態…1〜3m
  庭植目安…1〜1.5m
- **枝張り**:
  自然状態…1〜3m
  庭植目安…0.7〜1.5m
- **生長速度**:早い
- **日当たり**:陽樹
- **乾湿**:湿気を好む
- **大気汚染**:普通
- **萌芽力**:強い
- **主な病害虫**:
  ウドンコ病、黒点病（黒星病）、ベト病、アブラムシ、ハマキムシ、ハダニ、カイガラムシ
- **栽培可能地域**:
  ほぼ全国
- **花色**:多色
- **剪定難易度**:難しい

MEMO 四季咲きの木性バラのなかでも、最もポピュラーな系統が「ハイブリッドティー系【略:HT】」と「フロリバンダ系【略:F】」です。HTは、四季咲きの大輪一輪咲きの品種で、FはHTを元に品種改良された中輪房咲き種です。

ポイントは年に2回の剪定

バラは世界中で栽培され、これほど品種の多い植物も類をみないでしょう。

バラを樹形で分類すると、ブッシュ・ローズと呼ばれる四季咲きの木立ち性バラと、クライミング・ローズと呼ばれるつるバラ(133ページ)、シュラブ・ローズと呼ばれる半つる性のバラに分けられます。ここでは主に四季咲きの木立ち性バラについて解説します。

冬の剪定は古枝を除く

バラは品種によって剪定方法も多少異なるのですが、四季咲きの木立ち性バラの場合、２月頃に強剪定を行います。古枝を元から除き、伸び盛りの若い太枝を残し、残した枝の先端を２分の１ほどの長さに外芽の位置で切り戻します。その部分から伸びた枝の先端に５月頃花をつけます。バラは樹形より花を楽しむ木ですから、枝を思い切って切り落とすことが重要。古枝には貧相な花しかつきません。なお、株元から勢いよく出てくるヒコバエ（シュート）は、春になるとグングンと伸びて立派な花を咲かせますので残すようにしましょう。

春の花後剪定は5枚葉の上で切る

四季咲きのバラというのは春夏秋冬、花を咲かせるわけではなく、開花は春（５月頃）と秋（10月頃）の年２回。春に花を咲かせるのは比較的簡単ですが、秋に見事な花を咲かせるにはコツがあります。

春、花が終わったら５枚葉のついている枝のすぐ上で切り戻します。切った部分から新しい腋芽が伸びて、次の花を咲かせます。

夏の間は株を弱らせないために花を咲かせません。蕾ができたら摘み取ったほうがよいでしょう。

８月の末頃、充実した枝の先端を３分の２から２分の１ほど切り戻します。10月頃に秋の花が楽しめます。

■四季咲きの木立ち性バラの剪定（春）

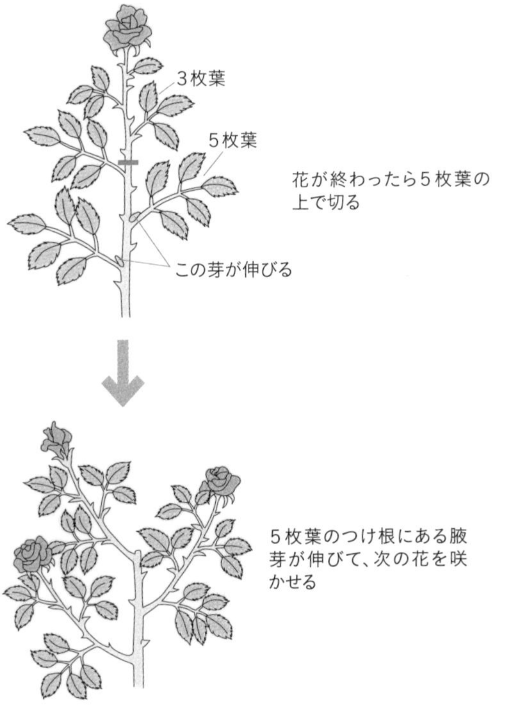

ワンポイントアドバイス

バラは肥料食いともいわれ、生育に多量の肥料を必要とします。バラほど肥料をやる・やらないで花つきに顕著な差が出る木はありません。植えつける際には、植え穴の底に元肥として有機質肥料をたっぷりと、生長後も6～10月にかけては毎月1回、液肥を根元に与え、さらに11月下旬から12月初旬くらいに有機質肥料で寒肥を施す必要があります。

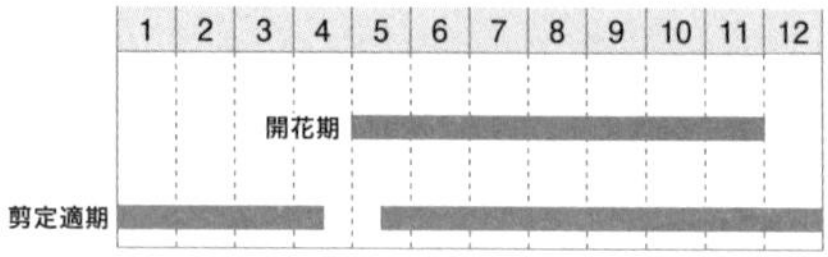

花芽タイプ：6

刈り込みによく耐える
生垣に向いた樹種

アベリア

別名：ハナゾノツクバネウツギ／スイカズラ科アベリア属

基本データ

- **樹高:**
  自然状態…1.5～2m
  庭植目安…1～1.5m
- **枝張:**
  自然状態…1.5～2m
  庭植目安…1～1.5m
- **生長速度:** 早い
- **日当たり:** 陽樹
- **乾湿:** 乾燥に耐える
- **大気汚染:** 強い
- **萌芽力:** 強い
- **主な病害虫:** 特になし
- **栽培可能地域:**
  東北地方以南
- **花色:** 白、紅
- **剪定難易度:** 易しい

ワンポイントアドバイス

徒長枝（とび枝）は、枝のつけ根や分かれ目から取り除くときれいに見えます。

コンパクトな樹形を意識して

和名はハナゾノツクバネウツギといいます。丈夫で栽培しやすく、芳香のある花が長い期間咲きます。花は白色ですが、紅色の品種‘エドワードゴーチャー’もあります。斑入りの品種が多く‘コンフェッティ’‘ホープレイズ’など、花のない季節も楽しめます。自然樹形は株状や球形になります。低木ですが、放っておくとかなり大きくなるので剪定が必要です。刈り込みにも耐えます（太い枝は、まず「とび取り」をしてから刈り込みをすると美しく仕上がります）が、美しく見せるには、きちんと枝抜きや切り戻しをするとよいでしょう。球形の樹冠になるように、はみだした枝を切ります。

■アベリアの剪定

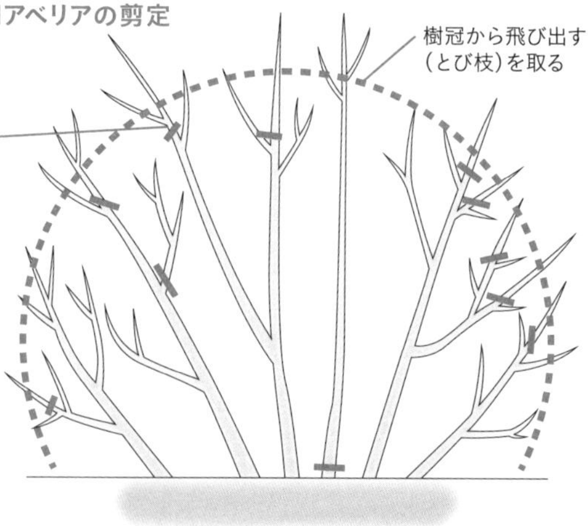

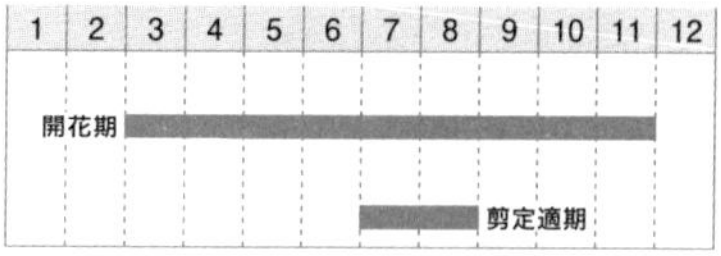

花芽タイプ：分類外

枝先に蜘蛛がいるかのような
ユニークな形状が人気

グレビレア

別名：スパイダーフラワー、シノブノキ、ハゴロモノキ／ヤマモガシ科グレビレア属

風通しを意識して

和名はハゴロモノキといい、日本への導入初期は、耐寒性のない、大きくならない品種を花鉢仕立てで楽しむ形で出回りました。近年は、耐寒性のある品種が多く出回り、葉の形や花の美しさに人気が集まっています。オーストラリア原産で、エキゾチックな花が魅力。低木なのでほとんど剪定の必要がありません。込み入った部分を枝抜きすると、風通しが良くなり、病害虫の予防になり、見た目も美しくなります。

基本データ

- **樹高：**
  自然状態…1〜5m（品種による）
  庭植目安…0.5〜3m
- **枝張：**
  自然状態…2〜3m
  庭植目安…1〜1.5m
- **生長速度：**普通
- **日当たり：**陽樹
- **乾湿：**乾燥を好む
- **大気汚染：**弱い
- **萌芽力：**中庸
- **主な病害虫：**特になし
- **栽培可能地域：**
  関東地方南部以南
- **花色：**赤、橙、複色
- **剪定難易度：**普通

ワンポイントアドバイス
乾燥を好みます。

■グレビレアの剪定

■枝抜きのイメージ

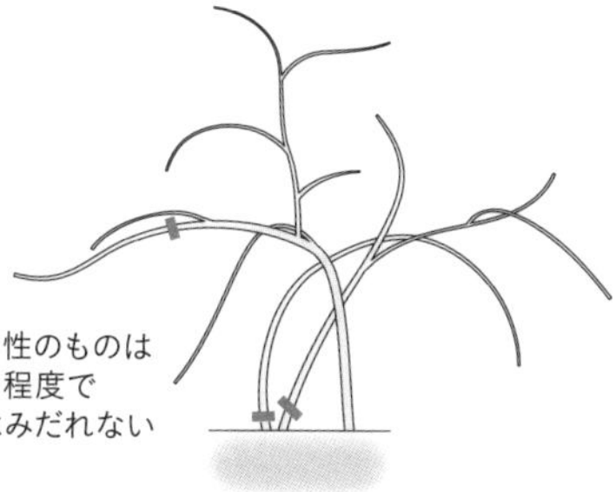

花芽タイプ：6

さまざまな種類の花色があり
長い期間、花を楽しめる

ムクゲ

【木槿】別名：ハチス、キハチス／アオイ科フヨウ属

基本データ

- **樹高**：
  自然状態…1.5〜4m
  庭植目安…1〜2.5m
- **枝張り**：
  自然状態…1〜1.5m
  庭植目安…0.5〜1m
- **生長速度**：早い
- **日当たり**：陽樹
- **乾湿**：乾燥に強い
- **大気汚染**：強い
- **萌芽力**：強い
- **主な病害虫**：
  アブラムシ、カイガラムシ、ハマキムシ、テッポウムシ
- **栽培可能地域**：
  北海道南部〜沖縄
- **花色（花柄）**：
  白、赤、ピンク、紫
- **剪定難易度**：易しい

適用樹種 同じフヨウ属のフヨウ、アメリカフヨウ、ハイビスカスなど

新しい小枝を増やして花数を多く

ムクゲは早朝に開花し夕方にはしぼんでしまう「1日花《いちにちばな》」ですが、次から次へと開花し、夏から秋までの長い期間、紅紫色や白の花を楽しめます。

ムクゲはその年に伸びた新梢《しんしょう》に、6月頃花芽《はなめ》ができ、7月頃より、下のほうの枝から順次花を咲かせ続けます。ですから冬場に剪定を行えば、剪定が原因で花が咲かないという失敗はありません。

花は新梢すべてにつくので、落葉後に本年生枝を強く切り戻して、新しい小枝を発生させます。ムクゲはどこで切っても新梢を伸ばしますが、枝元に3〜4芽残す感じで切り戻せばよいでしょう。小枝を多く発生させれば、それだけ花数も多くなります。

■ムクゲの剪定

生長期に株元から発生するヒコバエを抜く程度で樹形は整います。もし、小枝が込みすぎてしまったら多少間引くようにしましょう。萌芽力が強いので、刈り込んで仕立てることも可能です。

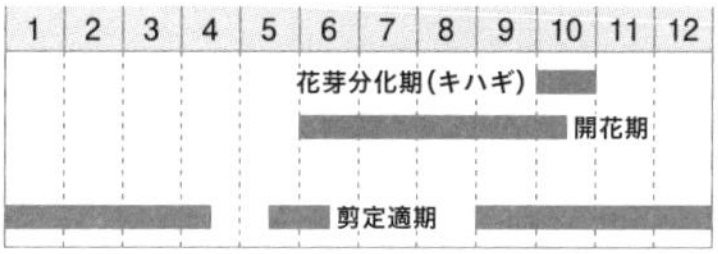

花芽タイプ：6

毎年剪定すれば
ほどよいサイズで花を楽しめる

ハギ

【萩】マメ科ハギ属

根元から刈って株を更新

秋の七草の一つで、大きく二つのタイプに分けられます。木が枯れずに残るキハギと、地上部が枯れてしまうヤマハギやミヤギノハギなどです。キハギはほとんど大きくならないので、さらに小さくしたい場合には、不要な所のみを剪定します。その他のハギは、冬には地上部が枯れるので、落葉後に株元の5～10㎝ですべて切り取ります。またこれらのものは春から伸びて背が高くなります。特にミヤギノハギは3mにもなってしまいます。5月下旬ころに地上部から30cmくらいで切っておくとかなり小さくできるのでお勧めです。

■ハギの剪定

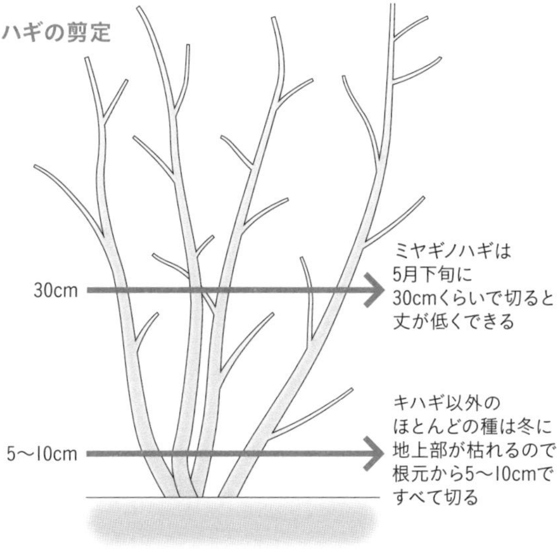

基本データ

- **樹高：**
  自然状態…1.5～3m
  庭植目安…1～1.5m
- **枝張：**
  自然状態…2～3m
  庭植目安…1～2m
- **生長速度：**早い
- **日当たり：**中庸
- **乾湿：**中庸
- **大気汚染：**強い
- **萌芽力：**強い
- **主な病害虫：**特になし
- **栽培可能地域：**
  日本全国
- **花色：**赤紫、白、複色
- **剪定難易度：**易しい

ワンポイントアドバイス

マメ科なので、荒れ地ややせ地でもよく育ちます。ミヤギノハギは公園等で「萩のトンネル」仕立てで楽しまれていますが、生育が旺盛なので、庭木としては剪定が必要となります。

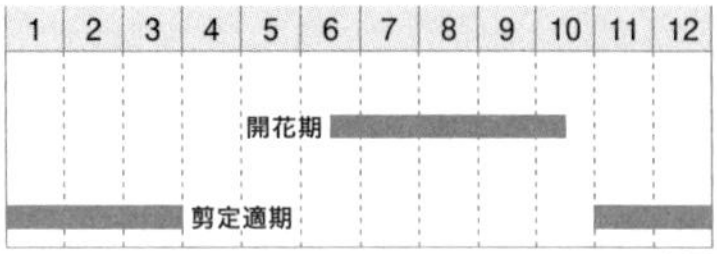

花芽タイプ：6

ノリウツギ・アメリカアジサイ

【糊空木】別名：アメリカノリノキ（アメリカアジサイ）／ユキノシタ科アジサイ属

基本データ

ノリウツギ

- ●**樹高:**
  自然状態…3～4m
  庭植目安…1～2m
- ●**枝張:**
  自然状態…2～3m
  庭植目安…1.5～2m
- ●**生長速度:**早い
- ●**日当たり:**陽樹
- ●**乾湿:**乾燥に耐える
- ●**大気汚染:**強い
- ●**萌芽力:**強い
- ●**主な病害虫:**
  テッポウムシ(ボクトウガ)
- ●**栽培可能地域:**
  日本全国
- ●**花色:**白
- ●**剪定難易度:**易しい

アメリカアジサイ

- ●**樹高:**
  自然状態…1～1.2m
  庭植目安…1～1.2m
- ●**枝張:**
  自然状態…1～1.5m
  庭植目安…0.8～1m
- ●**生長速度:**普通
- ●**日当たり:**陽樹
- ●**乾湿:**中庸
- ●**大気汚染:**中庸
- ●**萌芽力:**強い
- ●**主な病害虫:**
  テッポウムシ(ボクトウガ)
- ●**栽培可能地域:**
  日本全国
- ●**花色:**白、ピンク
- ●**剪定難易度:**易しい

半分だけ残してバッサリと

これらのアジサイは花のつき方が独特で、前年の古い枝には花芽を作らず、今年伸びた枝先に花をつけます。そのため多くのアジサイのように花後に剪定をしなくても次の年に花をつけてくれます。ノリウツギは、花の咲き始めの色は白色ですが、咲いた後品種により花が緑色、桃色、赤色、紫色等に変化し、10月の前半まで楽しめます。大きくなるので、落葉期に半分くらいの大きさに切り取るとよいでしょう。アメリカアジサイというとピンとこない人が多いと思いますが、‘アナベル’というと分かりやすいでしょう。こちらは落葉期に地上部を元から切りとります。そうすることで次の年には美しい花が楽しめます。（116ページ）

■ノリウツギ・アメリカアジサイの剪定

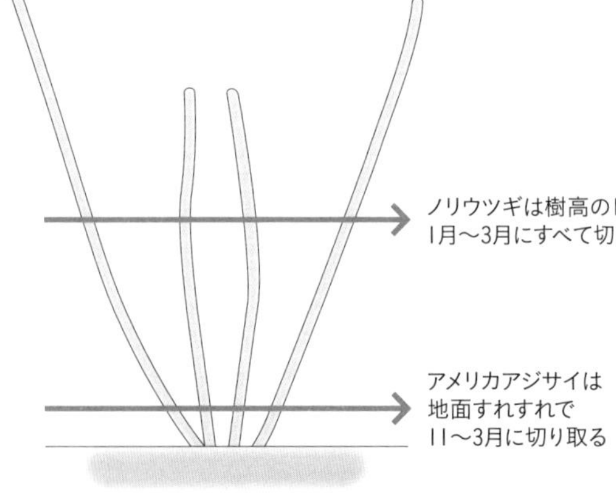

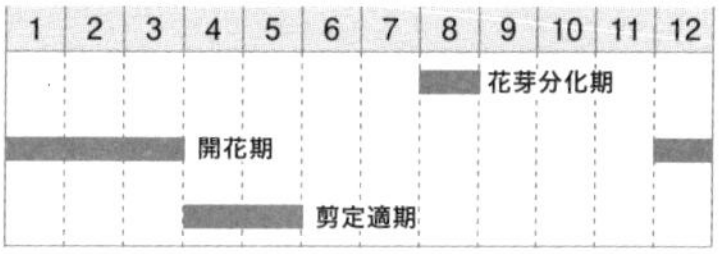

花芽タイプ: 2

冬枯れの季節にピンクの
愛らしい彩りを添える

ジャノメエリカ

【蛇の目エリカ】別名:クロシベエリカ/ツツジ科エリカ属

適度な剪定で枝折れを防ぐ

ジャノメエリカは年末から春までの長い間、ピンクの釣鐘《つりがね》形の花を樹冠いっぱいに咲かせます。

生長が遅く、それほど樹形は乱れませんが、密に茂る枝葉の重さで枝が折れることがあります。

剪定適期は花が終わった直後で、萌芽力が強いので刈り込んでもよいのですが、木バサミなどを使ったほうが美しく自然風に仕上がります。根元から出ている弱々しい枝は間引き、今年花をつけた枝はすべて短く切り詰めます。そこから伸び出す枝に、夏頃に次の花芽《はなめ》がつきます。また、上に上にと伸びる傾向があるので、立ち枝をつけ根からはずして、樹形が横に広がるようにします。

基本データ

- ●樹高:
  自然状態…2〜3m
  庭植目安…0.5〜1.5m
- ●枝張り:
  自然状態…1.5〜3m
  庭植目安…0.3〜1m
- ●生長速度:遅い
- ●日当たり:陽樹
- ●乾湿:乾燥に弱い
- ●大気汚染:弱い
- ●萌芽力:強い
- ●主な病害虫:特になし
- ●栽培可能地域:
  東北〜沖縄
- ●花色:ピンク
- ●剪定難易度:易しい

MEMO エリカの仲間(ツツジ科エリカ属)は700品種以上あり、その大部分は南アフリカ原産です。寒さに弱く、日本ではジャノメエリカ以外は庭木としての栽培には向きません。多くは鉢植えで楽しみます。

■ジャノメエリカの剪定

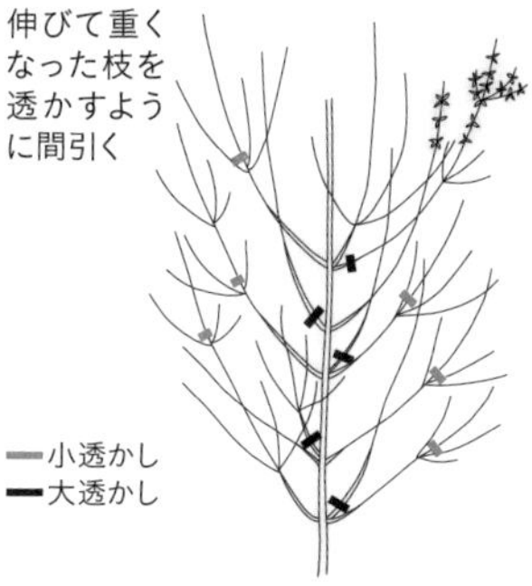

■花芽のつき方と刈り込み

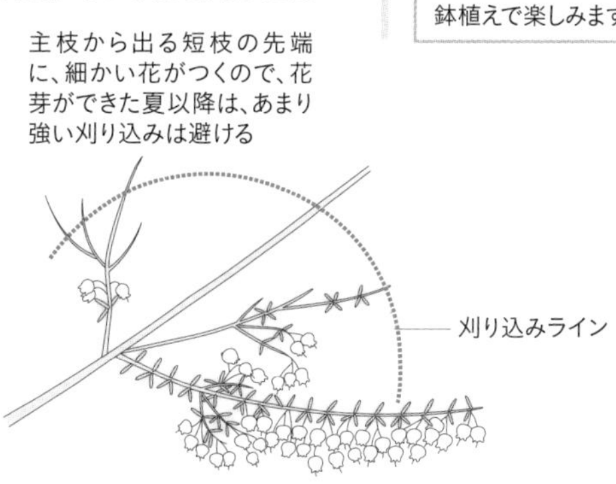

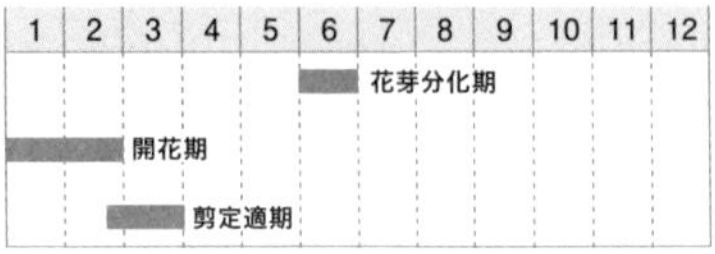

花芽タイプ：1

真冬に咲く
蝋細工のような黄花が魅力

ロウバイ

【蝋梅・臘梅】別名：カラウメ／ロウバイ科ロウバイ属

基本データ

- **樹高**：
  自然状態…3～6m
  庭植目安…2～4m
- **枝張り**：
  自然状態…3～5m
  庭植目安…1～3m
- **生長速度**：やや早い
- **日当たり**：陽樹
- **乾湿**：乾燥に耐える
- **大気汚染**：やや弱い
- **萌芽力**：普通
- **主な病害虫**：特になし
- **栽培可能地域**：
  東北南部～沖縄
- **花色**：黄
- **剪定難易度**：普通

MEMO ロウバイの花は黄色で花の中心は紅褐色ですが、花全体が黄色のソシンロウバイという品種があります。ソシンロウバイはより香りが強いので人気があります。また、属は違いますが、アメリカ原産のクロバナロウバイは、5～6月に開花するチョコレート色の甘く香る花が特徴です。

ヒコバエはこまめに取り除く

ロウバイは1～2月に葉に先立って、蝋《ろう》細工のような質感の透き通った黄色い花を咲かせます。香りもよく真冬の庭を彩る貴重な花木といえましょう。

ロウバイは放っておくと樹形が乱れ、枝が伸びるにしたがって花の位置が上がってしまいますので、樹高を抑える剪定が必要となります。

剪定は、花後《はなご》の2月下旬から3月が適期です。勢いよく伸びている徒長枝《とちょうし》は枝元から切り取り、花がついた枝は枝元に5～6芽を残して枝先を切ります。残した芽から伸びた短枝《たんし》に、翌年の花芽《はなめ》が形成されます。また、ロウバイはヒコバエが多く発生しますので、見つけしだい、すぐに取り除きます。

■ロウバイの剪定

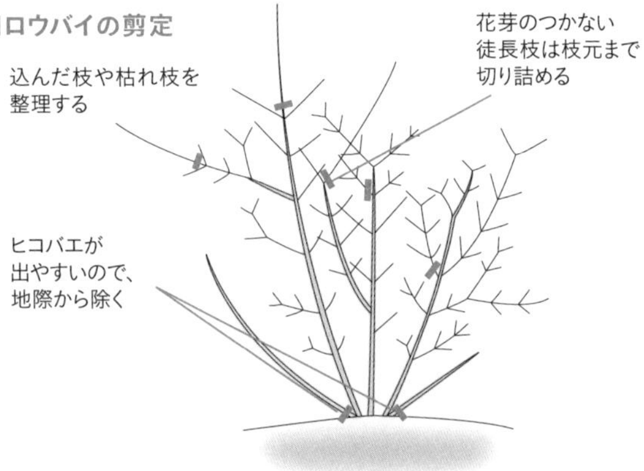

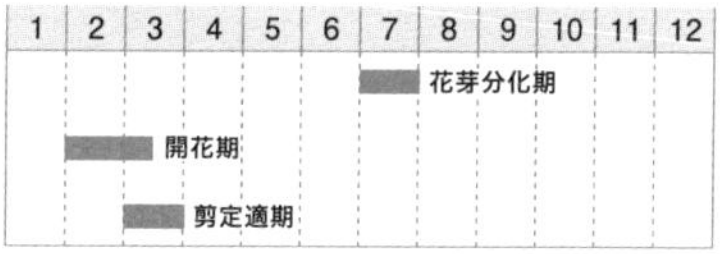

花芽タイプ：2

ユニークな形の黄花が
庭に春の訪れを告げる

マンサク

【満作】マンサク科マンサク属

花後剪定で花つきをよく

早春の冬枯れの庭に、葉に先駆けて黄色いリボンがねじれたような花が咲き乱れます。

マンサクは花後《はなご》に伸びた新しい枝のうち、充実した短枝に翌年の花芽《はなめ》が７月頃につくので、剪定は花後すぐに行います。花が咲いた枝を半分から３分の２程度残す感じで切り戻します。この枝から伸びた新しい枝に翌年の花芽がつくことになるので、剪定を行わないと、年ごとに花の位置が上へ上へと高くなってしまいます。

マンサクは放任しても株立ち状に樹形が整いますが、株が大きくなりすぎてしまった場合は、勢いのよい幹を２〜３本残して、残りの幹を地際から切り取ってしまいます。その後、込み合っている枝を枝元から間引いて、小さくまとめます。勢いのよすぎる徒長枝《とちょうし》には花芽がつかないので除きます。

■マンサクの剪定

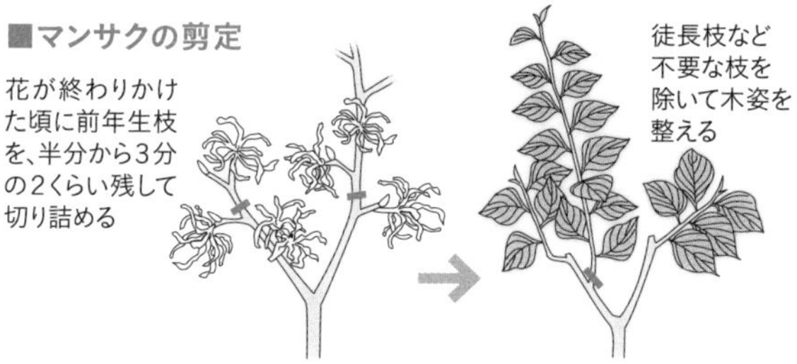

基本データ

- **樹高**：
  自然状態…3〜6m
  庭植目安…1.5〜3m
- **枝張り**：
  自然状態…3〜5m
  庭植目安…0.5〜3m
- **生長速度**：やや早い
- **日当たり**：陽樹
- **乾湿**：中庸
- **大気汚染**：普通
- **萌芽力**：普通
- **主な病害虫**：
  ウドンコ病、カイガラムシ
- **栽培可能地域**：
  東北〜沖縄
- **花色**：黄
- **剪定難易度**：普通

適用樹種 トサミズキ、ヒュウガミズキなど

MEMO マンサクの仲間は多種あります。

■**ニシキマンサク**
花の基部が紅紫色。

■**シナマンサク**
中国原産、早咲きで大型、芳香があります。

■**インターメディア**
マンサクとシナマンサクの交雑種でアメリカでつくられました。濃い赤、オレンジ色などの花色が魅力で多くの園芸品種あり。

■**ハマメリス**
アメリカマンサクとも呼ばれ、秋に開花。

コラム・5

株立ち低木の株を更新する

レンギョウ、ユキヤナギ、コデマリの剪定

早春から春にかけて長く伸びた枝に房状に花をつけるレンギョウ、ユキヤナギ、コデマリ。これら株立ちの低木は、自然樹形を大切にし放任して育てますので、さほど剪定を行う必要はありません。花後《はなご》に勢いよく伸びた徒長枝《とちょうし》や、たくさん花がついた枝を元から切ったりする程度で十分です。それ以上、むやみに刈り込んだりすると、かえって自然の趣を損なってしまいます。

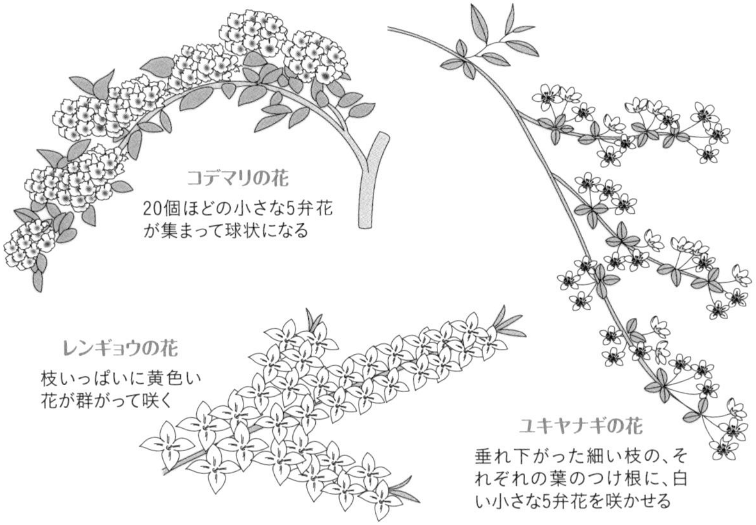

古枝を地際で刈って株を更新

しかし、生長して株が大きくなりすぎると、枝がからみ合い、独特の風情がなくなってしまうばかりか、古枝が枯れたり花芽が形成しづらくなり、花つきが悪くなります。姿を整えようと下手に枝を切ると、あとあと余計に樹形が乱れてしまいます。このようなときには、思い切って荒療治をすることをお勧めします。

花がほぼ終わった頃には、たいてい地際から新芽が何本か伸びています。この新芽を残して、ほかの枝を地際から５～６㎝くらいのところでバッサリと全部切り取ってしまうのです。このような荒療治を行うと、「株がダメになってしまうのでは？」と懸念されるかもしれませんが、心配は無用です。すぐに新芽が伸びて翌春には枝に新しい芽が吹いてきます。

更新した後には株元に肥料を

これは古枝を新しい枝に切り替えて株を小さくする作業で、４～５年に１回程度行うとよいでしょう。古枝を切り取った後は木が弱っているので、株元に肥料をまいて力をつけてやることが必要です。

この方法で、毎年流れるようなしなやかな枝を維持できます。

■レンギョウ、ユキヤナギ、コデマリの剪定

花後に間を置かずに木バサミを使って、長く伸びた枝や込み合った枝、古い枝などを枝元から間引いて、樹冠内部をすっきりとさせる

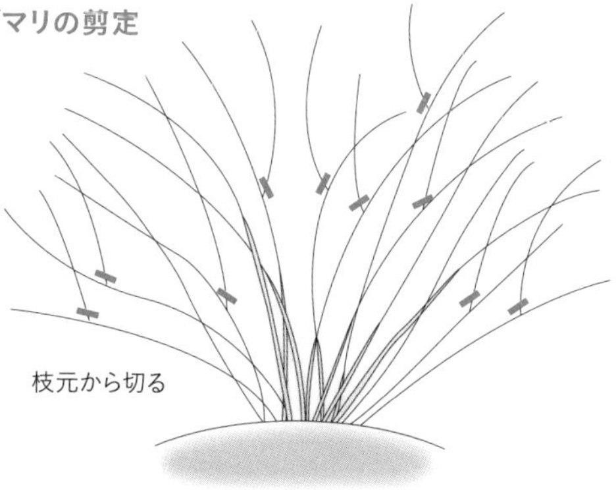

■レンギョウ、ユキヤナギ、コデマリの株の更新

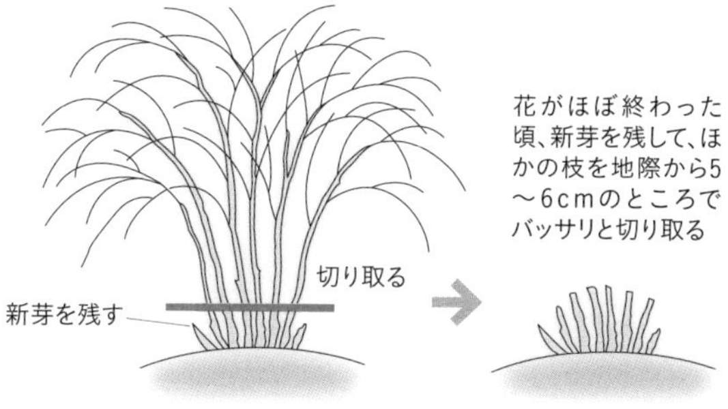

レンギョウ【連翹】
モクセイ科レンギョウ属
花芽タイプ：1

ユキヤナギ【雪柳】
バラ科シモツケ属
花芽タイプ：4

コデマリ【小手毬】
バラ科シモツケ属
花芽タイプ：4

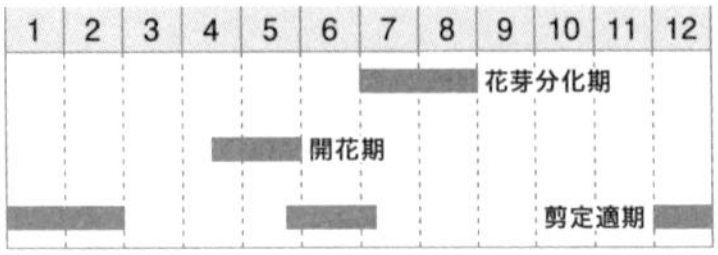

花芽タイプ：4

つるの伸びが旺盛で
藤棚にも仕立てられる

フジ

【藤】別名：ノダフジ／マメ科フジ属

基本データ

- **樹高**：
  自然状態…10m以上
  庭植目安…2〜3m
- **枝張り**：
  自然状態…10m以上
  庭植目安…2〜15m
- **生長速度**：早い
- **日当たり**：陽樹
- **乾湿**：乾燥を嫌う
- **大気汚染**：普通
- **萌芽力**：強い
- **主な病害虫**：
  コブ病、根頭癌腫病、ハムシ
- **栽培可能地域**：
  ほぼ全国
- **花色**：紫、白
- **剪定難易度**：難しい

ワンポイントアドバイス

フジは花後に実（豆鞘《まめさや》）ができます。結実に養分をとられて花つきが悪くなったり、衰弱することもあるので、咲き終わった花房はこまめに取るようにしましょう。

樹勢を抑えて花数を多くする

ノダフジとヤマフジ

フジには大きく分けてノダフジとヤマフジの２つの系統があります。単に「フジ」といったら本州以西に広く自生するノダフジを指し、中部地方以西のヤマフジと区別しています。古くから各地で名所、名木となっているフジのほとんどはノダフジです。

ノダフジは花は小さいのですが、花穂《かすい》が20〜60㎝と長く、つるが旺盛に伸長するので、多くは藤棚に仕立てられます。なかには、九尺フジといって花穂が２m近い品種もあります。一方ヤマフジは、花穂は10〜20㎝と短いのですが、ノダフジに比べて花が大きく、開花が早いのが特徴です。見応えがあるので一品仕立てや鉢植えに利用されます。ノダフジのつるは右巻き、ヤマフジは左巻きと、つるの巻き方が逆になっています。

花後の軽い剪定で花芽形成を促す

剪定は通常、年２回、花後《はなご》と冬に行います。

花後剪定は花芽《はなめ》をたくさんつけさせる目的で行う軽い剪定です。勢いよく伸びるつるの先端を切って、生長を抑制します。

フジは生長が早いので、花後もつるがぐんぐんと伸びます。翌春の花芽は梅雨明け頃から夏にかけて形成されますが、花芽は勢いのある長く伸びた枝にはほとんどつかず、そこから発生する短い側枝につきます。そのため、6月の花後剪定で、つるがそれ以上長く伸びないように「栄養生長」を抑えて「生殖生長」を促します。同時に、短い側枝に十分日光が当たらないと花芽のつきが悪くなるので、適度につるを間引いて全体に日が当たるようにします。

落葉期に本格的な剪定を

本格的な剪定は12～2月の落葉期に行います。落葉期にはつるのつけ根あたりの短い側枝《そくし》に、ふっくらとした花芽が確認できます。この花芽より先に5～6芽の葉芽《はめ》を残す位置で、長く伸びたつるを切り詰めて、花芽をつける側枝をたくさん発生させるのが、花つきをよくするコツです。

■フジの剪定

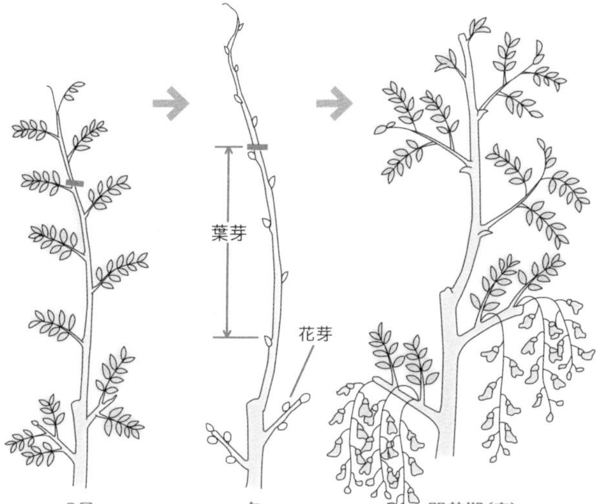

6月
花後、先端を軽く摘んで、伸びを止める

冬
落葉期に葉芽を5～6芽残して剪定する

開花期(春)
花が終わった後に、つるが長く伸びる

ワンポイントアドバイス

花つきが悪いときには、「栄養生長」を抑えて「生殖生長」を促すために、木を多少いじめることも必要です。一つは幹に太めの針金をきつめに巻きつけて生育を抑える方法です。この場合、針金は花芽がついたらはずすようにします。
また、太い根を探り出してナイフで数か所に環状剥皮《かんじょうはくひ》をします。環状剥皮とは、幹や枝の皮部に刃物で環状の切り込みを入れて、皮部をはぎ取ることです。ただし、この作業は根が水分を吸収するため消耗が激しいので真夏は避け、花後に行うようにします。

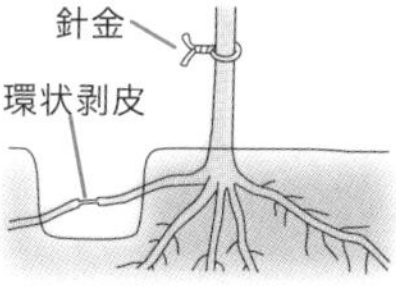

花つきが悪いときは、幹に針金をきつめに巻きつけて生長を抑えたり、スコップで太い根を掘り出し、ナイフで環状剥皮を数か所行う

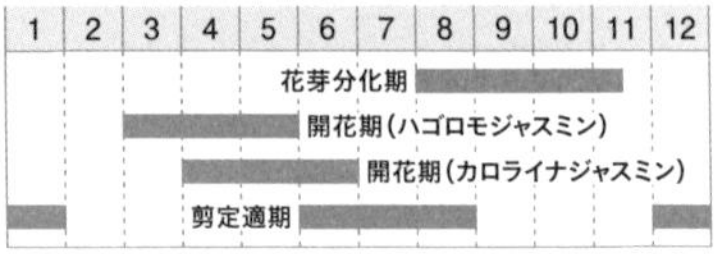

花芽タイプ：1

暖かい地域を好み
豊かな香りの花を咲かせる

ジャスミン類

ハゴロモジャスミン：モクセイ科ソケイ属／カロライナジャスミン：ゲルセミウム科ゲルセミウム属

基本データ

- **樹高**：
  自然状態…3～10m
  庭植目安…2～6m
- **枝張り**：
  自然状態…3～10m
  庭植目安…1.5～3m
- **生長速度**：早い
- **日当たり**：陽樹
- **乾湿**：湿気に強い
- **大気汚染**：普通
- **萌芽力**：強い
- **主な病害虫**：
  アブラムシ、ハダニ
- **栽培可能地域**：
  関東～沖縄の暖地
- **花色**：
  ハゴロモジャスミン…白
  カロライナジャスミン…黄
- **剪定難易度**：普通

MEMO ジャスミン茶に利用されるのはマツリカ（茉莉花）と呼ばれる品種です。カロライナジャスミンは花や葉、つる、根などすべての部位が有毒です。ハーブティーにして中毒を起こした事例もあります。ジャスミンとはまったくの別物なので気をつけましょう。

花後剪定で花芽を多くする

ジャスミンと名のつく植物は世界で約300種ほどありますが、日本で庭植え栽培可能なのは、ハゴロモジャスミンとカロライナジャスミンくらいです。ハゴロモジャスミンは、春につるの先端に白い5弁花を30～40輪まとめて咲かせ、強い芳香を放ちます。カロライナジャスミンは、春から初夏にかけてラッパ型をした小さな黄色い花を咲かせます。

ともに生育が旺盛でつるを伸ばします。剪定は花《はな》後《ご》に行い、花のついたつるを半分くらいの長さに切り戻します。切った部分からわき芽が発生して翌年の花芽《はなめ》をつけます。秋以降の剪定は花芽を落としてしまう危険性があるので避け、つるが伸びすぎたら、好みの方向に誘引するとよいでしょう。

■ジャスミン類の剪定（カロライナジャスミン）

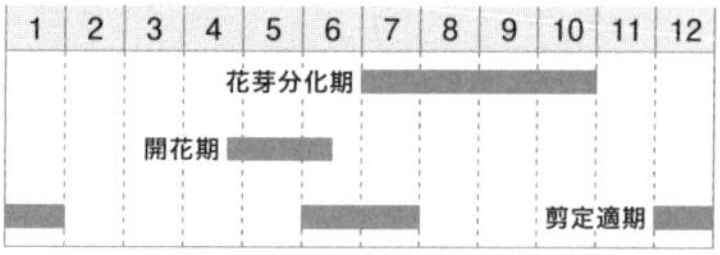

花芽タイプ：3

枝を水平方向に誘引して
花をまんべんなく咲かせよう

つるバラ

【蔓薔薇】バラ科バラ属

3年に1回は古枝の更新を

クライミング・ローズと呼ばれるつるバラは、トゲを引っかけるようにしてからみます。多くは春のみの一季咲きですが、最近では四季咲きのものも出回るようになっています。また、シュラブ・ローズと呼ばれる半つる性の四季咲きのバラもあり、これは枝を長く伸ばせばつるバラとして利用でき、短く切り詰めて、ブッシュ・ローズ（木立ち性バラ）のように仕立てることもできる利用範囲の広いバラです。

つるバラは12〜1月、新芽が出る前に剪定し誘引を行います。花がついた枝は枝元に2〜3芽残して切り詰めます。3年に1回は花つきの悪くなった古枝を株元から間引いて、新しい枝に更新するとよいでしょう。

枝の上部に花をつける習性があるので、枝をフェンスなどに水平方向に誘引して、まんべんなく花をつけさせます。

■つるバラの誘引

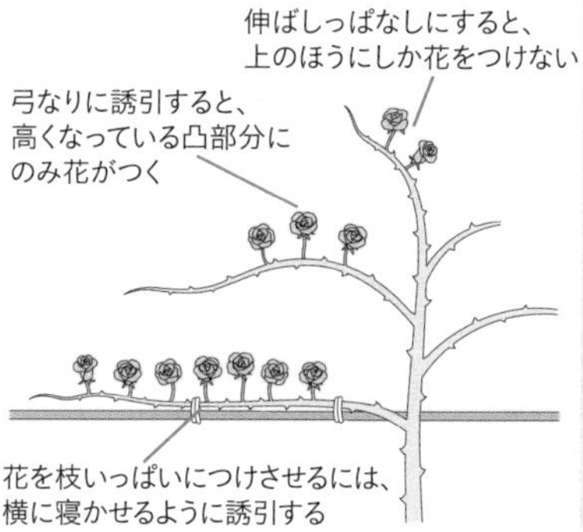

基本データ

- **樹高**：
  自然状態…2m以上
  庭植目安…1〜3m
- **枝張り**：
  自然状態…2m以上
  庭植目安…2〜10m
- **生長速度**：早い
- **日当たり**：陽樹
- **乾湿**：湿気を好む
- **大気汚染**：普通
- **萌芽力**：強い
- **主な病害虫**：
  ウドンコ病、黒点病（黒星病）、ベト病、アブラムシ、ハマキムシ、ハダニ、カイガラムシ
- **栽培可能地域**：
  ほぼ全国
- **花色**：多色
- **剪定難易度**：難しい

ワンポイントアドバイス

つるバラの剪定・誘引の際にはトゲに注意しましょう。必ず革手袋などをはめて作業します。トゲがどうしても苦手という人には、トゲのないモッコウバラをお勧めします。
また冬期は枝がかたいので、誘引の際に折ったりしないように注意が必要です。

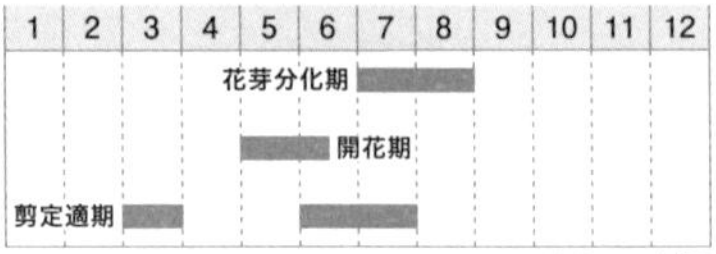

花芽タイプ：2

小さく芳香のよい花と
色が変わる葉が魅力

テイカカズラ・ハツユキカズラ

【定家葛・初雪葛】別名：テイカカズラ：マサキノカズラ／キョウチクトウ科テイカカズラ属

基本データ

- **樹高**：
  自然状態…3～10m
  庭植目安…2～6m
- **枝張り**：
  自然状態…3～10m
  庭植目安…1.5～3m
- **生長速度**：早い
- **日当たり**：中庸
- **乾湿**：中庸
- **大気汚染**：普通
- **萌芽力**：普通
- **主な病害虫**：特になし
- **栽培可能地域**：
  東北～沖縄
- **花色**：白、黄、ピンク
- **剪定難易度**：易しい

MEMO テイカカズラのテイカは藤原定家のことで、カズラはつる植物の意味。藤原定家は後白河法皇の皇女・式子内親王を愛し、その想いは内親王の死後も変わらず、カズラに生まれ変わって彼女の墓にからみついたという伝説にちなみます。

高さと幅を考えた誘引がコツ

テイカカズラは、初夏に白やピンクの船のスクリューのような５弁花を咲かせます。直径２㎝ほどの小さい花ですが、ほどよい芳香があります。

園芸品種では、ハツユキカズラが特に人気があります。花はほとんど咲きませんが、葉は新芽のときにはピンク色で徐々に白くなり、次いで白と緑色のまだら模様、生長が止まると濃い緑一色になります。

テイカカズラもハツユキカズラも、特に剪定の必要はありません。つるも細いので、込み合ってからんでも、さほど圧迫感も受けません。

テイカカズラは花後《はなご》に開花したつるをつけ根から切り、新芽を吹く前に伸びすぎたつるを切る程度です。ハツユキカズラは萌芽力が強いので、つるが伸びすぎたら思い切って短く切っても大丈夫です。

■テイカカズラの剪定

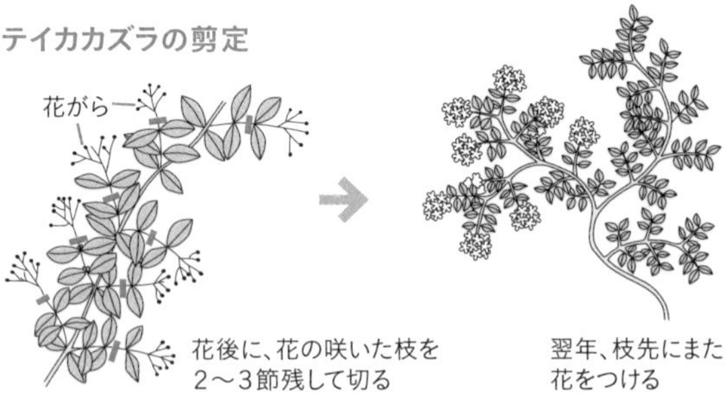

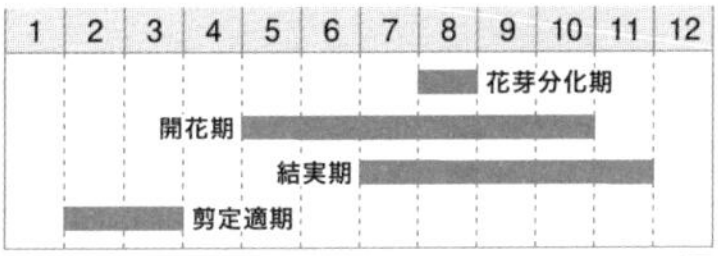

花芽タイプ：6

フェンスやポールに仕立てて
花期の長い花を楽しむ

ツキヌキニンドウ

【突抜忍冬】別名：ハニーサックル／スイカズラ科スイカズラ属

前年に花をつけた長いつるを切る

ツキヌキニンドウは春から秋の長い期間にわたり、細くて先端の開いた漏斗《ろうと》状の花を枝先に次々と咲かせます。また、花後《はなご》には赤い実をつけます。

ツキヌキニンドウは、つるを長く伸ばすので、フェンスにからませたり、アーチやポール仕立てにします。からまる力がやや弱いので、誘引してヒモなどで結束する作業が必要です。

剪定は芽出し前の２〜３月に行います。花芽《はなめ》は切り戻した部分から発生する新梢《しんしょう》の先端にできるので、気温と日照が十分であれば、どこで切っても花は咲きます。

ただし、基本は前年に花をつけた長いつるをつけ根から切り取ることです。こうすることによって勢いのあるつるが数本出て、先端に多くの花を咲かせます。

■ツキヌキニンドウの剪定

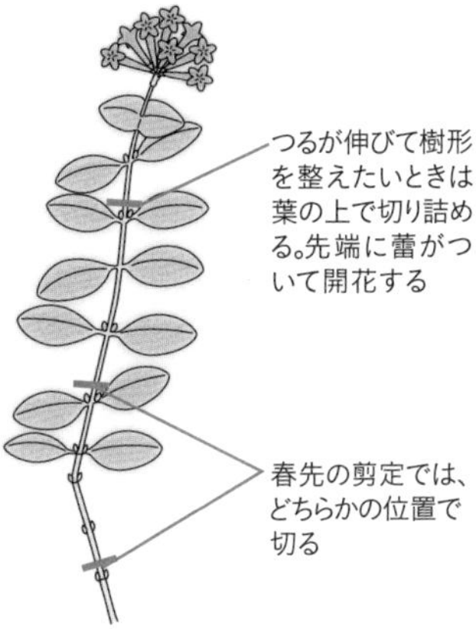

基本データ

- **樹高**：
  自然状態…3〜10m
  庭植目安…2〜6m
- **枝張り**：
  自然状態…3〜10m
  庭植目安…1.5〜3m
- **生長速度**：早い
- **日当たり**：陽樹
- **乾湿**：中庸
- **大気汚染**：やや弱い
- **萌芽力**：普通
- **主な病害虫**：特になし
- **栽培可能地域**：
  関東〜沖縄の暖地
- **花色**：赤、ピンク、オレンジ、黄、白
- **剪定難易度**：易しい

MEMO 花に近い先端のところで対生する2枚の葉の基部がくっついて、つるが葉の真ん中を突き抜けているように見えるので、ツキヌキニンドウの名があります。

花芽タイプ：6

3タイプの特徴を知って
「つる花の女王」を楽しもう

クレマチス

キンポウゲ科センニンソウ属

基本データ

- **樹高**：
  自然状態…2m以上
  庭植目安…1〜3m
- **枝張り**：
  自然状態…2m以上
  庭植目安…2〜10m
- **生長速度**：早い
- **日当たり**：陽樹
- **乾湿**：湿気を好む
- **大気汚染**：普通
- **萌芽力**：強い
- **主な病害虫**：
  立枯病、白絹病、ウドンコ病、アブラムシ
- **栽培可能地域**：
  ほぼ全国
- **花色**：多色
- **剪定難易度**：難しい

ワンポイントアドバイス
立派で美しい花を楽しむには冬の寒肥と、花が咲き終わったあとのお礼肥として、油粕に骨粉を30%ほど混ぜた有機質肥料を、1株あたりに1〜2握りほど、根が張るあたりに浅くすき込んでおくと効果的です。

開花タイプに応じた剪定を

クレマチスは、世界中に250〜300種が分布し、「つる花の女王」と称されています。

クレマチスは花の咲き方（花芽のつき方）で「旧枝咲き」「新枝咲き」「新旧両枝咲き」の３タイプに分けられます。

旧枝咲きタイプの剪定

前年に伸びた枝から春に短い枝を出して花を咲かせるタイプで、一季咲きの品種が多く、５〜６月に開花するカザグルマはこのタイプに属します。

このタイプの剪定は、花が終わるか終わらない頃、株のエネルギーを温存するためにも、花および花殻を摘むか、あるいは花の下１節か２節の部分を切ります。さらに、その花のついた枝がある程度伸びた頃に、半分くらいに切って新枝を多く発生させ、翌年の花芽《はなめ》をつけさせます。落葉期の剪定は、枯れた枝や花芽がついていない細い枝を整理する程度にとどめます。

新枝咲きタイプの剪定

新枝咲きは、その年に伸びた枝に花を咲かせるタイプで、四季咲きの品種が多く、春から秋にかけて２〜３回、花を咲かせます。前年に伸びて花をつけた枝のほとんどが冬の間に枯れてしまうので、株元からばっさりと切ります。春には新芽が発生して勢いよく伸びて花をつけます。１番花が終わったら、株元から２節ほど残して枝を短く切ります。そうすると、切ったすぐ下の節から芽を吹いて枝が伸び、再び花を咲かせてくれます。このような剪定で、３～４番花まで楽しむことができます。

新旧両枝咲きタイプの剪定

新旧両枝咲きは、前年に伸びた枝から春に新芽を出し、それがある程度の長さになると花を咲かせるタイプです。これも四季咲きの品種が多く、テッセンはこのタイプです。

花後《はなご》に枝を切り詰めると節から芽を出して枝を伸ばし、再び花を咲かせます。枝を長めに残して先端近くで切ると早めに花がつき、短めに切るとやや遅く咲きます。落葉期の剪定では、前年生枝の節についた芽が伸びて枝となって花をつけるので、芽の位置を確かめて、どのくらい切るか判断します。短く切るほど新枝の数は減り、花数も減りますので、強く剪定するとしても半分くらいにとどめます。

MEMO クレマチスは250～300種の品種がありますが、系統がわかると花の咲き方のタイプがわかります。

■旧枝咲きタイプ
モンタナ系、シルホサ系、アトラゲネ系、アーマンディ系、パテンス系、フォステリー系など。

■新枝咲きタイプ
ヴィチセラ系、ヴィオルナ系、ヴィタルバ系、ジャックマニー系、インテグリフォリア系、テキセンシス系、タングチカ系など。

■新旧両枝咲きタイプ
フロリダ系、ラヌギノーサ系など。

■新旧両枝咲き（テッセン）の剪定

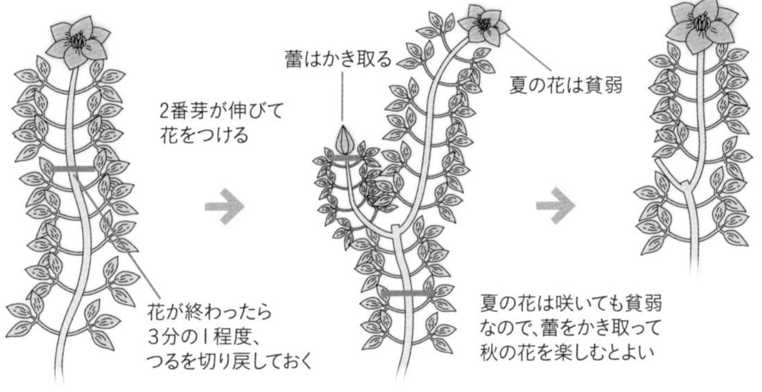

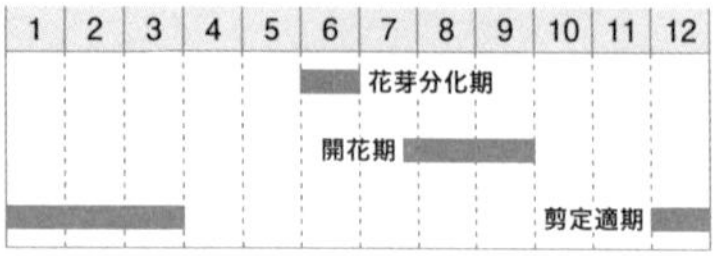

花芽タイプ：6

樹勢をコントロールして
真夏に花を楽しもう

ノウゼンカズラ

【凌霄花】ノウゼンカズラ科ノウゼンカズラ属

基本データ

- **樹高**：
  自然状態…5～10m
  庭植目安…3～6m
- **枝張り**：
  自然状態…3～6m
  庭植目安…1.5～3m
- **生長速度**：早い
- **日当たり**：陽樹
- **乾湿**：乾燥に弱い
- **大気汚染**：普通
- **萌芽力**：普通
- **主な病害虫**：特になし
- **栽培可能地域**：
  東北南部～沖縄
- **花色**：赤、オレンジ、黄
- **剪定難易度**：易しい

適用樹種

アメリカノウゼンカズラ
花は小さくオレンジ色。

タグリアブアナ
ノウゼンカズラとアメリカノウゼンカズラの交雑種。

MEMO 近似種にツリガネカズラがあります。花がカレーのようなスパイシーな香りがすることから、「カレーバイン」と呼ばれています。花色も朱から黄のグラデーションで、まさにカレーのようです。

古いつるを除いて花数を多く

ラッパ型をした橙色の花が、花の少ない真夏の季節を彩ってくれます。花は１日で落ちますが、次々に咲くので、初秋まで楽しめます。

ノウゼンカズラは勢いよく伸びるので、落葉期につるを切って短くします。

花は新しいつるの先端部につきます。剪定しないと花が終わった後の古いつるが伸びて、枝葉が茂るわりには花数が少なくなってしまいます。枝元を10㎝（３～４芽）ほど残して切ると、新芽の発生が促され、元気のよい花をつけるようになります。

ノウゼンカズラは、親株から離れたところでヒコバエが見つかることがあります。親株がヒコバエに養分を吸い取られて樹勢が衰えるので、見つけたらすぐに取り除きましょう。

■ノウゼンカズラの剪定

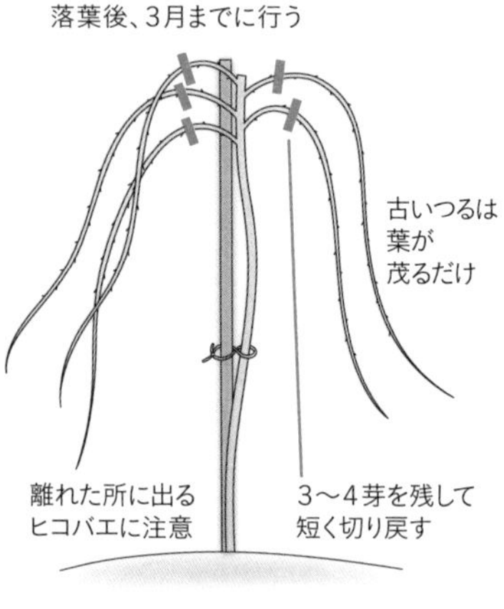

第4章

果実を楽しむ樹種の剪定のコツ

果樹は枝振りや花を楽しめるだけでなく、
上手に管理すればおいしい果実を収穫することもできます。
樹形を整えるための枝の整理はもちろん、人工受粉や摘果など、
庭木として育てながら確実に実をならせるための
管理方法も紹介します。

果実をならせるための基礎知識

果実をならせるのに必要な条件

果樹の場合、花が咲いても確実に実を結ぶとは限りません。以下のような理由によるものです。

- 単性花といって雄花と雌花に分かれている樹種は受粉しにくく、結実のためには人工授粉が必要です。主な樹種としてはカキノキ、クリ、クルミ、アケビがあります。
- 雄花と雌花が別々の株につく雌雄異株《しゆういしゅ》の樹種は、雄木と雌木をそばに植えなくては実を結びません。キウイフルーツやギンナンがそうです。
- 「自家不和合性（自家不結実性・自家不捻性）」という、他殖を促進し、自殖を抑制する現象があります。これは種の多様性を維持するためと考えられており、ウメやモモ、スモモ、リンゴ、ナシなどに見られます。開花時期の重なる別の品種を近くに植えたり、人工授粉を行う必要があります。

人工授粉で確実に実を結ばせる

人工授粉は、結実させたい果樹の雌しべに、雄しべの花粉を筆や綿棒などでつける方法です。

雄しべの先の葯《やく》から花粉を採ります。充実した花粉が沢山採れる開花直前の蕾を使いましょう。花粉の採集と授粉は気温が上がる午前中に行いましょう。

開花した花（五分咲きから満開）同士を、気温が上がった頃に直接合わせる「花合わせ」も可能で

人工授粉の方法

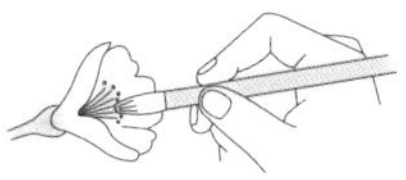

花粉を採取して授粉する方法（多量のとき）

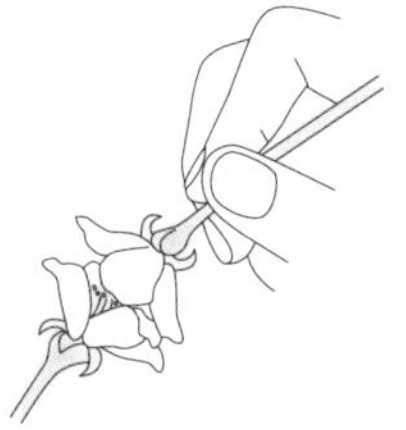

花同士で授粉する方法（少量のとき）

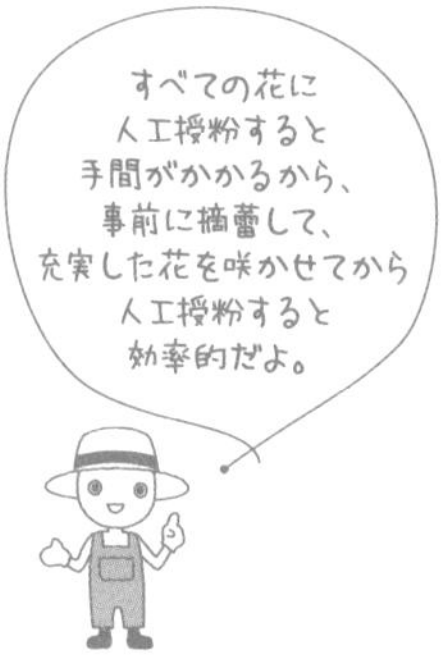

す。雄しべを取って雌しべに直接つけてかまいません。雌しべは蕾の時期でも受精能力がありますが、確実に結実させるには五分咲きの頃から満開の頃がよいでしょう。

摘果で実を大きく

果実を大きくならせるには葉の存在が重要です。葉による光合成でつくられた栄養分が実を育てるからです。果樹には、実１個をしっかりと育てるのに必要な葉の数がだいたい決まっています。実がつきすぎたときは、適度に実を摘み取って数を調整する必要があります。この作業を「摘果《てきか》」といいます。摘果は開花後３～４週間以内に行いましょう。

摘蕾・摘花で結実をコントロール

果樹には、実がたくさんつく年と、ほとんどつかない年があります。それらが１年ごとに交互に訪れることを隔年結果《かくねんけっか》といいます。カキや柑橘類のように開花後から実が熟すまでに長くかかる樹種に多くみられます。花がたくさん咲いて、たくさんの実がなると、木に蓄えられている栄養分のほとんどが開花や果実の肥大に使われて、翌年の花芽形成のための養分が減ってしまうことが原因です。

そのために、「摘蕾《てきらい》」や「摘花《てきか》」でできるだけ木に栄養分を残すようにして、毎年結実するようにします。実の数は摘果で制限できますが、蕾や花の段階で摘み取って、養分の競合を抑え、できるだけ木に栄養分を残すようにします。摘蕾や摘花により人工授粉の手間を最小限にすることができます。

摘 果

葉15～20枚に1果の割合で残す。短果枝なら5本に1果、中果枝は1本に1果、長果枝は1本に2～3果が目安。

摘蕾・摘花

中心の花が早く咲き、花梗も長いので、中心をひとつ残す。リンゴは1果、ナシは3～4果とする

新聞紙で代用する場合は1/8の大きさを2つ折りにする

袋かけ

リンゴ、モモ、ブドウ、ビワなど、果樹には害虫がつきやすいものがあるので、袋かけすると被害を受けにくく安心

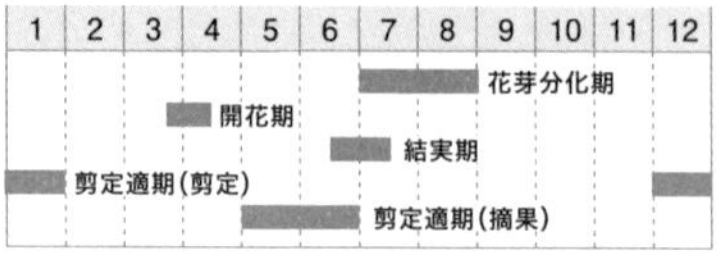

花芽タイプ:1

花を観賞した後は
大きな実の収穫も楽しめる

アンズ

【杏】別名:カラモモ/バラ科サクラ属

基本データ

- **樹高**:
  自然状態…5～8m
  庭植目安…3～5m
- **枝張り**:
  自然状態…3～6m
  庭植目安…2～4m
- **生長速度**:やや早い
- **日当たり**:陽樹
- **乾湿**:乾燥を好む
- **大気汚染**:弱い
- **萌芽力**:普通
- **主な病害虫**:
  黒星病、アブラムシ、カイガラムシ、コスカシバ
- **栽培可能地域**:
  北海道中部
  ～九州の冷涼地
- **花色**:ピンク
- **実色**:オレンジ
- **剪定難易度**:普通

ワンポイントアドバイス

収穫は6～7月頃です。アンズは自家受粉する品種もありますが、他品種かモモの花粉で人工受粉したほうが確実に結実します。

果実を充実させる摘果作業

アンズは古くから果樹として親しまれていますが、花も美しく観賞価値の高い樹種です。

剪定は落葉期に行います。地上2～3mくらいのところで主幹の芯を止めて一定の大きさを維持します。さらに徒長枝《とちょうし》や古枝のほか、上向きの立ち枝を切って枝を横に広げるようにします。

果実は10㎝程度の短い新しい枝に多くつくので、短い枝を残して、長く伸びた枝は先端を3分の1～5分の2程度切り詰めます。花後《はなご》に不定芽が出やすいので、随時、芽かきをして、果実に十分な日光を当てることが大切です。

開花後、1か月くらい経って果実が小指大ほどになったら、5㎝間隔くらいに摘果します。発育のよい実はなるべく残し、葉20枚に対して1果摘むくらいを目安としてください。

■アンズの剪定

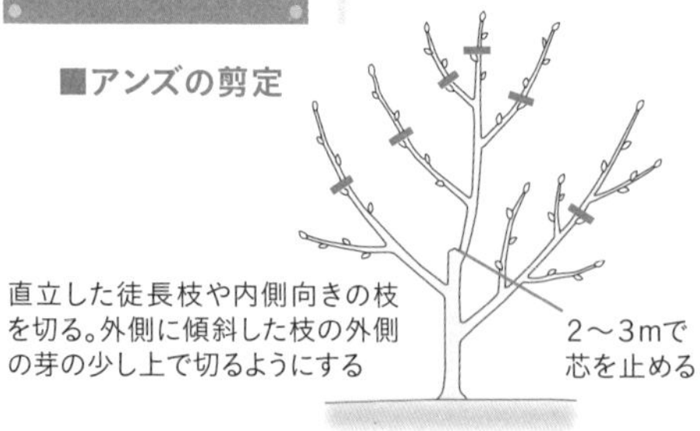

■アンズの摘果

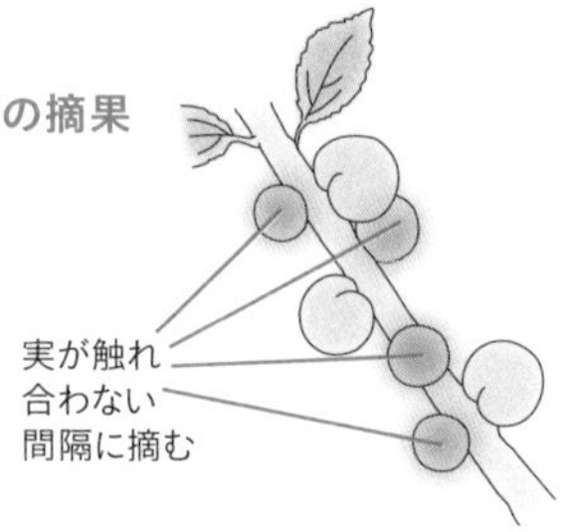

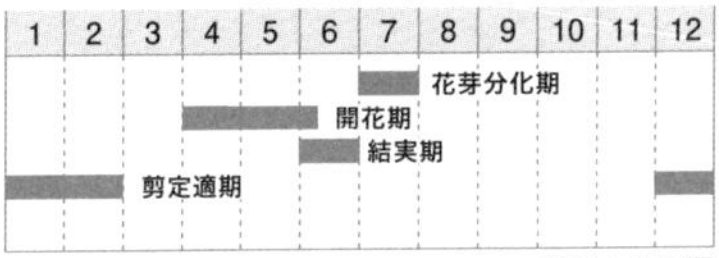

花芽タイプ：4

株立ち仕立てで春の花と
6月の実を楽しむ

ジューンベリー

別名：アメリカザイフリボク／バラ科ザイフリボク属

ほどよい剪定で自然樹形を生かす

ジューンベリーは花、実（ジャムにも）、秋の紅葉を楽しめ、病害虫の発生が少なく、寒さにも暑さにも強く半日陰でもよく育ちますので、近年、人気が高まっています。人工受粉も必要ありません。

樹形は主幹仕立てでシンボルツリーとしてもよいのですが、株立ちとしたほうが、春の白花が樹冠全体にいっせいに咲き、観賞価値が高くなります。自然に樹形が整うので、12～2月頃に、花芽《はなめ》に注意しながら、枯れた枝や細い枝を整理する程度でかまいません。ただし、2～3年実をつけた枝は短く切り戻し、若い枝に更新したほうがよいでしょう。

基本データ

- **樹高**：
  自然状態…6～10m
  庭植目安…3～5m
- **枝張り**：
  自然状態…3～4m
  庭植目安…1～3m
- **生長速度**：やや遅い
- **日当たり**：中庸
- **乾湿**：湿潤を好む
- **大気汚染**：強い
- **萌芽力**：普通
- **主な病害虫**：
  ウドンコ病、ハマキムシ、カイガラムシ、テッポウムシ
- **栽培可能地域**：
  北海道南部～沖縄
- **花色**：白
- **実色**：赤～黒紫
- **剪定難易度**：易しい

■ジューンベリーの剪定

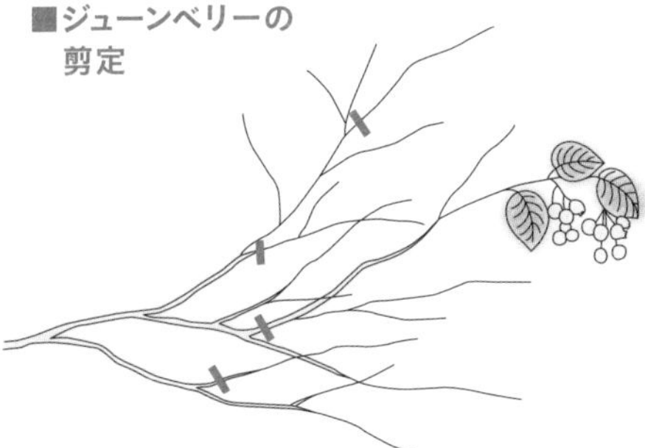

込み合った枝やからみ合った枝を間引く程度にする。枝分かれしたつけ根や枝元から切り取る

■花芽のつき方と手入れ

その年に伸びた枝先に花芽をつけ、翌年、そこから新しい枝が伸びて花が咲くので、冬の剪定では花芽のできている枝の先端を切りすぎないよう注意する

花芽タイプ：2

春の花や秋の紅葉が楽しめて
実の収穫も容易な小果樹

ブルーベリー

ツツジ科スノキ属

基本データ

- **樹高**：
  自然状態…1.2～2m
  庭植目安…0.5～1.5m
- **枝張り**：
  自然状態…1.2～2m
  庭植目安…0.8～1.2m
- **生長速度**：やや遅い
- **日当たり**：陽樹
- **乾湿**：乾燥に弱い
- **大気汚染**：普通
- **萌芽力**：普通
- **主な病害虫**：特になし
- **栽培可能地域**：
  ハイブッシュ…北海道～甲信越・北陸
  ラビットアイ…関東以西
- **花色**：白
- **実色**：黒紫
- **剪定難易度**：普通

ワンポイントアドバイス

ブルーベリーを苗木で植えた場合、収穫ができるようになるまで4～5年はかかります。植えてから2～3年は生長期なので、樹勢を強く充実させるため、花芽をつけた枝を切って、あえて開花させないようにします。また込んでいる枝や弱い枝を間引く程度で強い剪定は避けましょう。

気候条件に合わせて品種を選ぶ

ブルーベリーの品種は200以上ありますが、大きく分けてハイブッシュ系と、ラビットアイ系になります。ハイブッシュ系は耐寒性が強く、東北地方や長野県など、ラビットアイ系は関東以西の暖かい地域に適します。近年では、ハイブッシュ系をさらに適地に合わせて、ノーザン・ハイブッシュ、サザン・ハイブッシュ、ハーフ・ハイブッシュの３種類に分けています。気候等の条件に合わせて系統を選ぶようにしましょう。

結実には他の品種を混植するか、人工受粉を

ラビットアイの品種は自家不結実性で、自分の花粉では結実できないので、同系の他品種を混植するか、他品種の花粉で人工授粉しなくてはなりません。ハイブッシュは単独でも結実するとされていますが、こちらも他品種を混植するか、人工授粉したほうが大きな実をつけ、成熟も早くなります。

ただし、ラビットアイ系とハイブッシュ系の品種間では受粉しないので注意しましょう。

開花・結実のための剪定法

ブルーベリーは主枝４～６本くらいの株仕立てにするとよいでしょう。

休眠期（1〜2月）の剪定は落葉していてダメージが少なく、花芽や樹形もよく分かります。結果枝がついた主枝はそのままに。徒長枝《とちょうし》や込んでからみ合っている細かい枝を間引いて樹形を整えます。花芽形成前の夏（5〜7月）の剪定は春に伸びすぎた枝を切って、込みすぎた部分を透かします。

３〜４年結実した古枝は、花芽がつきづらく実もつかなくなるので、地際から間引いて、勢いのある若い枝に更新する必要があります。また、強い新《しん》梢《しょう》は先端を切り詰めて、その部分から新しい枝を発生させます。発生した枝には花芽がつくので結果枝として大事に育ててください。このように、古枝と新梢の更新を繰り返し樹勢の強い株を育てていくのが、よい実をたくさん収穫するコツです。

実の収穫期は品種によって異なりますが、おおむねハイブッシュが6〜7月、ラビットアイが7〜9月上旬くらいです。濃い紫色に熟したら収穫期です。

MEMO ブルーベリーの品種で比較的育てやすいものを以下にあげます。

■**ノーザン・ハイブッシュ**
ウェイマウス、アーリーブルー、スパータン、ヌイ、レカ、プル、パトリオット、ブルーレイ、ブルークロップ、バークレー、ハーバート、ダロー、ジャージー、エリザベス

■**サザン・ハイブッシュ**
オニール、シャープブルー、サンシャインブルー、ミスティー

■**ハーフ・ハイブッシュ**
ノースランド、ポラリス、トップハット

■**ラビットアイ**
ウッタード、ホームベル、ティフブルー

※以上はおおむね結実の順（早生《わせ》〜晩生《おくて》）です。

■**ブルーベリーの剪定**

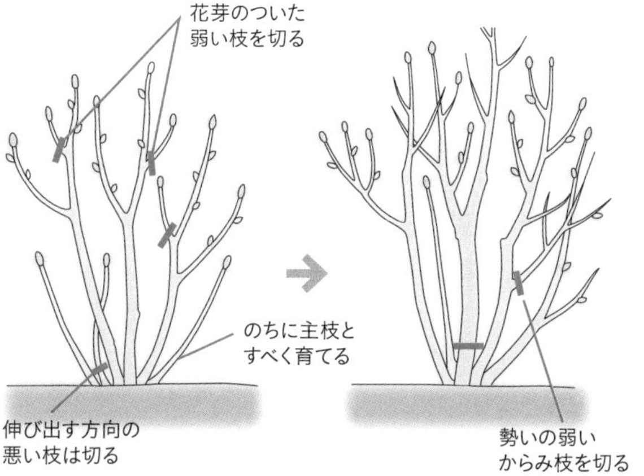

2〜3年目の落葉期

植えてから2〜3年くらいはできるだけ剪定をせずに生育させ、花芽をつけた弱い枝や方向の悪い枝を切るようにする

4年目以降の落葉期

3〜4年、実をつけた古枝は花芽がつきづらくなるので、地際で切って根元から出ている新しい枝に更新し、4本くらいの株立ちとする

実の収穫は落花後60日くらいで行える

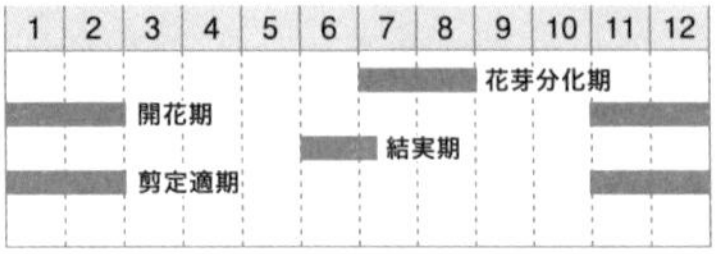

花芽タイプ：1

低く管理しやすい高さにして
毎年、甘い実を収穫

ビワ

【枇杷】バラ科ビワ属

基本データ

- **樹高**：
  自然状態…2.5〜5m
  庭植目安…1.5〜4m
- **枝張り**：
  自然状態…1.5〜2.5m
  庭植目安…1〜3m
- **生長速度**：早い
- **日当たり**：中庸
- **乾湿**：湿気に弱い
- **大気汚染**：強い
- **萌芽力**：強い
- **主な病害虫**：特になし
- **栽培可能地域**：
  関東以西の温暖地
- **花色**：白
- **実色**：オレンジ
- **剪定難易度**：普通

ワンポイントアドバイス

1年生の苗木からは4〜5本の芽が出ますので、四方に向けて4本の枝を残して、あとは間引きます。残した枝は横方向に誘引して樹高を低く抑えます。こうして、4〜5年かけて不要な枝を除きつつ木の骨格をつくり、低くて管理しやすい木を仕立てます。

開花期に剪定して花芽をつける

ビワは生長が旺盛で樹高が高くなります。木が大きくなってから小さくしようと強い剪定をすると、切った枝には３年くらいは実がつかなくなります。木を大きくしないために、苗木の段階から手を打っておきましょう（ワンポイントアドバイス参照）。

基本剪定は花が咲いている11〜２月に行います。ビワはその年に伸びた枝の先端に夏、花芽《はなめ》をつけます。車枝《くるまえだ》状に伸びた枝の中央にある短枝《たんし》につくことが多いので、その短枝と方向のよい短枝を３本ほど残して、あとの長い枝はつけ根から切ります。

大きな実を収穫するには、３月頃に１本の枝先に３〜４個残して摘果します。収穫の一週間くらい前に、水をたっぷり与えると、実の甘さが増します。

■ビワの摘果

1本の枝先に
実3〜4個に
なるように摘む

■ビワの楕円形仕立て

植えつけ3年目以降、左右に
誘引して樹高を低くする

■ビワの剪定

花が咲いている11〜2月頃に
枝先を切り詰め剪定する

花芽タイプ：4

花つきとよい実をつけるために
枝の切りすぎに注意

ザクロ

【石榴・柘榴】ミソハギ科ザクロ属

新枝は4〜5芽残して剪定

剪定は夏の花後《はなご》か冬の落葉期に行います。ただし、徒長枝《とちょうし》や立ち枝、下向きの枝を切って内部の日当たりをよくするほかは、枝を切りすぎないように注意します。特に、枝先や小枝を落としてしまうと花芽《はなめ》がつかなくなります。ザクロの花芽は春から伸びた新梢《しんしょう》につき、翌年の夏に開花します。花芽は充実した短枝《たんし》に限られるので、新梢を枝元に4〜5芽ほど残して切ると、花がつきやすくなります。

また、ザクロは根元からヒコバエが出やすい傾向がありますので、見つけたら取り除きます。

ザクロは自家受粉で結実しますが、晴れた日を選んで筆で人工授粉をすると結実が安定します。また1か所に2〜3個、実がついていたら、よいものを1つ残して摘果しましょう。

基本データ

- ●樹高：
  自然状態…5〜7m
  庭植目安…2〜5m
- ●枝張り：
  自然状態…3〜5m
  庭植目安…1〜3m
- ●生長速度：やや遅い
- ●日当たり：陽樹
- ●乾湿：乾燥に強い
- ●大気汚染：強い
- ●萌芽力：普通
- ●主な病害虫：特になし
- ●栽培可能地域：
  関東以西の温暖地
- ●花色：朱、白、黄
- ●実色：薄い赤
- ●剪定難易度：普通

ワンポイントアドバイス

間引き剪定を主体に枝先が少し垂れるように整えると、実が安定してなります。花芽は前年枝の枝先付近の数節につきます。

MEMO ザクロには花を観賞する「花ザクロ」と、果実を収穫する「実ザクロ」があります。家庭栽培に適した品種は、観賞用で矮性《わいせい》種の「ヒメザクロ」のほか、「大実ザクロ」、「水晶ザクロ」、「大紅ザクロ」など。

■ザクロの剪定

剪定は夏の花後か冬の落葉期に行う。ヒコバエは除く

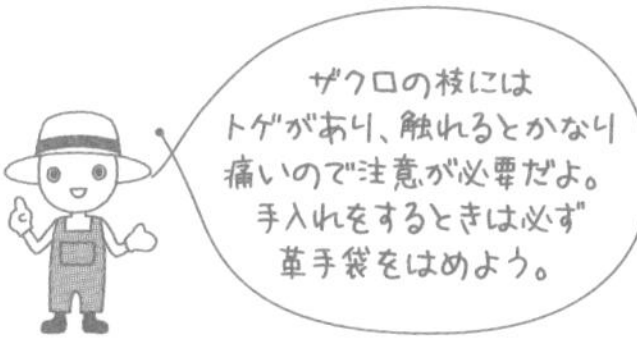

■人工授粉

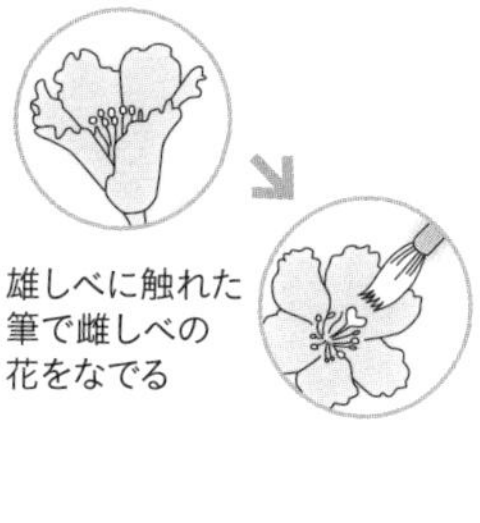

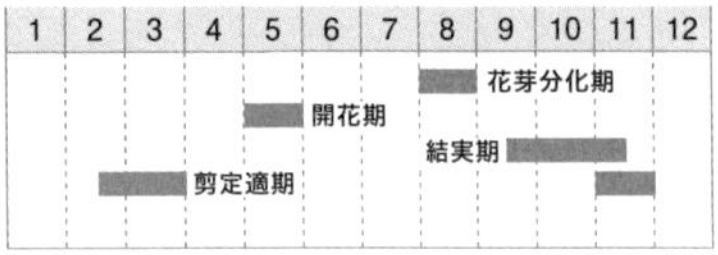

花芽タイプ：5

摘果と剪定を兼ねた収穫で
毎年の結実を促す

カキノキ

【柿の木】別名：カキ／カキノキ科カキノキ属

基本データ

- **樹高**：
  自然状態…5〜10m
  庭植目安…2〜5m
- **枝張り**：
  自然状態…5〜8m
  庭植目安…2〜4m
- **生長速度**：遅い
- **日当たり**：陽樹
- **乾湿**：湿潤を好む
- **大気汚染**：弱い
- **萌芽力**：強い
- **主な病害虫**：
  炭疽病、黒点病(黒星病)、ウドンコ病、灰色カビ病、カキノヘタムシ、イラガ、アメリカシロヒトリ
- **栽培可能地域**：
  東北〜沖縄
- **花色**：白
- **実色**：オレンジ
- **剪定難易度**：やや難しい

MEMO 一般的に「カキ」といわれていますが、植物学上は「カキノキ」です。「桃栗３年、柿８年」といわれるように、カキノキは苗木を植えてから実をつけるのに長い年月がかかる果樹でした。しかし、近年、ガーデンセンターなどで売られている苗木は接木したものがほとんどで、その接木苗を植えれば、2〜3年で実をつけるようになります。

木を疲れさせない剪定の工夫

カキノキは隔年結果《かくねんけっか》といって、実がよくつく年と不作な年が交互にきます。毎年、確実に実をならせたいのであれば、生理落果（※）のあと、開花後に小さい実ができた頃、ひと枝に１〜２個残して、あとは摘み取り、木を疲れさせないようにするとよいでしょう。

また、カキノキは雌雄同株《しゆうどうしゅ》ですが、富有《ふゆう》、次郎《じろう》、平核無《ひらたねなし》といったポピュラーな品種は雄花がなく雌花しかつけません。雌花だけで結実しにくいようであれば、受粉樹として雄花が多い禅寺丸《ぜんじまる》、筆柿《ふでがき》、西村《にしむら》早生《わせ》などの品種を植えるか、人工授粉をします。

実のつく枝を切って収穫

カキノキの実を収穫するときに、結果枝《けっかし》ごと切ってしまうことをお勧めします。今年、実のついた枝には翌年は実がなりませんので、その枝ごとつけ根から切って実を収穫しながら、ついでに枝透かしをしてしまうのです。ヘタのところでハサミを使って実を採っていたのでは手間がかかるばかりでなく、実のならない枝が多く発生します。

カキノキは前年伸びた枝から新しい枝が伸びて、その枝の先端の１〜３芽くらいに花芽（ふっくら

※実がつきすぎて樹体が不健康になるのを防ぐため、着果数を自然に調節する現象

しているが判別が難しい）がつき、実を結びます。ですから、前年伸びた枝の枝先を切ってしまうと実がなりません。なり枝とそうでない枝を区別するのは容易なことではありません。

本来、カキノキは落葉期である冬場に枝透かしを行って、日当たりや通風を確保したほうがよいのですが、収穫時に結果枝を切り取る以外は、放っておいたほうが無難でしょう。

根を横に張らせて、枝を横に広げる

カキノキは横に伸びた中くらい（50〜80cm）の枝によい実がつきますが、放っておくと上にまっすぐ伸びていく性質をもつ木です。樹木の枝の張り方は根の状態と関係があります。根が横に張るような木は枝も横に広がり、根がまっすぐに地中深く伸びる木は上へ上へと枝が伸びる傾向にあるのです。カキノキはゴボウ根とよばれ後者に属します。

カキノキを植えるときに、植え穴の底に瓦や敷石、レンガなどを敷くのも一つの方法です。そうすれば、根を下に伸ばさないで横に張ります。その結果、枝も横に張り、実もよくつくようになります。

■カキノキの剪定

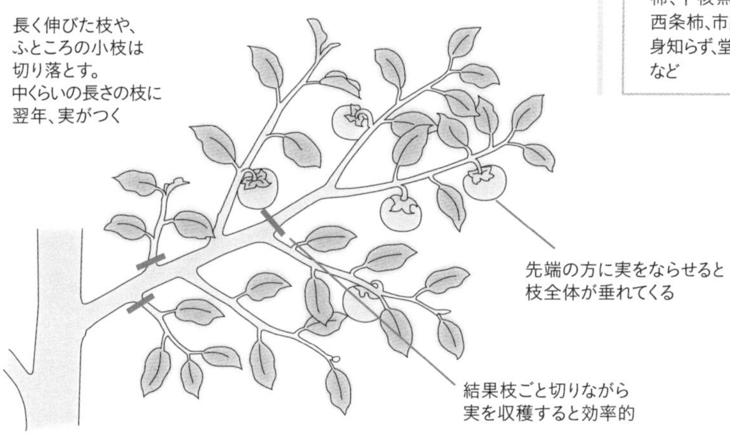

ワンポイントアドバイス

夏頃に熟してもいないカキノキの実が赤くなって、次々と落ちてしまうことがあります。それはカキノヘタムシのしわざです。カキノヘタムシはヘタの部分から侵入して食い荒らし、収穫時には実がほとんど失われてしまいます。カキノヘタムシは枝の分かれ目の部分や樹皮の下にマユをつくって越冬するので、マユを見つけたら、取り除くようにしましょう。

MEMO カキの品種は多く、1000を超えるともいわれ、渋柿と甘柿に大別されます。甘柿は渋柿の突然変異種と考えられていて、熟せば常に甘みをもつ完全甘柿と、渋みが残ることがある不完全甘柿に分類できます。

■完全甘柿
富有、次郎、太秋、貴秋、花御所など

■不完全甘柿
禅寺丸、筆柿、西村早生、黒柿など

■渋柿
甲州百目、富士、江戸柿、平核無、刀根柿、西条柿、市田柿、会津身知らず、堂上蜂屋柿など

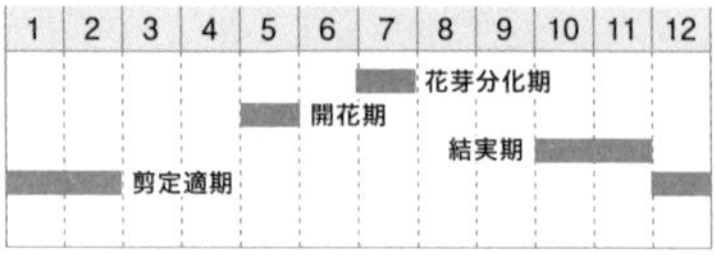

花芽タイプ: 1

初心者でも剪定が簡単で
熟しながら色が変わる実も魅力

オリーブ

モクセイ科オリーブ属

基本データ

- **樹高**:
  自然状態…5〜7m
  庭植目安…3〜4m
- **枝張り**:
  自然状態…2〜5m
  庭植目安…1〜2m
- **生長速度**:やや遅い
- **日当たり**:陽樹
- **乾湿**:乾燥を好む
- **大気汚染**:弱い
- **萌芽力**:強い
- **主な病害虫**:ハマキムシ、テッポウムシ、グンバイムシ
- **栽培可能地域**:
  東北南部の太平洋岸〜沖縄
- **花色**:クリーム色
- **実色**:
  濃緑〜黄緑〜黒紫
- **剪定難易度**:易しい

MEMO 自家結実性の品種として、小果種のルッカ・セントキャサリン、中果種のピクアルなどがあります。

適度に透かして風通しよく

春にクリーム色の花を20輪ほどまとめて咲かせます。果実は球形やタマゴ形で、濃緑色から、黄緑色、黒紫色と完熟していきます。

剪定は、ある程度生長して樹形ができるまでは切り詰め剪定で枝を出させ、主枝ができたら徒長枝《とちょうし》や込み合った枝、弱い枝などを元から切って樹形を整えます。強風で倒れたり傷んだりすることもあるので、適度に風が通るように透かすことも必要です。剪定適期は冬場（休眠期から成長期への移行期）ですが、樹形を乱す枝を見つけたら、そのつど切り落とします。

オリーブのほとんどの品種は自家受粉しませんので、実の収穫には２つ以上の品種を混植する必要があります。

■オリーブの剪定

伸びすぎた枝は枝元から切り取る。込みすぎる枝を間引いて、日照や通風を確保する

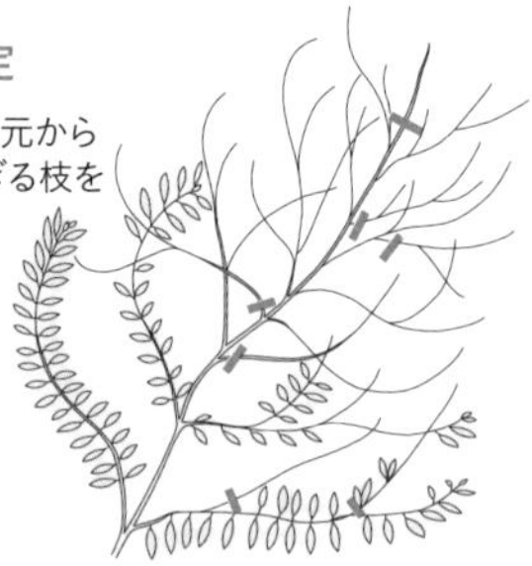

■花芽のつき方と手入れ

前年に伸びた枝の葉のつけ根部分に、3月下旬くらいに花芽をつけるので、春以降の切り詰めなどはできるだけ避ける

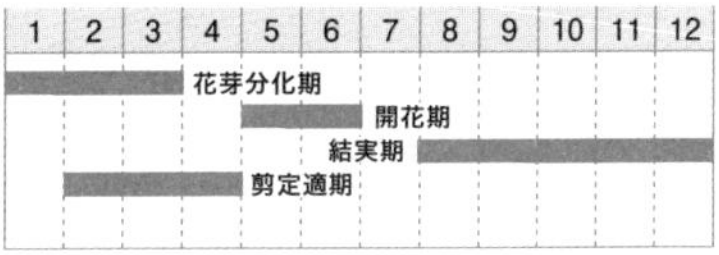

花芽タイプ: 4

寒さに強い柑橘類で
夏から冬まで収穫できる

ユズ

【柚・柚子】ミカン科ミカン属

春枝と夏枝を生かすのがコツ

ユズは柑橘類のなかでも最も寒さに強く、東北南部や北陸地方でも栽培されています。

若い間、1〜4年は剪定をせずに枝葉を増やして樹勢をつけさせます。その後、枝が伸びて下垂すると自然に生育が鈍り、枝元から勢いのある枝が発生しますので、その枝を骨格に樹形をつくります。

柑橘類は年に3回、枝が伸びます。4月に出た新芽が6月頃にいったん伸びを止めて春枝となります。8月中旬くらいに先端の芽が伸びて夏枝となり、さらに10月に秋枝が伸びます。春枝は翌年の結果母枝《けっかぼし》となるので大切に育て、夏枝は勢いがある枝を残して樹形づくりに利用します。秋枝は充実していないので半分くらいに切り詰めます。

ユズの花は両性花なのでよく結実しますが、充実した実を収穫するために7月頃に摘果します。

■ユズの樹形づくり

下垂した枝の元から、水平方向に伸びる勢いのよい枝が出るので、この枝を育てて樹形をつくる

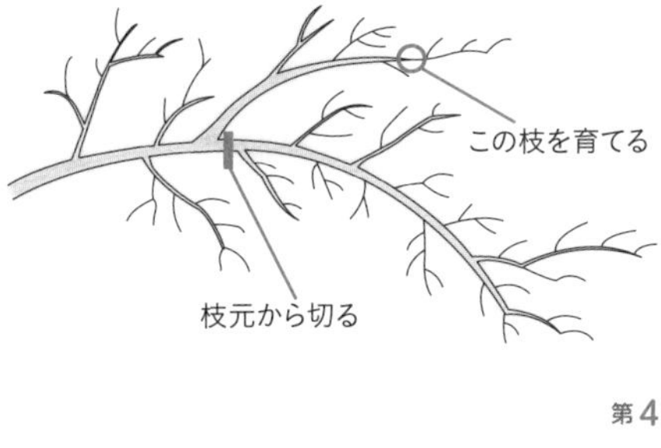

基本データ

- **●樹高**:
  自然状態…2〜3m
  庭植目安…1〜2.5m
- **●枝張り**:
  自然状態…2〜3m
  庭植目安…1〜1.5m
- **●生長速度**:やや遅い
- **●日当たり**:陽樹
- **●乾湿**:中庸
- **●大気汚染**:普通
- **●萌芽力**:普通
- **●主な病害虫**:
  カイガラムシ、アブラムシ、カミキリムシ、ミカンハモグリガ
- **●栽培可能地域**:
  東北南部〜沖縄
- **●花色**:白
- **●実色**:黄
- **●剪定難易度**:普通

MEMO ユズは実がつくまでに年月がかかるのが難点。普通種では7年以上、接木苗でも結実までに早期結実種で3〜4年みる必要があります。その代わり、いったん実がつき始めたら、8〜12月にかけて長く楽しむことができます。

ワンポイントアドバイス
5年目以降、木の骨格ができたら、込み合っている枝や直立枝を切って風通しをよくします。

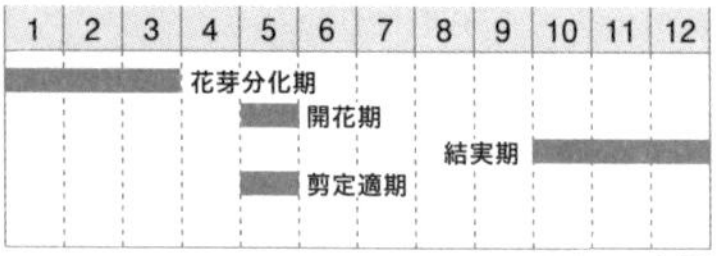

花芽タイプ：4

開花時の剪定と摘果で
冬の実りを確実に

ウンシュウミカン

【温州蜜柑】ミカン科ミカン属

基本データ

- **樹高**：
  自然状態…2〜3m
  庭植目安…1〜2.5m
- **枝張り**：
  自然状態…2〜3m
  庭植目安…1〜1.5m
- **生長速度**：やや遅い
- **日当たり**：陽樹
- **乾湿**：中庸
- **大気汚染**：弱い
- **萌芽力**：普通
- **主な病害虫**：黒点病（黒星病）、カイガラムシ、ハダニ、ハマキムシ、コナジラミ、カミキリムシ、ミカンハモグリガ
- **栽培可能地域**：
  関東以西の温暖地
- **花色**：白
- **実色**：オレンジ
- **剪定難易度**：やや難しい

MEMO ウンシュウミカンの代表的な品種を以下にあげます。

■**極早生種**
日南1号、上野早生、宮本早生、岩崎早生など

■**早生種**
宮川早生、興津早生、山下紅早生、小原紅早生など

■**中生種**
南柑20号、藤中温州、久能温州、瀬戸温州、林温州など

■**晩生種**
青島温州、十万温州、寿太郎温州など

コンパクトな早生系が育てやすい

ウンシュウミカンは極早生《ごくわせ》種、早生種、中生《なかて》種、晩生《おくて》種に分かれ、実の熟す時期がやや異なります。極早生種の熟期は９〜10月で、この時期よくみかける青ミカンです。早生種は10月頃に熟し、中生種は11〜12月頃、晩生種は１〜３月に熟します。このなかで早生種は木が小型で、実の収穫量も多く、かつ病害虫にも強く丈夫なので、家庭果樹としてお勧めです。

開花期に花つきを見ながら剪定

ミカンは若木のうちに樹高２〜2.5mくらいを目標に、樹形を立ち木性の主幹形か楕円形に仕立てるとよいでしょう。または、主枝を３本くらい残して他を間引き、半球形の開芯自然形に仕立ててもよいと思います。

ミカンは春枝、夏枝、秋枝と、年に３回新しい枝が発生しますが、翌年に結果母枝《けっかぼし》、すなわち実がつく枝になるのは10〜20㎝程度の春枝の短枝《たんし》です。

剪定は花の咲いている時期に、花つきをみながら行います。花のない枝や、勢いのある徒長枝《とちょうし》を枝元から間引き、樹冠内部の小枝も日当たりや風通しをよくするために抜きます。

花が多くつきすぎているときは、花のついている枝を枝元から抜いたり、枝先を切ったりします。これは、花を落として実の数を調整するために行う作業です。あまり実が多くつきすぎると木が疲れて、翌年の収穫が悪くなってしまいます。

摘果で隔年結果を防ぐ

ミカンは隔年結果《かくねんけっか》の傾向があり、その年に実がつきすぎると木が疲れて翌年は実つきが悪くなるのです。そこで開花後、50 日くらいで生理落果（148 ページ）が終わったところで、9 月頃まで幼い果実や上向きについている実を 3 回くらいに分けて摘みます。ウンシュウミカンの場合は、早生系で葉が 40 枚前後に対して 1 果、中生系で 25 枚前後に対して 1 果残すのを目安として、摘果するとよいでしょう。

ワンポイントアドバイス

ウンシュウミカンの害虫防止のための袋かけは、一般には必要ありません。しかし早生種の場合は、成熟期にまだ日射しが強いので、果実が日焼けして傷んでしまうことがあります。ですから、枝先についていて日がよく当たるものだけにでも、摘果後に袋をかけておくと安心です。

■柑橘類（ウンシュウミカン）の剪定

花芽タイプ：4

鮮やかな花と
パイナップルの香りの実が魅力

フェイジョア

別名：パイナップルグァバ／フトモモ科アッカ属

前年生枝の切り詰めすぎに注意

葉につややかな光沢があり、6〜7月頃に白い花が咲きます。果実は外側が緑色で内側が黄色いゼリー状でパイナップルのような香りがします。

主に単幹に仕立てられ、2〜3月頃に徒長枝《とちょうし》やからみ枝などを間引いて樹形を整えます。花と実は前年生枝から伸びた本年生枝の両側の葉腋につきますので、前年生枝の先を切り詰めると花がつかずに実も結ばなくなるので、注意が必要です。

自家受粉する品種もありますが、花が梅雨時に咲くので人工授粉したほうが確実です。自家受粉しない品種は他品種の花粉で人工授粉します。

■フェイジョアの剪定

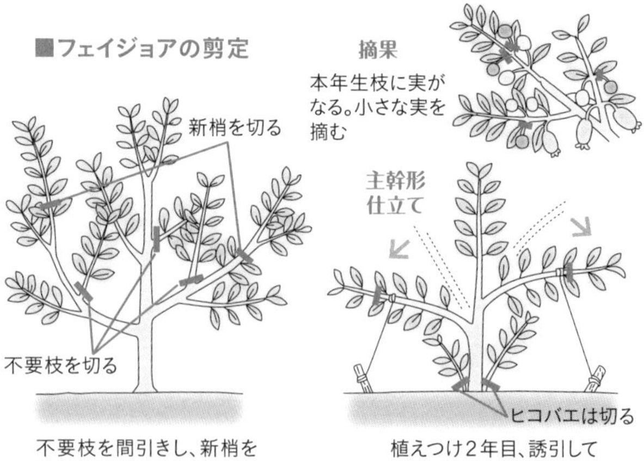

不要枝を間引きし、新梢を3分の1くらい切り詰める

植えつけ2年目、誘引して樹形づくりをする

基本データ

- **樹高**：
  自然状態…3〜5m
  庭植目安…1〜2m
- **枝張り**：
  自然状態…2〜3m
  庭植目安…1〜2m
- **生長速度**：やや遅い
- **日当たり**：陽樹
- **乾湿**：乾燥に弱い
- **大気汚染**：強い
- **萌芽力**：強い
- **主な病害虫**：
  コウモリガ、テッポウムシ
- **栽培可能地域**：
  関東以西
- **花色**：
  白（花弁）と赤（雄しべ）
- **実色**：緑
- **剪定難易度**：やや易しい

MEMO フェイジョアには多くの品種がありますが、代表的なものをあげます。

■**アポロ**
果実が大きめで味・香りともいい品種。自家受粉で結実。

■**トライアンフ**
晩生で12月頃が収穫期。自家受粉できず、他の品種の花粉が必要。

■**マンモス**
果実が大きくジューシー。自家受粉できず、他の品種の花粉が必要。

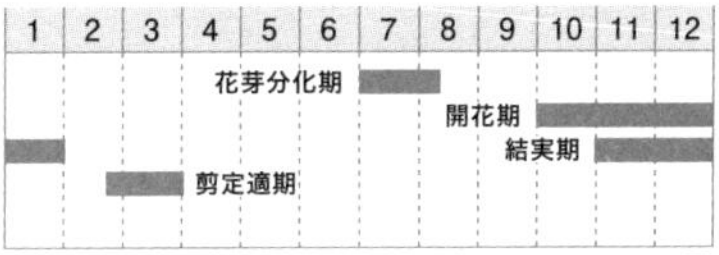

花芽タイプ：2

管理がしやすく
冬に花と実を同時に楽しめる

イチゴノキ

【苺木】ツツジ科イチゴノキ属

生長が遅いので剪定は適度に

南欧原産の常緑低木で、庭が寂しくなる晩秋から冬にかけて、白やピンクのスズランのような釣鐘《つりがね》状の花が房をなして垂れ下がります。実は花にやや遅れて結実し始め、小さな球形で緑色からオレンジ、そして赤と徐々に色づいていき、花と実が同時に楽しめます。

生長が遅く、放任してもまとまった樹形に整います。日当たりや風通しをよくするために、内側の込み合った細枝や枯れ枝、徒長枝《とちょうし》を間引く程度で十分です。作業は新梢《しんしょう》が伸びる前の3月中に終わらせます。花の咲いている11～12月の段階で、すでに翌年の蕾が枝先につくられていますので、枝先の切り詰めは避けるようにします。

基本データ

- **樹高**：
  自然状態…2～3m
  庭植目安…1～2.5m
- **枝張り**：
  自然状態…1～2m
  庭植目安…0.7～1.5m
- **生長速度**：遅い
- **日当たり**：中庸
- **乾湿**：乾燥に弱い
- **大気汚染**：普通
- **萌芽力**：強い
- **主な病害虫**：赤星病、アブラムシ、カイガラムシ
- **栽培可能地域**：
  東北～沖縄
- **花色**：ピンク、白
- **実色**：オレンジ～赤
- **剪定難易度**：易しい

適用樹種 ヒメイチゴノキ、ベニバナイチゴノキ

MEMO 果実は前年の花が結実したもの。開花から結実まで1年近くかかるのがイチゴノキの特徴です。

■イチゴノキの剪定

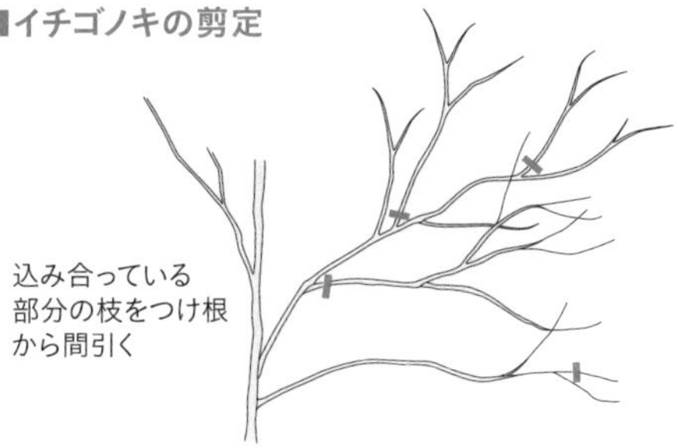

■花芽のつき方と手入れ

コラム・6

果樹でつくる緑のカーテン

近年、ゴーヤーやヘチマなどで緑のカーテンをつくることが流行していますが、ブドウやパッションフルーツなどのつる性の果樹でも緑のカーテンをつくることが可能です。

ブドウでつくる緑のカーテン

ブドウで緑のカーテンをつくるには、病気に強く育てやすい欧米雑種のマスカット・ベリーAやアメリカ種のスチューベン、デラウェア、ナイヤガラ、キャンベル・アーリーなどがお勧めです。

垣根仕立てで誘引

ブドウを育てる場合、棚仕立てとするのが一般的ですが、緑のカーテンとするには「垣根仕立て」が適しています。垣根仕立ては鳥居型に支柱を立てて両腕を広げたように枝を誘引していく方法です。主枝をできるだけ横に広げると、短枝《たんし》の数が増えるので実つきがよくなります。

なお、ブドウもゴーヤーやヘチマのように園芸ネットを設置して誘引することもできますが、ネットが風に揺られて実が傷ついたり、根が揺さぶられて株がダメになってしまう危険性があります。ネットを使う場合は、動かないようにしっかりと支柱で固定するか、あるいはワイヤーをピンと張って枝を誘引してください。

ブドウは種類によって多少の違いはありますが、おおむね5～6月頃に花が咲き、8～9月頃に実が熟します。前年に伸びた枝の芽から萌芽し、つる状にグングンと伸びますので、冬の落葉期に芽を確かめながら剪定します。細い枝は枝元から除き、実をつけた勢いのある枝は枝元から4～5芽残して切り戻します。

■ブドウの垣根仕立て

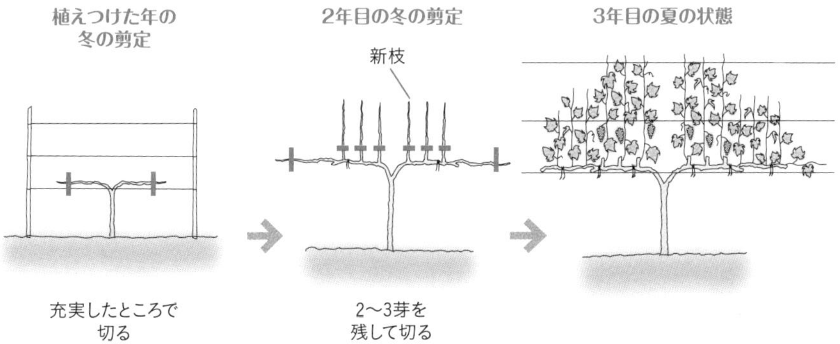

摘房と袋かけ

ブドウは花つきや実つきがよいので、花芽《はなめ》があれば開花、結実します。そのままにしておくと実がつきすぎて、栄養バランスが崩れ、味も色つきも悪い実となってしまいます。そこで、開花後小さなブドウが確認できたら果房の数を減らし、実のつきを調整します。残す房数は品種によって異なりますが、デラウェアの場合は、葉が20枚程度の枝で２房を目安とします。

なお、ブドウは多くの品種で交配しなくても結果（単為結果《たんいけっか》）するので、人工授粉の必要はありません。また、果実（粒）が膨らんできたら、袋かけをするとよいでしょう。(141 ページ)

■ブドウの摘房

小果（デラウェア）
…1枝に2〜3果

大果（巨峰・マスカット）
…1枝に1果

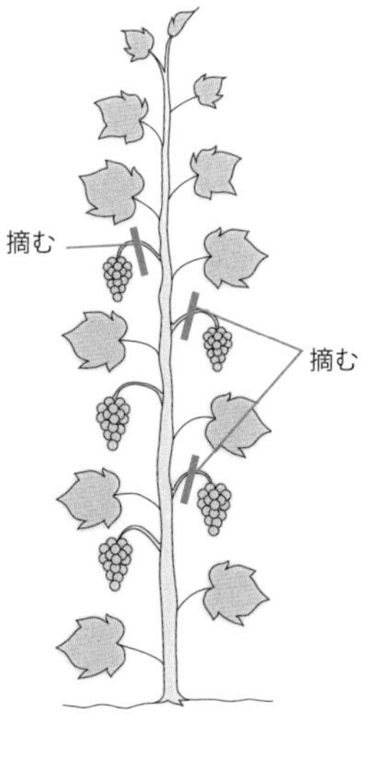

パッションフルーツでつくる緑のカーテン

トケイソウの仲間で、和名を「クダモノトケイソウ」というのが、世界中で広く栽培されているパッションフルーツです。パッションフルーツは南米原産の熱帯性果樹ですが、比較的寒さに強く（※）、日本でも育てやすい樹種です。

ネットへの誘引と剪定

パッションフルーツはゴーヤーなどと同様に園芸ネットに誘引できます。つるを横に広げるようにからませ、ところどころ結束します。こうすることにより、葉がネット全体に広がり見事な緑のカーテンとなります。

6～7月頃になると、花を開きながら旺盛につるを伸ばします。放っておくとネットをはみ出して他の物にからみついたり、つる同士がからみ合ってしまったりしてしまいますので、伸びすぎたつるは適宜切ってください。このとき、必ず葉が出ているすぐ上で切ることを心がけましょう。

収穫のために

パッションフルーツは同じ株の花粉で結実します。ただし、昆虫をあてにしないで人工授粉をしたほうが確実に実をつけることができます。受粉後、45～90日で果実が熟しますが、実が多すぎるときは、一枝に5～6個程度残して摘果《てきか》してください。

■パッションフルーツの剪定と人工授粉

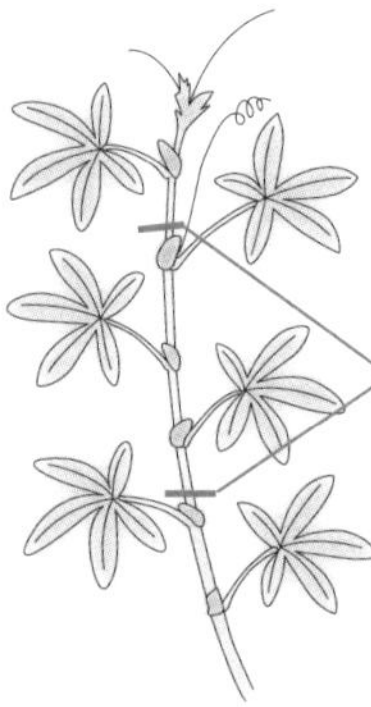

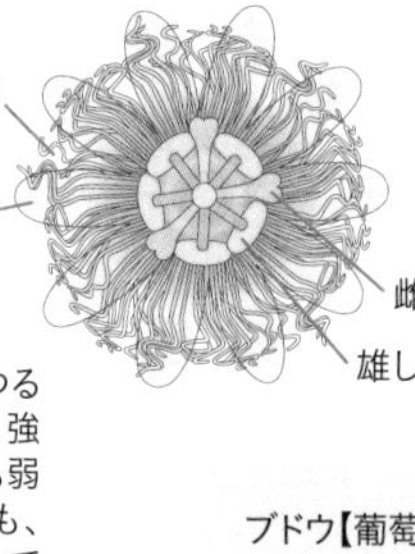

開花直後に筆などで雄しべの葯の花粉を雌しべの柱頭につける

ブドウ【葡萄】
ブドウ科ブドウ属
花芽タイプ：Ⅰ

パッションフルーツ
【果物時計草】
トケイソウ科トケイソウ属
花芽タイプ：Ⅰ

※最低気温がマイナス2℃以上なら枯死しません。

第5章

押さえておきたい樹木管理の豆知識

苗木の選び方や植えつけ方、肥料の与え方、病害虫防除のための
農薬の取り扱いなど、庭木の管理に関することを幅広く紹介します。
また、166～167ページでは樹木を特性別に一覧にしていますので、
今後、庭木として選ぶときの参考にしてみてください。

苗木の選び方と植えつけ方

よい苗木の条件

まず大事なのは、養分や水分を吸収する根の状態です。市販の苗木は、ポリポットに入っていたり、根巻きしてあったりして、根を直接見ることができないので、ポットや根巻きを手のひらで軽く押さえてみます。ある程度のかたさと弾力があれば、根がしっかりと回っていて、細い根がたくさん出ているよい苗木だと判断します。

他に、①葉が病害虫に侵されていない、②樹肌につやがある、③節間がほどよくつまり、芽や葉が充実している、④下枝が低い位置にあり、下部がヒョロヒョロと間のびしていない、⑤接木苗は接木した部分と密着している、といったポイントをチェック。なお、花木は開花株を求めたほうが無難です。

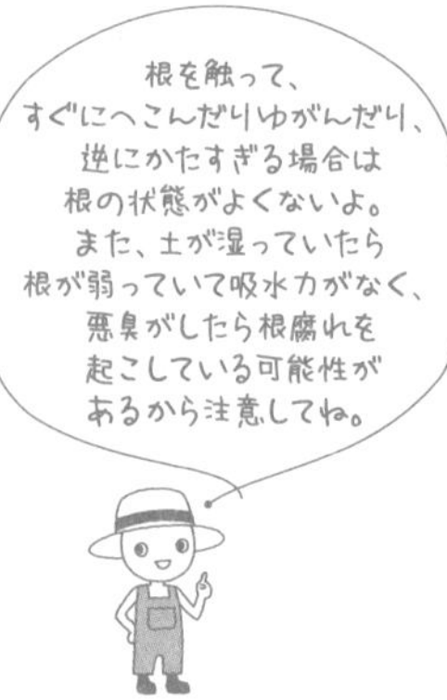

■よい苗木の選び方

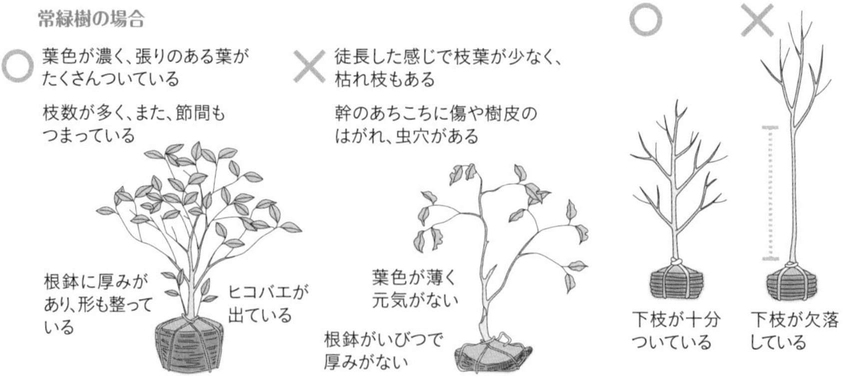

苗木の植えつけ方

苗木は通常、植えつけ適期に店頭に並ぶので、購入後はできるだけ早く植えつけます。落葉樹なら休眠期（落葉期）、常緑樹であれば新芽が動き出す前の３～４月、あるいは生長が一段落する秋です。

植えつけにあたっては、苗木の根鉢の直径の２倍ほどの穴を掘り、穴の底に堆肥《たいひ》か腐葉土《ふようど》といった土壌改良資材を入れて、土とよく混ぜ合わせます。

ポット苗の場合はポットを外して、根巻きがしてある苗はそのまま植え込みます。そして、根鉢の高さの半分くらいまで土を入れたら、水をたっぷりと注いで棒などでよくかき回します。その後、さらに土を埋め戻しながら水を注ぎ、棒でかき回しながら根鉢と土を密着させます。最後に根鉢のまわりに円形に土手をつくり、水を注ぎます。これを「水鉢《みずばち》」といい、苗木が完全に根づいたら崩してならします。

幹が細い苗木や風の強いところに植えた場合は、支柱を立ててヒモで結んでおくと、倒伏を防げます。

ワンポイントアドバイス

水をたっぷりと注ぎながら埋め戻していく植えつけ方を「水極《ぎ》め」といい、ほとんどの樹種はこの方法で植えつけます。マツなど特に湿気を嫌う樹種は水を使わずに少しずつ土を埋め戻していく「土極《ぎ》め」で植えつけます。なお、土ぎめの場合も最後に水鉢はつくります。

■苗木の植えつけ方

①植え穴を掘る

植えつける苗木の根巻きよりも、ひと回り大きく掘る

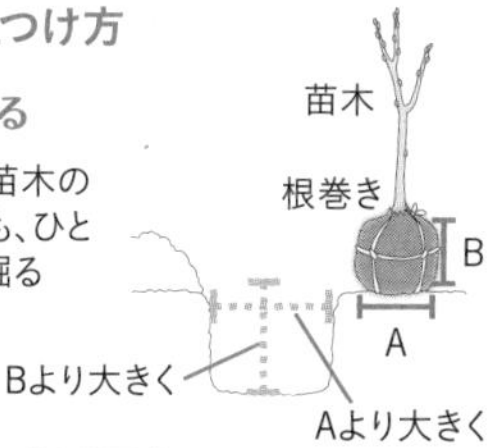

②苗木の高さを調整する

幹のつけ根の部分が、地表と同じくらいの高さになるよう調節する

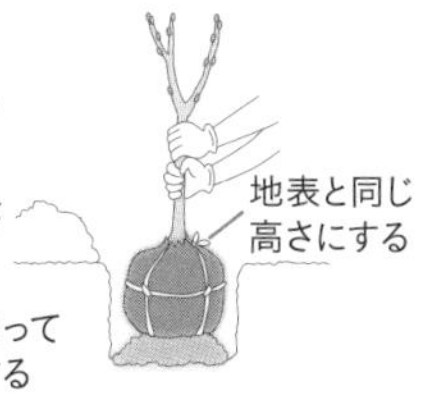

③水を注ぎつつ埋め戻す

根鉢と植え穴のすき間に半分まで土を入れながら、水をたっぷりと注ぎ込む

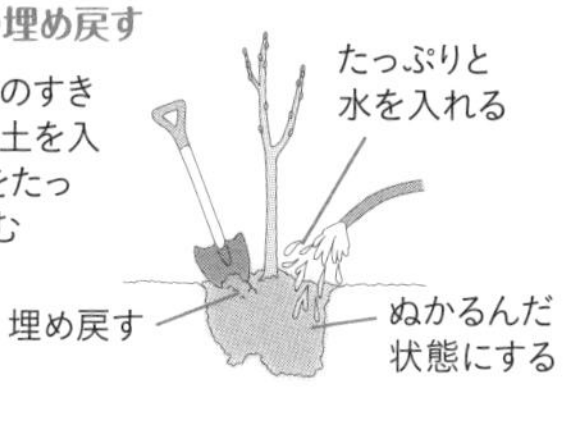

④水鉢をつくる

水やりをしたときに効果的に水が行きわたるよう、10cm程度の高さの堤を周囲につくる

適切な肥料の与え方

肥料を与える時期

庭木の植えつけのときに与える肥料を「元肥《もとごえ》」、生育の途中に与える肥料を「追肥《ついひ》」といいます。庭木の健全な生育のためには、年間の生長サイクルに合わせて、適切に追肥することが重要です。

寒肥《かんごえ》：春に庭木はいっせいに芽を出し、生長を始めますが、この生長を助けるために1～2月の冬の休眠期に与える肥料のことをいいます。春から夏にかけての長い期間、肥料の効果を持続させなくてはならないので、堆肥や油粕に骨粉や鶏糞を混ぜたものなど、緩効性肥料を与えます。

芽出し肥：3～4月、春の萌芽期に根の活動が盛んになる頃に与える肥料で、春肥《はるごえ》とも呼びます。萌芽や枝の伸長を助けるのが目的で、すぐに効き目のあらわれる速効性肥料を与えます。

お礼肥《れいごえ》：花が終わった後や果実を収穫した後に、樹勢を回復させる目的で与える肥料です。すぐに効果の現れる速効性肥料を与えます。

秋肥《あきごえ》：9～10月頃に、花芽の充実や耐寒性をつけるために与える肥料です。窒素分を控えめにして、リン酸やカリ分の多い緩効性肥料を与えます。

肥料の種類

無機質肥料：化学的に合成された肥料で、窒素を供給する硝安・尿素、リンを供給する過リン酸石灰・熔成リン肥、カリウムを供給する硫酸カリ・塩化カリなどの種類があります。一般的に速効性で、施す時期を間違えたり、与える量が多すぎたりすると、根を傷めるなどの弊害が出るおそれがあります。

有機質肥料：堆肥、油粕、鶏糞、骨粉、草木灰など、動植物を原料とする肥料です。土壌中の微生物などにより分解されてから効き目があらわれて、緩やかに肥料効果が継続する緩効性肥料とされます。

ワンポイントアドバイス

追肥するときに、地面をスコップで穴を掘るのは手間がかかるので、最近では、土に杭のように打ち込む、樹木専用の打ち込み肥料が販売されています。樹木の生育に欠かせない窒素・リン酸・カリの含有成分比率を樹木用に調整して、杭のような形に成型されています。

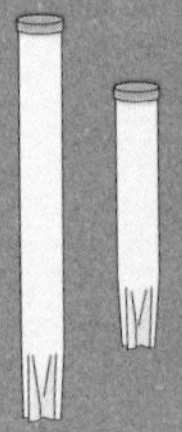

肥料は根元に与えない

肥料を与えるとき、時期とともに重要なのが与える場所です。一般に、樹木の根は樹冠と同程度の広がりをもち、土中の養分を吸収する細根は、その広がりの先端にあります。したがって、肥料を与える場所は、枝先の真下あたりが最も効果的です。木の根元がよいと思っている人が多いようですが、それでは十分な肥料効果は発揮されません。

与え方は、木のまわりに幅・深さともに、20㎝ほどの溝を環状に掘って肥料を与えるのが最も一般的です。その際、根を傷めないようにしょう。

大きな木の場合や、隣り合う木と木の間隔が狭いときなどには、木のまわりに深さ50㎝程度のつぼ状の穴を数か所掘り、肥料を埋めます。

また、衰弱が特に著しい場合には、薄い液肥を葉面や根に散布することもあります。

■肥料を与える位置

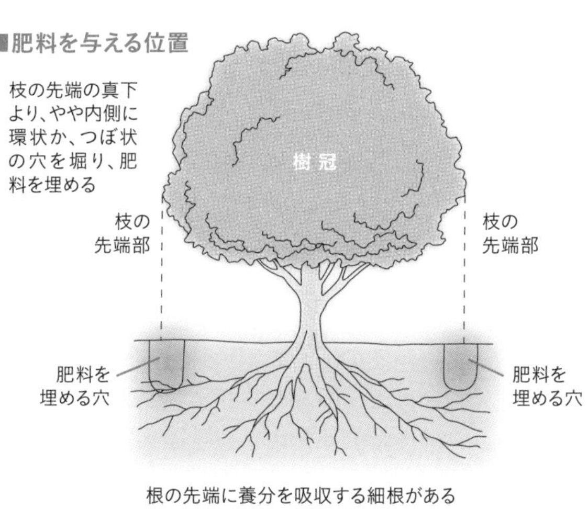

根の先端に養分を吸収する細根がある
その根を傷めないようにする

割竹挿入法による土壌の改良

根のまわりの土がかたくなって通気性や透水性が悪くなり、元気のなくなった樹木に対して樹勢回復を目的に行う方法です。

長さ1m前後の丸竹を縦に割り、途中の節を底の部分以外は除き、縄で元の形に結び合わせます。太い根を避けて根元周囲の土壌にダブルスコップで穴を開け、そこに割竹を地表から少し出るようにして差し込みます。その後、周囲に堆肥を入れて、土を埋め戻します。

根を傷つけないように
深く割竹を挿入する

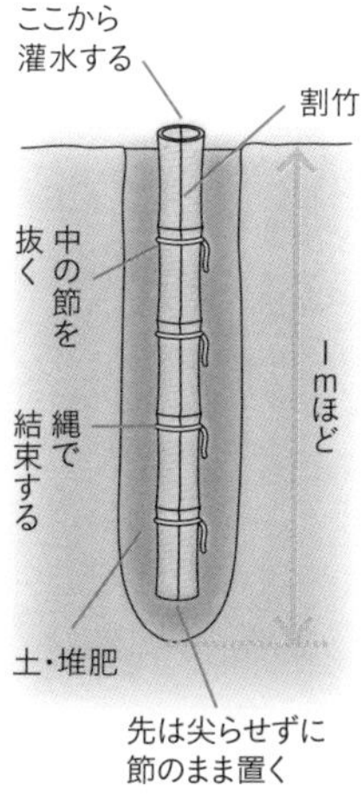

割竹の口から灌水すると、空気(酸素)や養分を供給し、根を深く張らせる

住宅地での農薬使用の注意点

農薬使用はあくまで最後の手段

ここ数年、農薬の飛散を原因とする健康被害の事例が多く聞かれるようになりました。そのため、農林水産省と環境省は2013年４月に、「住宅地等における農薬使用について」という通達を全国の都道府県知事宛に出して、農薬の適正使用に関しての遵守事項を規定し、適切な指導を求めました。

① 農薬取締法に基づいて登録された農薬を使い、ラベルに記載されている使用方法を厳守すること。

② 誘殺・防虫ネット・塗布・樹幹注入などの方法を検討し、農薬の散布は最小限の区域に留めること。

③ 定期的な農薬散布をやめ、病害虫の発生状況により、やむを得ない場合のみ農薬を使用すること。

④ 近隣に影響が少ない天候の日や時間帯を選び、風向き、ノズルの方向などに注意し、農薬の飛散防止に努めること。

⑤ 農薬を散布する場合は、事前に近隣の住民への周知を徹底し、特に近隣に学校・通学路などがある場合は、子どもの通学時間帯を避けること。

これは農業従事者や造園・植木業者だけでなく、一般家庭での農薬使用にも適用されます。農薬の使用を控えるために、日頃から病害虫が発生しないように管理していくことが何より大切です。

ワンポイントアドバイス

病害虫の防除には、剪定で日照と通風を確保したり、必要に応じて肥料を与えたりします。また、木をよく観察して病害虫の早期発見に心がけ、できるだけ早く害虫を捕まえて処分し、加害部の切り取り処分を行います。やむを得ず農薬を使う場合は、塗布や幹への注入、粒剤を使用するなど、散布しない方法で行うようにしましょう。

剪定枝と落ち葉の利用方法

剪定枝をリサイクル

庭木を剪定した後、落とした枝葉を可燃ゴミに出している人も多いかと思いますが、近年、多くの自治体が「緑のリサイクル」という名で、積極的に剪定枝を再利用しています。枝を専用の機械で粉砕してチップ化し、公園の園路のクッション材や、樹木の根元に敷くマルチング材に使っています。

なかには、専用の樹木粉砕車を活用し、収集したその場でチップ化するという先進的な取り組みをしている自治体もあります。

もし、剪定枝の処理に困ったら、お住まいの自治体の担当部課に問い合わせてみるとよいでしょう。

MEMO 徒長枝や太い枝は、家庭菜園の野菜の支柱や花壇の縁取りなどにも活用できます。

落ち葉を使った腐葉土づくり

また、落葉樹を植えていると落ち葉の処理が大変です。そこで落ち葉の有効利用として腐葉土づくりがあります。腐葉土は、土の通気性や水はけをよくするための土壌改良資材です。

一番簡単なつくり方は、落ち葉を庭の隅などに掃きためて集め、ビニールシートなどで覆ってときどき水をかけながら半年ほど発酵させる方法です。色が茶色いうちは未熟で、黒くなったら腐葉土の完成です。

環境に合わせた樹種の選び方

自宅の庭に好みの樹木を庭木として植えたいと思うのが人の情。しかし、樹木は樹種ごとに適した生育環境があり、それを無視して庭に植えても健全な生育は期待できません。

また、広くない庭に、生長が早く樹高も大きくなる木を植えると、若木のうちはよいのですが、数年後にはその大きさを持てあましてしまいます。一方、管理に手間をかけられないのであれば、あまり剪定をしなくても、自然と樹形が整う樹種もあります。

以下は、生育環境に対応した樹種ごとの一覧表です。庭木を選ぶうえでの参考にしてみてください。

■日陰でも生育できる樹種（陰樹）

高中木	**針葉樹**	アスナロ（成木）、イチイ、キャラボク
高中木	**常緑広葉樹**	イヌツゲ、カシ類、カラタネオガタマ、サザンカ、ツバキ、ネズミモチ、ヒイラギ、ヒイラギモクセイ、モチノキ、モッコク
低木	**常緑広葉樹**	アオキ、アセビ、カクレミノ、クチナシ、センリョウ、ナンテン、マサキ、マンリョウ、ヤツデ

■病害虫に強い樹種

高中木	**針葉樹**	イチイ、イトヒバ、イヌマキ、カイヅカイブキ、コウヤマキ、サワラ、ニオイヒバ、ヒノキ
高中木	**常緑広葉樹**	カラタネオガタマ、ギンヨウアカシア、シマトネリコ、ソヨゴ、ブラシノキ
高中木	**落葉樹**	アオダモ、アオハダ、スモークツリー、マルバノキ、モクレン
低木	**常緑広葉樹**	アベリア、カクレミノ、ジャノメエリカ、シャリンバイ、センリョウ、ナンテン、マンリョウ
低木	**落葉樹**	アジサイ、シモツケ、ドウダンツツジ、ボタン、マルバノキ、ムラサキシキブ、ユキヤナギ、レンギョウ
低木	**つる植物**	ツキヌキニンドウ、テイカカズラ、ノウゼンカズラ、ハツユキカズラ

■煤煙や排気ガスなど大気汚染に強い樹種

高中木	**針葉樹**	アスナロ、イヌマキ、カイヅカイブキ、クロマツ、サワラ、ヒノキ
高中木	**常緑広葉樹**	イヌツゲ、ウバメガシ、キョウチクトウ、ギンヨウアカシア、クロガネモチ、ザクロ、サザンカ、サンゴジュ、スモークツリー、ソヨゴ、ツバキ、ネズミモチ、ビワ、モチノキ
高中木	**落葉樹**	イチョウ、ジューンベリー
低木	**常緑広葉樹**	アオキ、アセビ、アベリア、クチナシ、サツキ、ツツジ、マサキ、マンリョウ、ヤツデ
低木	**落葉樹**	アジサイ、フェイジョア、ブッドレア、フヨウ、ムクゲ、レンギョウ

※針葉樹や葉の厚い常緑広葉樹が煤煙や排ガスに強い傾向にあります。街路樹として植えられる落葉樹のソメイヨシノは本来、排ガスにあまり強くありません。

■暑さに強い樹種

高中木	**針葉樹**	イヌマキ、クロマツ
	常緑広葉樹	ギンヨウアカシア、ウバメガシ、オリーブ、柑橘類、キョウチクトウ、クロガネモチ、サンゴジュ、シマトネリコ、ビワ、ヤマモモ
	落葉樹	アオダモ、オオシマザクラ、サルスベリ、ジューンベリー、ネムノキ
低木	**常緑広葉樹**	シャリンバイ、トベラ、ヒイラギナンテン
	落葉樹	フヨウ、ムクゲ、ヤマブキ
	つる植物	ジャスミン類、ツキヌキニンドウ、ノウゼンカズラ

※関東以西、あるいは地中海沿岸や熱帯地域に自生していた樹木は暑さに強い傾向があります。

■寒さに強い樹種

高中木	**針葉樹**	アカマツ、アスナロ、イチイ、カイヅカイブキ、コウヤマキ、ゴヨウマツ、サワラ、チャボヒバ、ニオイヒバ、ヒノキ
	常緑広葉樹	ソヨゴ、ヤマグルマ
	落葉樹	イロハモミジ、ウメ、カキノキ、コナラ、コブシ、ナツツバキ、ヤマボウシ
低木	**落葉樹**	ゲンカイツツジ、シモツケ、ニシキギ、ユキヤナギ、ライラック

※寒さに強い樹種は、針葉樹か、冬場に葉を落として休眠する落葉樹が多く、常緑広葉樹はおおむね寒さに弱い傾向にあります。

■乾燥に強い樹種

高中木	**針葉樹**	マツ類
	常緑広葉樹	オリーブ、ブラシノキ
	落葉樹	アンズ、ザクロ、サルスベリ、スモークツリー
低木	**常緑広葉樹**	シャリンバイ、セアノサス
	落葉樹	フヨウ、ムクゲ、ロウバイ

※ただし、樹木は水なしでは生育できませんので、雨の降らない日が続くようであれば、以上の樹種にも適度な水やりは必要です。

■生長の遅い樹種

高中木	**針葉樹**	アスナロ、キャラボク
	常緑広葉樹	カラタネオガタマ、サザンカ、ソヨゴ、ツバキ、モッコク
	落葉樹	アオダモ、アオハダ、ウメ、ユズ

※上記は高中木のみ。低木は生長が速くても、ある程度までしか大きくならないので割愛しています。

■剪定する頻度が少なくても樹形が乱れない樹種

高中木	**針葉樹**	カナダトウヒ‘コニカ’、コノテガシワ‘エレガンテシマ’、チャボヒバ
	常緑広葉樹	カシ類、シマトネリコ、ソヨゴ、ブラシノキ
	落葉樹	アオダモ、アオハダ、スモークツリー、ナツツバキ、ハナミズキ、ハンカチノキ、ネムノキ、ヤマボウシ
低木	**常緑広葉樹**	アオキ、イチゴノキ、カクレミノ、ジャノメエリカ、ジンチョウゲ、センリョウ、ナンテン、フェイジョア、マンリョウ
	落葉樹	ガマズミ、ドウダンツツジ、ブッドレア、フヨウ、マルバノキ、ムクゲ、ムラサキシキブ
	つる植物	ツキヌキニンドウ、テイカカズラ、ノウゼンカズラ

コラム・7

タケとササの剪定法

タケは代替わりが必須

タケは生長が速く繁殖力が旺盛で、地下茎が横に伸びて、どんどん本数を増やしていきます。特に、タケの仲間で代表的なモウソウチクは、普通の庭ではもてあましてしまいます。庭にはナリヒラダケ、トウチク、クロチクなどといった、比較的小振りなものがお勧めです。

タケは他の庭木と違い、年を重ねるごとに古色を帯びて風格を増していくものではありません。その寿命はせいぜい10年。4～5年もすると稈《かん》（幹にあたる部分）が黒ずみ、葉のつやもなくなります。

１本のタケを後生大事に育てないで、２～３年して新しいタケノコが出てきたら、そのタケノコに代替わりさせ、古いタケは根元からノコギリで切り取ってしまうとよいでしょう。これを繰り返すことによって、必要以上にタケが増えるのを防ぎます。

三節どめで剪定

タケは自然樹形の美しさを大切にしたいところですが、放っておくと枝葉が茂りすぎるので、適度に透かす必要があります。

タケは一つの節から４～６本の枝が出て、それぞれがさらに枝分かれして先端に葉がついています。まず、節から出ている枝を２～３本残して他を間引きます。さらに残した枝を切り戻して短くしますが、このとき、つけ根から数えて三節目で切ります。この方法を「三節《みふし》どめ」と呼び、枝葉がちょうどいい感じに増えて美しい姿となります。

ササ類の手入れ

ところで、タケとササの違いをご存じでしょうか？ 一般には大きく生長するものがタケ、生長しても大きくならないのがササと思われているようです

■タケの三節どめ

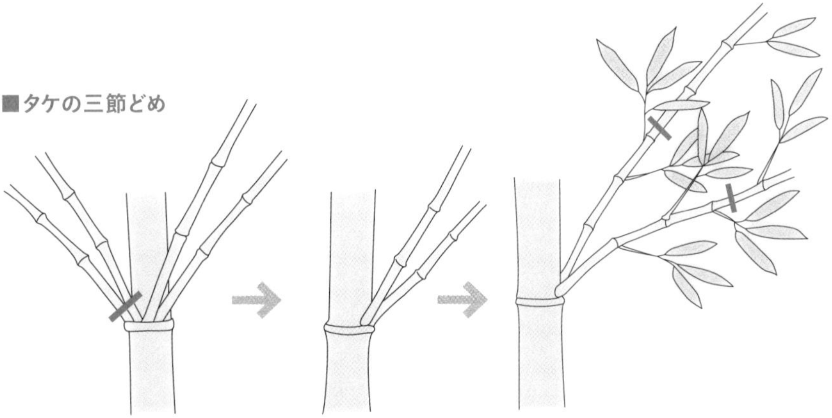

節から出ている枝を2〜3本残して間引く　　元から3節目で切り戻す

が、分類学上は「タケノコが生長するにつれて皮を落とすのがタケ、皮をつけたまま生長するのがササ」とされています。

メダケやヤダケは「タケ」という名がつくものの分類上は「ササ」、逆にオカメザサなどは「ササ」と名がつくものの実際は「タケ」に分類されます。

ササの剪定は、冬に枯れ葉が目立ってきたら、根元ぎりぎりに刈りそろえて株を更新します。春に新芽が伸び、夏には葉が茂って再びササらしくなります。

なお、ササの丈を低く維持したい場合は、毎年5月の上旬頃、芯葉《しんよう》（新芽から伸びてまだ開かずに巻いている葉）を指でていねいに抜いて、伸びを抑えるとよいでしょう。

■ササの剪定法

5月の上旬頃に芯葉を抜いて、
前年と同じ高さにそろえる

主な剪定用語

あ行

暴れる【あばれる】　枝の伸びる勢いや方向が不規則で、樹形が著しく乱れること。

荒透かし【あらすかし】　→大透かし

生垣【いけがき】　樹木を列状にすき間なく植え、枝葉を刈り込んで塀状に整えて垣根としたもの。

1日花【いちにちばな】　寿命が1日しかなく、開花したその日のうちにしぼんでしまう花。ムクゲやフヨウなどが有名。

一年生枝【いちねんせいし】→新梢《しんしょう》

忌み枝【いみえだ】　からみ枝、逆さ枝、立ち枝など樹形を乱す不要な枝や、ヒコバエや幹吹きなど庭木の生育を妨げる枝で、通常は切除する。

陰樹【いんじゅ】　日の当たらない場所でも、十分に生育良好な樹木。

内芽【うちめ】　幹からみて枝の内側につく芽。伸びると立ち枝気味になる。

栄養生長【えいようせいちょう】　幹や枝葉、根を伸長させ植物体を大きくさせる生長で、若木にみられる。

腋芽【えきが】　枝の側面についている芽で、枝先に近い位置にあるほど発芽率が高い。葉のつけ根から発生する芽をいうこともある。側芽《そくが》、わき芽《め》とも呼ばれる。

枝おろし【えだおろし】　太い枝を幹のつけ根から切り落とす強剪定の方法。

枝透かし【えだすかし】　伸びすぎたり、込みすぎている枝を切り除き、樹形を整えるとともに、樹冠を適度に透かし、通風や日照をよくする剪定。強弱の程度により、大透かし、中透かし、小透かしといった方法がある。

枝振り【えだぶり】　観賞するうえで、樹形のよしあしを表現した言葉。「枝振りがいい」などという。

園芸品種【えんげいひんしゅ】　花や葉の色や形のバリエーションを豊富にしたり、寒暖や乾湿に対しての耐性を強くするなどの目的で、原種を元に品種改良された植物。

大透かし【おおすかし】　太い枝を元から切る、最も強い透かしで、主に剪定ノコギリが使われる。

か行

開花枝【かいかし】　花をつける枝。

開花母枝【かいかぼし】　花がつく開花枝が発生する元枝のこと。

隔年開花【かくねんかいか】　花が多く咲く年と咲かない年が1年ごとに交互にやってくること。多数の花が咲いたために樹勢が衰え、翌年は花つきが悪くなるために起こる現象。シャクナゲやコブシにこの傾向がみられる。

隔年結果【かくねんけっか】　実が多くなる年とならない年が1年ごとに交互にくること。カキノキや柑橘類にこの傾向がみられる。

株立ち【かぶだち】　根元から3本以上の枝幹が伸びている樹形。

からみ枝【からみえだ】　忌み枝の一種で、からみあったり、交差したりして見苦しい枝。「交差枝《こうさし》」とも呼ぶ。

刈り込み【かりこみ】　刈り込みバサミを使って、多くの枝葉を一律に切る剪定。生垣や玉仕立てなどの人工樹形を整える方法。

枯れ枝【かれえだ】　日が当たらず、病気などで枯れた枝のこと。真っ先に切除の対象となる。

かんぬき枝【かんぬきえだ】　忌み枝の一種で、幹の同じ位置に左右対称に伸びる枝のこと。マツ類、カエデ類、ハナミズキなど、枝が対生《たいせい》の樹種に生じやすい。

休眠【きゅうみん】　適温を下回るなど、その植物の生育環境に適さない時期に、一時的に樹液の流動などの活動を停止すること。落葉樹は冬期に葉を落として休眠に入る。

強剪定【きょうせんてい】　枝を幹元まで深く切り込む剪定で、樹形の骨組みをつくるので「骨格剪定」ともいう。「強い剪定」という呼び方もする。

曲幹【きょくかん】　幹が左右に屈曲する樹形。人工的に曲幹に仕立てる場合も多い。

切り詰め【きりつめ】　形や大きさを整えるために、伸びすぎた新梢を芽を気にしないで枝の途中で切り詰める剪定方法。

切り戻し【きりもどし】　伸びすぎた枝を枝分かれした部分で切り、樹形を整える剪定方法。「切り返し」ともいう。

車枝【くるまえだ】　忌み枝の一種で、1か所から放射状に数本伸びる枝。針葉樹に多くみられる。

結果枝【けっかし】　果実をつける枝。

結果母枝【けっかぼし】　果実がつく結果枝が発生する元枝のこと。

交差枝【こうさえだ・こうさし】　→からみ枝

更新【こうしん】　木を若返らせる目的で、古枝をつけ根、または途中から切って、その部分から新しい枝を発生させること。

小透かし【こすかし】　枝先を浅く切って枝振りを整える弱い透かし。主に木バサミが使われる。

互生【ごせい】　1か所から1本、交互に芽がつき、枝や葉が伸びるもので、樹木に最も多くみられる芽のつき方。

さ行

逆さ枝【さかさえだ】　忌み枝の一種で、本来、幹から外側へ向かって伸びる枝が、逆に幹のほうへ向かって伸びている見苦しい枝のこと。内向枝《ないこうし》ともいう。

自家受粉【じかじゅふん】　一つの花、同じ木についた花の花粉が、自らの雌しべの柱頭について受粉すること。

自家不和合性【じかふわごうせい】　自家不結実性、自家不捻性ともいい、自らの花粉では実を結ばなかったり、花粉が出ないなどの理由で自家受粉できないこと。または、自家受粉しても結実しにくい性質をいう。そのような樹種は、別品種の花粉で結実させる必要がある。

自家和合性【じかわごうせい】　自家結実性ともいい、自分の花粉で受粉し結実すること。

四季咲き性【しきざきせい】　花期がほぼ春から秋にわたる樹種。四季咲きのバラやクレマチス、ツキヌキニンドウなどがあげられる。

自然樹形【しぜんじゅけい】　樹木に人の手を加えず、自然の状態で生育させたときに現れる樹形。

枝垂形【しだれけい】　シダレヤナギ、シダレザクラなどのように、枝が下垂する自然樹形。

斜幹【しゃかん】　幹が根元から傾いて、斜め上に伸びる樹形。

弱剪定【じゃくせんてい】「弱い剪定」あるいは「軽《けい》剪定《せんてい》」とも呼び、枝先を浅く切って樹形を整える程度の剪定。小透かしや切り戻しなど、主に木バサミで行う。

雌雄異花【しゆういか】　1本の木に雄しべのみの雄花と、雌しべのみの雌花が別々に咲くもの。

雌雄異株【しゆういしゅ】　同じ種類の木で、雄花だけが咲く雄木（雄株）と雌花だけが咲く雌木（雌株）に分かれるもの。アオキやソヨゴなどが該当。

主幹【しゅかん】　その木の中心となる幹。

樹冠【じゅかん】　枝葉によって形づくられる木の冠状の輪郭。

樹高【じゅこう】　木の高さのことで、根元から樹冠の上端までの高さ。

主枝【しゅし】　主幹から出ている、その木の骨格となる主要な枝。

樹芯【じゅしん】　主幹の頂点の部分。「芯」ともいう。

受粉【じゅふん】　結実のため、雄しべの花粉が雌しべの柱頭について受精が行われること。

受粉樹【じゅふんじゅ】　自家不和合性の木に、花粉を提供するために植える別品種の木のこと。

人工樹形【じんこうじゅけい】　生垣や玉仕立て、玉散らしなど、刈り込みによって整形に仕立てられた樹形。自然界にはほとんど存在しない。

人工授粉【じんこうじゅふん】　人為的に花粉を雌しべにつけて受精させる行為。

新梢【しんしょう】　その年に伸びた枝。一年生枝、本年生枝、当年生枝とも呼ばれる。

新芽が固まる【しんめがかたまる】　春から伸びた新芽が梅雨明けの頃、生長を停止すること。

芯を止める【しんをとめる】　樹形を小さくまとめるために、主幹の頂点の部分を切って、上への伸びを抑制させること。

生殖生長【せいしょくせいちょう】　開花・結実するための生長過程で、成木になるとみられる。

前々年生枝【ぜんぜんねんせいし】　前々年から伸びた枝。

前年生枝【ぜんねんせいし】　前年に伸びた枝。

双幹【そうかん】　根元から幹が２本に分かれている樹形。「相生」とも呼ぶ。

側芽【そくが】→腋芽《えきが》

側枝【そくし】　主枝から伸びる枝。

外芽【そとめ】　幹から見て、枝の外側につく芽。横方向に伸びる。

主な剪定用語

た行

台木【だいぎ】　接《つぎ》木《き》のときに、根が張っていて土台となる接がれるほうの木。樹勢が強く、病気にかかりにくい樹種が選ばれる。

対生【たいせい】　同じ位置から対になる芽がつき、枝や葉が伸びるもので、カエデ類、ハナミズキなどにみられる。

他家受粉【たかじゅふん】　異《い》株《しゅ》同士によって行われる受粉。

立ち枝【たちえだ】　忌み枝の一種で、枝から直立するように上へ伸びるものをいい、勢いがあるため他の枝の養分を吸収し、樹木を衰弱させる。

棚仕立て【たなじたて】　棚をつくって、つるを誘引してからませる仕立て方。フジやブドウなどで用いられる。

玉仕立て【たまじたて】　刈り込みによって半球状に仕立てられる人工樹形。「玉づくり」「玉もの」とも呼ぶ。

玉散らし【たまちらし】　主幹から伸びる枝ごとに枝葉を玉状に丸く刈り込む仕立て方。イヌマキやイヌツゲなどに用いられる。

単幹【たんかん】　幹が1本立ちの樹形。

短枝【たんし】　節と節との間隔が短く、わずかしか伸びない枝で、その分、生殖生長が盛んで花《はな》芽《め》がつきやすい。

頂芽【ちょうが】　枝の先端につく芽。発芽力、伸長力とも最も強いのが特徴。

頂芽優勢【ちょうがゆうせい】　頂芽の生長が、腋芽の生長より優先されるという現象。頂芽がある状態では腋芽は伸びないが、頂芽を切り取るとすぐ下の腋芽が新しい頂芽となって伸び始める。

長枝【ちょうし】　節と節の間が長く、葉のつき方がまばらな枝。栄養生長が盛んで花芽がつきにくい。

直幹【ちょっかん】　幹が根元から樹芯までまっすぐに伸びた樹形。

接木【つぎき】　花木や果樹の枝や芽（穂《ほ》木《ぎ》）を、品種の異なる根のついた台木に接いで活着させる繁殖方法。

爪引き【つまびき】　葉先を指先で摘んで樹形を整える剪定方法。ヒバ類などの針葉樹で行われる。

定芽【ていが】　頂芽や腋芽など、生じる位置が決まっている芽のこと。

摘花【てきか】　木を衰弱させずに、充実した実を得るために花を間引く作業。

摘果【てきか】　結実後、より充実した実を残すために、まだ実が小さいうちに摘み取って数を減らす作業。

摘芯【てきしん】　枝の伸びを抑えたり、腋芽を出させるために、頂芽のついた枝の先端を木質化しないうちに摘み取る作業。つる植物などで行われる。

摘葉【てきよう】　葉を摘む作業で、リンゴやカキノキで、果実の色つやをよくするために、果実周囲の葉を摘んで日当たりをよくする目的で行われる。マツ類のもみあげが代表的。

摘蕾【てきらい】　よりよい実を収穫するために蕾の段階で摘み取って間引く作業。花つきや実つきを減らして、木に負担をかけないようにするのが目的。

当年生枝【とうねんせいし】→新梢《しんしょう》

胴吹き【どうぶき】→幹《みき》吹《ぶ》き

徒長枝【とちょうし】　忌み枝の一種で、他の枝に比べて極端に長く、勢いよく伸びた枝。放置すると樹形が乱れ、他の枝に養分が行きわたらなくなる。

トピアリー　樹木を動物の姿や幾何学的な人工樹形に刈り込んで仕立てたもの。

土用芽【どようめ】　夏の土用の頃に生じる新芽。なお、そこから二次的に伸長する枝を「土用枝」という。

な行

内向枝【ないこうし】→逆さ枝

中透かし【なかすかし】　透かしの程度で、大透かしと小透かしの中間的な強さの剪定法。主に剪定バサミで行う。

根切り【ねきり】　スコップ（エンピ）などを地面に突き刺して、根の一部を切断すること。一時的に樹勢を抑制して花芽をつけさせる目的で行われる。また、切断した部分から新しい根が発生するので、若い木を移植する前の根回しとして行われることもある。

は行

花がら【はながら】　花が咲き終わっても散らずに残っている枯れた花のこと。

花がら摘み【はながらつみ】　咲き終わった花を、そのつけ根から摘む作業。花後《はなご》にそのままにしておくと見苦しく、また、結実し樹勢が弱まるために行う。

花後剪定【はなごせんてい】　花が咲き終わった直後の時期に行う剪定。花木は一般に花後に剪定することが多い。「かごせんてい」ともいう。

花芽【はなめ】　花をつける芽、あるいは花をつける枝となる芽のこと。「かが」ともいう。

花芽分化【はなめぶんか】　花芽がつくられること。栄養生長期は葉芽《はめ》ばかりで花芽はほとんどつかないが、生殖生長期になると花芽分化が起きる。樹種によって分化する時期や条件が異なる。「かがぶんか」ともいう。

葉芽【はめ】　葉や枝が生じる芽。「ようが」ともいう。

半常緑性【はんじょうりょくせい】　基本的には常緑だが、寒さなどの気候条件により落葉することもある樹種のこと。シマトネリコやスイカズラなどが半常緑性。

斑入り【ふいり】　本来の葉の色とは違う色の模様が入った葉。園芸品種に多くみられる。

節【ふし】　枝の中の芽のつく部分。「せつ」ともいう。

ふところ枝【ふところえだ】　忌み枝の一種で、樹冠の内部にある小枝。ほとんどは樹勢が弱く、生長する見込みがない。但し、萌芽力の弱い樹種においては、将来のさしかえる枝として大切に残すこともある。

ブランチカラー　枝と幹の継ぎ目のやや膨らんだ部分で、水分と養分を幹から枝へスムーズに受け渡したり、微生物の増殖を防ぐ役割がある。

平行枝【へいこうえだ・へいこうし】　忌み枝の一種で、長さと太さが同じくらいの2本の枝が上下、または左右に平行して伸びているもの。

ヒコバエ　忌み枝の一種で、根元から発生する小枝のこと。「ヤゴ」とも呼ぶ。上部が衰弱すると根元から生じることが多い。また、ヒコバエを育てて株立ちに仕立てる場合もある。

不定芽【ふていが】　本来は芽の出ない枝から生じる芽のこと。強剪定をしたり、定芽の生長に障害があったときなどに生じることがある。

古っ葉引き【ふるっぱひき】　古い葉を手でもむようにしてしごき落とす、ていねいな剪定方法。マキ類で行われる。マツ類に行うときは「もみあげ」という。

萌芽力【ほうがりょく】　剪定後に切った部分から芽が伸びる力。萌芽力が強い樹種は刈り込みが可能で、萌芽力が弱い樹種は刈り込むと枯れる危険性がある。萌芽力の強さと、生長の早さは必ずしも一致しない。

本年生枝【ほんねんせいし】　→新梢《しんしょう》

ま行

幹吹き【みきぶき】　忌み枝の一種で、主幹から直接発生する小枝。樹木の衰弱の兆候となる。「胴吹き」とも呼ぶ。

三っ葉透かし【みっぱすかし】　枝元に葉を3枚ほど残して枝先を切り詰める剪定方法。

みどり摘み【みどりつみ】　5月頃に行うマツ類特有の剪定方法。マツの新芽を「みどり」といい、みどりが枝になる前に、元から摘み取って枝数を少なくしたり、途中から折り取って伸びを調整する。

芽かき【めかき】　樹形を整えたり、樹勢を維持したりするために、不要な芽を摘むこと。

もみあげ　秋に行うマツ類特有の剪定方法。夏の間に伸びた今年の葉を枝先に残して、古い葉を手でもむようにしてしごき落とす作業。

や行

誘引【ゆういん】　枝やつるを人為的に目的の位置まで導くこと。支柱や園芸ネットに縄などで固定する。

葉腋【ようえき】　枝から葉が出るつけ根の部分。

陽樹【ようじゅ】　生育に十分な日照が必要な樹木で、日陰での生育は思わしくない。

ら行

輪生【りんせい】　枝の1か所にいくつかの芽が集まり、四方に伸びる枝の出方。

わ行

矮生種【わいせいしゅ】　元の種に対して、大きくならないように改良された品種。

わき芽【わきめ】→腋芽《えきが》

樹木名索引

監修者紹介

内田 均 (うちだ・ひとし)

1958 年、神奈川県生まれ。東京農業大学卒。農学博士。元東京農業大学教授。東京農業大学グリーンアカデミー講師、(一社)日本庭園協会会長、NPO 法人樹木生態研究会副代表理事。一級造園技能士、一級造園施工管理技士。38 年間、造園樹木の管理と作庭実習を指導。伝統的かつ樹木医学的立場からみた樹木の育成・管理技術を研究。著書に、『根巻資材の特性』(東京農業大学出版会 2001 年)、『植栽技術論』(建築資料研究社 2023 年) 等。

川原田 邦彦 (かわらだ・くにひこ)

1958 年、茨城県生まれ。東京農業大学卒。大正６年創業、確実園園芸場オーナー、(株)鳩の樹代表取締役。(一社) 日本植木協会会員。植物の収集保存、生産、育種、造園設計・施工。現在約 1800 種、4000 品種を保存 (アジサイは 900 品種)。著書に、『よくわかる栽培 12 か月　フジ』(NHK 出版 2002)、『よくわかる栽培 12 か月 カエデ、モミジ』(NHK 出版 2006)、『日本のアジサイ図鑑』(柏書房 2010) 等。

参考文献

『図解 木と木材がわかる本』岩本恵三 著／小澤普照 監修(日本実業出版社 2008年)

『庭づくりのプロに学ぶ はじめての庭木 手入れ・剪定のコツ』(社)日本造園組合連合会(家の光協会 2008年)

『ガーデンツリーお手入れ便利帳』高田宏臣(主婦と生活社 2009年)

『決定版 はじめての果樹づくり』高橋栄治 監修(主婦の友社 2010年)

『庭木の剪定 コツのコツ』富澤彰夫 新井孝次朗 監修(小学館 2006年)

『図解 樹木の診断と手当て』堀大才 岩谷美苗(農山漁村文化協会 2002年)

『失敗しない花木・庭木150種』船越亮二 監修(主婦の友社 2008年)

『最新版 はじめての花木・庭木』船越亮二 監修(主婦の友社 2009年)

『ビジュアル版 小さな庭の花木・庭木の剪定・整枝』船越亮二(講談社 2012年)

最新版 イラスト もう迷わない
庭木の剪定 基本とコツ

2024年 3 月20日　第 1 刷発行

監 修 者　内田 均　川原田邦彦
発 行 者　木下春雄
発 行 所　一般社団法人 家の光協会
〒162-8448
東京都新宿区市谷船河原町11
電話 03-3266-9029 (販売)
03-3266-9028 (編集)
振替 00150-1-4724
印刷・製本　図書印刷株式会社

乱丁・落丁本はお取り替えいたします。定価はカバーに表示してあります。

ISBN978-4-259-56794-1 C0061